「価値」こそがすべて！

ハーバード・ビジネス・スクール教授の戦略講義

Better, Simpler Strategy

フェリックス・オーバーフォルツァー・ジー［著］
原田勉［訳］

東洋経済新報社

BETTER, SIMPLER STRATEGY

by Felix Oberholzer-Gee

私たちの間にどんな違いがあるのか?
私の魂に付きまとう落ち着きのない夢が、
あなたに近づくことを恐れている以外に
何があるというのか?

――カリール・ジブラン

親愛なる日本の読者の皆様へ

戦略とは、しばしば謎に包まれたものです。

そのプロセスはどのように機能するのでしょうか。どのようにすれば、圧倒的なパフォーマンスを引き出すことができるのでしょうか。企業はどのようにして戦略の方向性を定め、組織全体として戦略を実行に移すべきでしょうか。ハーバード・ビジネス・スクール（HBS）で20年間エグゼクティブを指導してきたなかで、こうした疑問は何度も耳にしてきました。

本書では、厳密な調査と、エグゼクティブたちが私に語ってくれた戦略に関する数え切れないほどの経験にもとづく、戦略と戦略的思考へのアプローチを記述しています。

本書で紹介する「バリューベース戦略」は、現在、HBSのエグゼクティブ・コースやMBAプログラムで教えている戦略への主要なアプローチです。世界中のHBSの卒業生が、より良い意思決定を行い、企業のパフォーマンスを向上させるために、バリューベース戦略を採用しています。本書が日本の経営者やリーダーの一助となれば、これ以上の望みはありません。

HBSの多くのコースでは、エグゼクティブが教室で議論されたアイデアを会社に持ち帰るためのツールを提供しています。そのなかでも特に効果的なのが、「バリューマップ」と呼ばれるものです。もし、私がエグゼクティブと数時間しか話せないのであれば、このツールをビジネスに応用してもらうことを勧めます。バリューマップの作り方は、本書の第5部で紹介しています。私たちのコースで自社のバリューマップを作成した何百人ものエグゼクティブと同様に、日本の読者の皆様にもこのツールが役に立つことを願っています。

多くの組織で戦略を曇らせている特に根強い神話は、戦略は最も上級のエグゼクティブだけのものだというものです。長いキャリアで豊富な経験を積まなければ、戦略的な思考はできない、というのです。しかし、本書でこれから示すように、戦略は複雑なものではなく、だれもが戦略的に思考する能力を持っています。

本書のなかで多くの事例を通じて示される鍵となるアイデアは、成功するストラテジストは何よりもまず「価値を重視する」ということです。顧客、従業員、サプライヤーに対して価値を創造する斬新な方法が、成功する戦略の中心にあります。戦略の初期段階において、企業が利益を上げるために何ができるかを問うのは間違っています。収益性はだれかのために価値を創造した結果です。価値を優先すれば、利益は後からついてくるのです。

２０２３年１月　ボストン

フェリックス・オーバーフォルツァー・ジー

はじめに

優れた戦略はシンプルである。

この本を書き始めるにあたり、この言葉が適切かどうか、私には自信がありません。読者のみなさんと私は初対面であり、第一印象が悪くならないか心配なのです。だから、私は大げさなことを言うような人間ではないことをお断りしておきます。私の世界、つまり経営の実践に役立つ厳密な学術研究の世界は、すべて慎重な推論にもとづくものです。文章は「おそらく」で始まり、数字には「95%の信頼区間」が付きます。

それなのに、「優れた戦略はシンプルである」というのは、本当なのです。

戦略のなかにシンプルさを見出すのは簡単なことではありません。私は何年もかけて、偉大な教師や忍耐強い同僚に導かれてきました。その洞察を共有することは、おそらくさらに難しいでしょう。幸いなことに、私は多くの実践を積み重ねてきました。私はハーバード・ビジネス・スクール（HB

S）で20年近く教えています。世界中のエグゼクティブやMBAの学生たちと戦略について語り合う機会がない週はまずありません。このような対話のなかで私が学んだことは、戦略のなかにシンプルさを発見すると、ある種の自由が得られるということです。まるで魔法のように、理解しがたいビジネス用語や矛盾したフレームワークがわかるようになります。そして、突然、超一流企業がどのようにして卓越したパフォーマンスを達成し、なぜ他の多くの企業がその潜在能力を発揮できないのかを理解することができるのです。

この本で私がみなさんにお伝えしたいのは、このような経験、つまり、明晰さによってもたらされる自由なのです。この本は、確かに企業の（財務）パフォーマンスをテーマにしていますが、私はサクセスストーリーのコレクションを提供することに興味があるわけではありません。そうではなく、私の目的は、ビジネスや戦略マネジメントの役割について、パワフルかつシンプルな考え方を提供することです。

ほとんどの本は、書名やカバーから想像するよりも多くの著者を抱えています。この本も例外ではありません。私は、バリューベースの競争理論の知的基盤を構築したアダム・ブランデンバーガーとハーボーン・W・スチュアートに、計り知れない恩義を感じています。[1] 初期の草稿を辛抱強く読み、惜しみなく洞察を与えてくれる親しい友人なくして、著者の進歩はありえないでしょう。この本のコアとなるフレームワークに組み込まれている重要なアイデアを捉え、自分の言葉で語ることを支援してくれたヨンメ・ムーン、バリューベース戦略に関する初期のパンフレットで協力してくれたフランシス・フライ、そしてその優れた分析力で私の議論の質を高めてくれたミヒル・デサイ、ホン・ルオ、デニス・ヤオに深く感謝しています。(2) エイミー・バーンスタイン、クラウディオ・フェルナンデス＝アラオス、レベッカ・ヘンダーソン、ユベール・ジョリー、ラファエラ・サドゥン、デヴィッド・ヨフィ、そしてHBSの戦略ユニットの多くの同僚が、有益なコメントを寄せてくれました。また、世界中のHBSグローバル・イニシアチブ・センターのエグゼクティブや研究者の協力も得られました。ピッパ・タブマン・アーマディング、エセル・チェキン、ラクナ・チャウラ、カーラ・ラランジェラ、ペドロ・レヴィンド、フェルナンダ・ミゲル、アンジャリ・ライナ、ノブオ・サトウ、ラクナ・タヒリヤニ、パトリシア・トーメは、グローバルな洞察とバリューベース戦略に関する多くの実例を提供してくれました。

この本は、私の講座に参加したエグゼクティブやMBAの学生、特にゼネラルマネジメント・プログラムの参加者と交わした何百もの対話なしには、実現しなかったことでしょう。かれらは、戦略や優れたビジネスパフォーマンスについて、これまで以上にシンプルかつ効果的に考える方法を私に教えてくれました。また、原稿を丁寧に読んでくれたコピーエディターのペギー・アルプテキン、私のイラストに命を吹き込んでくれた映像の天才スコット・ベリナート、そして、このプロジェクトの仕上げに尽力してくれた編集者のジェフ・キーホーに感謝します。

みなさん、準備はできていますか。それでは始めましょう。

目次

第1部　卓越したパフォーマンス

――価値を生み出すバリューベース戦略

なぜ一部の企業が他の企業よりもはるかに成功しているのか。その答えは、顧客、従業員、サプライヤーに対して、どのように価値を生み出しているかに大きく関係している。利益ではなく、価値を考える。そうすれば、利益は後からついてくる。

第2部　顧客の価値
――WTPを上昇させる戦略アプローチ

ここで取り上げる企業は、上場企業から零細企業、グローバル企業から地域の新興企業まで多岐にわたる。それらはすべて、WTPを高め、より大きな顧客価値を生み出すために、「より魅力的な製品」「補完製品」「ネットワーク効果」に依拠している。

第3部　人材とサプライヤーの価値
——WTSを低下させる戦略アプローチ

WTSを低下させる魅力的な職場環境は、従業員に対してより多くの価値を生み出すことで、素晴らしいパフォーマンスを達成できる可能性が高い。また、WTSを低くする戦略は、サプライヤーとの関係を改善するうえでも効果的である。

第4部 トップ企業の生産性
――コストとWTSを同時に低下させる戦略アプローチ

米国では、トップ企業の生産性は最下位企業の2倍。同じインプットを使って、なぜここまで差が付くのか。このパートでは、生産性を高める3つのメカニズム、「規模の経済」「学習効果」「経営のクオリティ」について探る。

値を生み出すために、十分な創造性と想像力を働かせるバリューベース戦略をうまく行う企業は、最終的にその業界をリードすることになる。

第1部

卓越したパフォーマンス

——価値を生み出すバリューベース戦略

第1章　よりシンプルに、より良く

過去数十年の間に、戦略はますます洗練されてきました。もしあなたが大規模な組織で働いているならば、マーケティング戦略（消費者の嗜好を把握し、形成する）、企業戦略（シナジー効果を得る）、グローバル戦略（世界規模のビジネス機会を捉える）、イノベーション戦略（競争に打ち勝つ）、知的財産戦略（イノベーションの成果を守る）、デジタル戦略（ネットを活用する）、ソーシャル戦略（ネット上のコミュニティと交流する）、人材戦略（優れたスキルを持つ人を引き付ける）など、さまざまな戦略が社内に存在しているのではないでしょうか。そして、それぞれの領域で、優秀な人材が多くの緊急の課題に取り組んでいます。

もちろん、企業がこれらの課題をすべて検討するのは正しいことです。急速な技術革新、グローバル競争、気候変動や世界的なパンデミックによるサプライチェーンの混乱、そして進化し続ける消費者のニーズは、従来のビジネスのあり方を根底から覆そうとしています。世界経済の統合が進むにつれ、企業はグローバル戦略を必要とするようになりました。テクノロジーが消費者のニーズやそれを充足する方法を変えてしまうため、イノベーションとマーケティングを見直すことが不可欠となっています。もはや職場の多様性を制限することはできず、企業はより包括的な人材プールとキャリアパスを構築する方法を見つける必要に迫られています。

しかし、それぞれの新しい課題に対応することで、私たちは組織により多くのことを求めるようになりました。従業員にはさらに高い期待を寄せ、複雑な戦略によってまさに奇跡を起こすことを要求しています。

このような期待の高まりは、あらゆるところで見受けられます。それは、優れた製品、最高の体験、そして「生涯で一度しかないオファー」という形で現れています。同時に、そのような製品・サービスを提供することで、長時間労働や実現不可能なストレッチゴール、苛酷な職場環境を生み出しています。私は、リサーチやケースライティングのために企業を訪問し、かぎられたリソースで、短期間に大きな成果をあげていることに感銘を受けたことが多々ありました。

しかし、私が最も驚いたのは次のような事実です。洗練された戦略を実行し、激務をこなしていることを考えると、これらの企業の大半では、高い収益性を実現するとともに、従業員のほぼ全員に手厚い報酬体系が提供されているものと期待されますが、私はそのいずれの例も見たことがないのです。S&P500に含まれる企業の4分の1は、資本コストを上回る長期リターンが得られていません。中国では、この割合はさらに高く、3分の1近くになっています。

考えてみてください。これほど多くの企業が、優秀で意欲的な従業員で溢れているのに、なぜこれほどまでに努力が報われないのでしょうか。なぜ、努力と洗練された戦略が、ある企業には持続的な成功をもたらし、他の企業にはそうでないのでしょうか。私たちは、人類史上最も教育された労働力を持ち、きわめて有能な経営者を擁しています。にもかかわらず、なぜ、持続的な成功に結び付かないことのほうが多いのでしょうか。もしこのような疑問を持たれたことがあるなら、ぜひとも本書を読んでください。

企業が期待に応えられないとき、私たちはしばしば、何か重要な要素が欠けているのではと考えます。もっと優れた人材戦略を持っていれば……。もっと強固なサプライチェーンがあれば……。イノベーションのパイプラインがもっと充実していれば……。そして、人材戦略を策定し、ビジネスレジリエンスに投資し、イノベーションサイクルを加速させようとします。戦略的なイニシアチブが増えるに従い、予期せぬことが起こります。すべての木に集中するあまり、森を見失ってしまいます。たくさんの活動があるなかで、全体的な方向性や指針が見えにくくなるのです。

有望なアイデアとは、いかなるものであっても追求する価値があると思われるものです。しかし、最終的にはいままでの常識が優先され、戦略はビジネスの舵取りをする力を失ってしまうのです。このような世界では、戦略計画は毎年行われる儀式となり、官僚的で、重要な問題の解決にはあまり役立たないものになっています。

実際、戦略をまったく持っていない企業を見つけるのは難しいことではありません。80ページに及ぶパワーポイント資料は、多くの場合、データは豊富だけれども洞察にとぼしく、検討事項の列挙には最適ですが実際の意思決定にはほとんど役立たない代物です[1]。企業の戦略計画を見てみると、多くのフレームワークが駆使されているものの、その大半が互いに矛盾していて、有効なマネジメントのための指標は見当たらないということが多々あります。

優れた戦略の特徴は、何をすべきでないのか、何を心配すべきでないのか、どのような動きを無視すべきかを明確に示すところにあります。このような点からすると、今日の戦略立案のイニシアチブの多くは不十分といえるでしょう(2)。

バリューベース戦略の基本的な考え方

本書では、戦略マネジメントには、「基本に立ち返る」という魅力的な機会が存在することを論じます。戦略を単純化することで、それをより強力なものにすることができます。財務的な成功と直結する包括的で理解しやすいフレームワークを使うことで、現在、組織で実施されている多くの活動を評価し、それらをまとめることができる共通の言語を得ることができるのです。

私は、ハーバード・ビジネス・スクール（HBS）で教えてきた何百人ものエグゼクティブが、よりシンプルな考え方をすることで、どのような効果が生じたのかを見てきました。マネジャーたちは一般的な戦略フレームワークに精通しており、投資の意思決定や経営陣の注意を引くために手間のかかる計画プロセスを実施していました。しかし、多くの場合、熟達した戦略のプロフェッショナルでさえ、特定のプロジェクトが企業の戦略にどのように関連しているかを認識することは困難でした。

かれらの戦略は、せいぜいのところ、提案した事業の賛否をスマートに議論するためのものにとどまっており、どのように選択し、どこに焦点を当てるべきかという指針はほとんど記されていませんでした。その結果、さまざまなイニシアチブや活動が急増することになりました。ノーと言えるタイミングがだれにもわからない場合、有能で野心的な従業員によって提案されたアイデアのほとんどは、魅力的に見えるものです。そして、ほとんどのアイデアが優れていると認められれば、現在、多くの企業に蔓延している活動過多の状態に陥ってしまうのです[3]。

私は、教室で、また企業のアドバイザーとして観察した課題に対応するため、戦略へのアプローチに磨きをかけていきました。私の経験では、本書で説明する〝バリューベース戦略〟(value-based strategy)は、複雑な状況を打開し、戦略イニシアチブを評価するのに適しています。

このフレームワークは、デジタル戦略がグローバル展開にどう関連しているのか(またはしていないのか)、マーケティング戦略が有能な人材の採用活動と整合的なのかどうかを明らかにする強力なツールです。バリューベース戦略は、どこに焦点を当て、いかにして企業の競争優位を深化させていくかという意思決定に役立ちます。

バリューベース戦略の基本的な考え方は、これ以上ないほどシンプルなものです。すなわち、持続的に高いパフォーマンスをあげている企業は、顧客、従業員、あるいはサプライヤーに対して確固たる価値を創造している、ということです。この考え方は、私が〝バリュースティック〟(value stick)と呼ぶ簡単な図を見れば、理解しやすいでしょう(図1-1)。

図1-1　バリュースティック

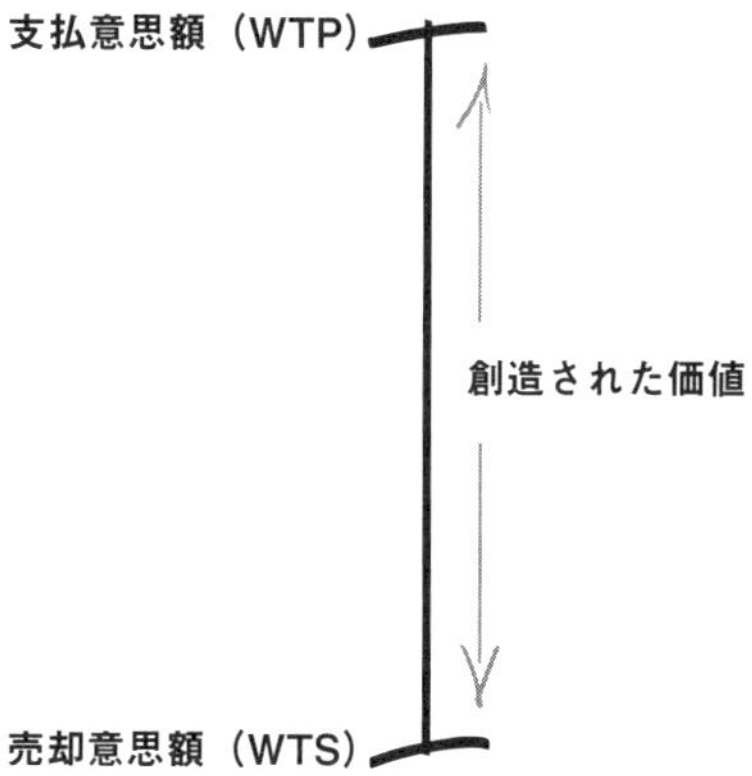

▼WTP（Willingness to pay、支払意思額）

バリュースティックの上限に位置します。これは、顧客の視点を表しています。具体的には、顧客が製品やサービスに対して支払うであろう上限額のことです。企業が製品を改善すれば、WTPは上昇します。

▼WTS（Willingness to sell、売却意思額）

バリュースティックの下限に位置し、従業員とサプライヤーに言及したものです。従業員にとって、WTSはジョブオファーを受け入れるために必要な最低限の報酬のことです。企業が仕事をより魅力的なものにすることができれば、WTSは下がります。逆に、仕事が特に危険な場合は、WTSは上昇し、従業員はより多くの報酬を必要とします。[4] サプライヤーの場合、WTSは製品やサービスを供給することのできる最低限の価格のことを意味します。サプライヤーにとって製品の生産と出荷が容易になれば、

そのWTSは低下します。

WTPとWTSの差、つまりバリュースティックの長さが、企業の生み出す価値になります。ある調査によると、優れた財務パフォーマンス（企業の資本コストを超えるリターン）は、より大きな価値を創造することができるかどうかに依存していることが示されています。[5] そして、付加価値を創出する方法は、WTPを高めるか、WTSを低くするかの2つしかありません。[6]

戦略は概念的にシンプルなものです。そして、よりシンプルな戦略的思考こそがより良い結果につながると私は確信しています。

リニュー・ブルー

このアプローチの威力を示すケースとして、米国最大の家電量販店であるベスト・バイ（Best Buy）の例をあげたいと思います。

2012年末、同社は新しいCEOを募集していました。自分がこの役割を担うことを想像してみてください。成功することは、とうてい不可能だと思うことでしょう。実際、私たちの多くは、ベスト・バイは絶望的だと考えていました。というのも、アマゾン（Amazon）は、幅広い品揃えと積極的な価格攻勢でオンライン事業を成長させることに成功しており、ベスト・バイはその犠牲になっていたからです。それと同時に、ウォルマート（Walmart）をはじめとする大型小売店は、大量に販売できる人気の高い電子機器や家電製品に注力し、市場シェアを奪っていきました。さらに、顧客の間でショールーム化、つまり、店舗に足を運んで気に入った商品を決め、オンラインで購入する傾向が高まったことも、おそらく最悪の事態を招きました。

このような猛攻撃にさらされたベスト・バイのパフォーマンスが芳しくなかったのは当然のことです。２０１２年、同社は第１四半期で17億ドルの損失を計上します。そして、長らく低迷していたものの10％台後半を維持していた投下資本利益率（ＲＯＩＣ）は、ついにマイナス16・７％にまで急落しました(7)。

サンフォード・Ｃ・バーンスタイン（Sanford C. Bernstein）のアナリスト、コリン・マクグラナハンは、「ベスト・バイは死んだほうがいい」（Best Buy Should Be Dead）と題する『ビジネスインサイダー』の記事のなかで、「まるでベスト・バイがナイフを持って銃撃戦に臨んでいるかのようだ」と述べています。

元戦略コンサルタントで、直近ではホテル・旅行業を営むカールソン・カンパニーズ（Carlson Companies）のCEOを務めていたユベール・ジョリーが、このチャレンジに挑みました。ジョリーとかれのチームは、この悲惨な状況を認識し、〝リニュー・ブルー〟（Renew Blue）と名付けた再建計画を策定します。その核心的なアイデアは、ＷＴＰの向上と知覚価値の改善により、より多くの顧客価値を創造することでした。ベスト・バイの１０００を超える店舗を、競争の足枷となる負債と考えるのではなく、その役割を再考し、資産に転換したのです。今後、店舗は４つの役割を果たすことになります。販売拠点（従来の役割）、店舗内店舗を持つブランドのショールーム、受け取り場所、そしてミニ倉庫です。

ベスト・バイは2007年から、アップル（Apple）がベスト・バイの店舗内で独自のショールームを運営することを許可しました。ジョリーはこのプログラムを拡大し、2013年にはサムスン・エクスペリエンス・ショップとウィンドウズストア、その1年後にはソニーストアを追加しました。アマゾンですら、最終的にはベスト・バイの店舗に売場を開設しました。

店舗内店舗というコンセプトは、同社に新たな収益源と、より充実した買い物体験を提供しました。当時のCFO、シャロン・マッカラムは次のように説明しています。

「当社のベンダーが当社の店舗に行った投資を見ると、信じられないほどです。それは、文字どおり数億ドルになります(8)」

ベンダーはショールームで働くベスト・バイの従業員の給与も補助しています。おそらくより重要なのは、ベスト・バイがより深い販売ノウハウを提供できるようになったことです。というのも、ベンダーのブランドのシャツを着て、コンサルタントにサポートされた店舗スタッフは、特定のブランドに専念できるようになったからです。

店舗内店舗プログラムは、ベスト・バイだけでなく、同社のベンダーにも利益をもたらしました。店舗内店舗の運営は、自社店舗よりも費用がかからず、ベンダーは客足の増加による恩恵を受けることができます。よりコスト効率の良い顧客獲得方法を構築することで、ベスト・バイはベンダーの運営コストを下げ、結果としてベンダーのWTSを低下させたのです(9)。

ベスト・バイの店舗をミニ倉庫として利用することも、同様に効果的であることが証明されました。ジョリーのチームは、顧客が新製品を受け取るまでのスピードがWTPの重要な要因であることを理解していました。すぐに得られる満足感に勝るものはありません。従来、同社は大規模な配送センターから出荷していました。配送センターは土日は閉まっており、在庫管理ソフトも数十年前のもので、在庫切れや出荷遅れが頻発していました[10]。

リニュー・ブルー計画では、商品を最も早く届けられる場所から出荷することにしました。配送センターから出荷されることもありますが、多くの場合、近隣の店舗から出荷されます。2013年までに、ベスト・バイは400店舗から出荷するようになりました。1年後、その数は1400店舗に増加し、同社は初めてアマゾンの出荷時間より短くすることに成功しました[11]。

オンラインで注文し、ベスト・バイの店舗で商品を受け取るという方法も、顧客から好評を博しました。数年のうちに、ベスト・バイのオンライン注文の40％は店舗から出荷されるか、店舗で受け取れるようになりました[12]。

ジョリーとそのチームは、同社のオンライン・プレゼンスも見直しました。多くの従来の小売業者と同様、ベスト・バイの経営陣は、インターネットを既存ビジネスの手法を代替する主要な脅威として認識していました。ベスト・バイはオンライン販売チャネルを構築していましたが、それは中途半端なものでした。ベスト・バイ・ドット・コムは商品説明が少なく、カスタマーレビューもほとんどなく、検索機能も不十分で、同社のロイヤルティプログラムとの統合もできていませんでした。また、サイトでは在庫のない商品を宣伝していることも多く、顧客から不満の声が上がっていました。

図1-2　リニュー・ブルーによる価値創造

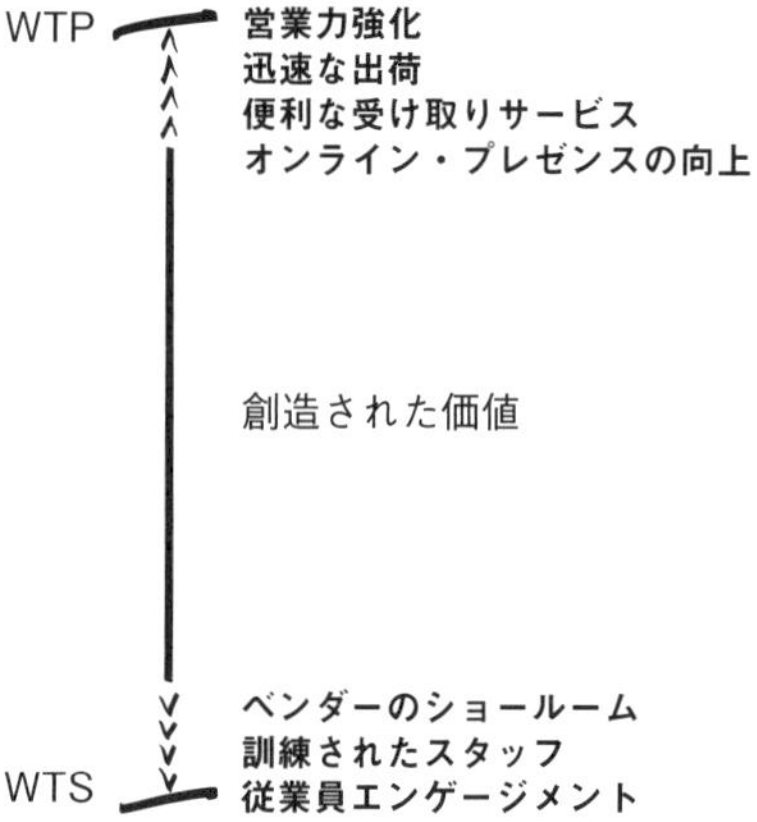

このような状況が、ジョリーの下で一変したのです。同社はインターネットを既存事業を代替するものとしてではなく、補完するもの、つまりベスト・バイの実店舗の価値を高めるための投資と考えるようになったのです。

ほとんどのカスタマージャーニーはオンラインで始まりますが、多くの消費者は購入前に製品に触れ、感触を確かめたいと考えています。ジョリーは、オンラインとオフラインの価格を一致させることで、来店客を購買客に転換させることに成功しました。オンラインで取引を完了した顧客でさえも、購入した商品を手に取ると、追加の製品やサービスプランを購入することが多く、店舗に付加価値をもたらしました。

ベスト・バイのオンライン・プレゼンスが店舗の活動を支えていることを認識した同社は、ベスト・バイ・ドット・コムへの投資を加速させました。わずか数年で、このサイトは大手eコマースサイトに匹敵するようになり、オンライン販売も好調に推移しました。

2019年までに、同社は収益の5分の1をeコマースから得るようになりました。

リニュー・ブルーはベスト・バイに新たな息吹を与えました。ジョリーとそのチームが、顧客のWTPを上昇させ、ベンダーとスタッフのWTSを低下させることに成功したすべての方法を見てください（図1－2）。

ジョリーがリニュー・ブルーの目標達成を宣言した2016年までに、ベスト・バイのROICはマイナス領域から22・7％へと上昇し、税引前利益は2倍、株価はわずか6年で4倍になりました。[*1]ベスト・バイの業績の回復は、バリューベース戦略の主要原則のいくつかを物語っています。

⦿価値創造に優れた企業は、WTPとWTSに正面から取り組む

すべての重要なイニシアチブは、カスタマーエクスペリエンスを向上させる、つまり、消費者のWTPを高めるか、あるいはベンダーや従業員にとってその企業で仕事をする魅力を高める、すなわち、WTSを低下させるようにデザインされています。このテストをクリアできないイニシアチブは、棄却されます。たとえば、ベスト・バイは、アマゾンのようなマーケットプレイス（サードパーティベンダーが自社製品を販売できるようにする取引所）を廃止しました。価値創造に失敗したためです。

＊1　この間、市場全体は2倍に成長しました。ベスト・バイは、リニュー・ブルー戦略の実施後、競合他社を上回る業績をあげ続けています。2016年から2020年初頭まで、同社の株価はS&P500に属する企業の株価の2倍以上の速さで成長しました。

◉同業他社より優位に立つ企業は、模倣が困難な方法でWTPを上昇させ、WTSを低下させる

ベスト・バイの最も特徴的な資産は、その大規模な店舗ネットワークです。実店舗で提供されるクオリティの高い公平なサービスは、ベスト・バイの競合他社が追随することは困難です。アマゾンには同様のリアルな店舗がありません。アップルは顧客への公平なアドバイスに消極的です。ウォルマートはハイタッチ・サービスを提供することで知られているわけではありません。

◉シンプルさは、創造性と幅広いエンゲージメントの余地をもたらす

ジョリーは、リニュー・ブルー戦略を最もシンプルな言葉で表現しています。「私たちの使命は、テクノロジー製品、サービスを提供する場所となり、その権威となることです。私たちは、お客様がテクノロジー製品を発見し、選択し、購入し、ローンを組み、起動し、楽しみ、そして最終的には買い換えるお手伝いをするためにここにいます。また、オンラインと店舗の両方でテクノロジー製品の最高のショールームを提供し、パートナーであるベンダーのマーケティングを支援します[13]」

ここで博士号は必要ありません。大切なのは、顧客のWTPとベンダーと従業員のWTSだけです。ベスト・バイの再建ストーリーを見ると、その動きの速さや、何十ものイニシアチブをすばやく立ち上げ、実行に移していること、そして、ここで述べることができないそれ以外の多くのことに驚かされます。猛烈なスピードで実行するには、戦略がシンプルであることが重要です。WTPを高める方法、WTSを低くする方法についてアイデアを持つすべての役員、店長、従業員は、企業を正しい方

向に導く手助けをしていると確信することができるのです。

⦿成功した企業の多くは、業界動向よりも業界内で競争力のあるポジションを築くことを重視する

ジョリーは次のように説明しています。「かつて当社から発信されるメッセージは、業界の逆風についてばかりだったことを思い出してください。しかし、いまでは、逆風について語ることはありません……全体的な動向よりも、私たちが何をするかのほうがインパクトが大きいと思っています」

優れた価値を生み出す企業で、このような考え方が一般的である理由は3つあります。第1に、ほとんどの業界において、業界内の収益性のばらつきが、業界間の収益性の差を上回っていることです[14]。つまり、たとえビジネスが難しいとされる業界であっても、最良の機会は、ほとんどの場合、現在の業界のなかに見出すことができるということです。業界の魅力度ではなく、業界内の競争力を重視する第2の理由は、業界の魅力度に応じて、参入コストが単純に高くなるということです。最後に、たまたま苦戦している業界にいる企業にとって、逆風ばかりに気を取られていては、従業員の士気を低下させ、生産性の低下を招く可能性が高くなります。

「これは好循環です。ひとたび勝ち始めると、人々はより興奮し、より自信を持つようになります」とジョリーは言います。ベスト・バイの社内データによると、2013年までにスタッフのエンゲージメントは2006年以降で最も高くなっています[15]。

もちろん、ベスト・バイの将来については多くの疑問が残されています。

◉ベスト・バイは幸運だったのか？

間違いないでしょう。輝かしいパフォーマンスが幸運を部分的にも反映していない組織を私は知りません。新世代のiPhoneやビデオゲーム機など、大人気のエレクトロニクス製品がベスト・バイの業績回復に一役買ったのは確かです。サーキット・シティー・ストアーズ（Circuit City Stores）、ラジオシャック（RadioShack）、エイチエイチグレッグ（H.H.Gregg）、その他の小規模な家電量販店が閉店し、競争が緩和されたことも要因の1つでしょう。しかし、単に運が良かっただけでは、長期的な価値創造につながることはほとんどありません。ベストな企業は、それがどのようなものであっても、取り巻く環境にもとづいて構築されます。バリューベース戦略は、配られたカード自体のことではなく、そのカードを用いて有利に勝負する方法に関するものなのです。

◉ベスト・バイは長期的に成功するのか？

一般的に、時間は高業績の企業には優しくありません。私が卓越した価値を創造した企業を調査したところ、平均的な企業は10年間で競争優位の約半分を失っていることがわかりました。ベスト・バイの市場では、アマゾン（家電製品）やロウズ（Lowe's）などのホームセンター（家電製品）が引き続き市場シェアを伸ばしています。2018年、アマゾンは初めてベスト・バイを僅差で下し、米国最大の家電量販店となりました。

コストの8割が売上原価である業界では、相対的な市場シェアが重要です。市場シェアが大きければ大きいほど、ベンダーとの交渉で有利な立場に立つことができます。「勝つためには、リードしなければばならない」とジョリーは認めています[16]。これらのダイナミクスは困難なものですが、かれは楽観的に次のように述べています。「私たちは消費者のオンライン支出の26％を獲得しています。これは恥ずべきことです。もし、3分の1を獲得できたとしたら、それは依然として恥ずかしいことですが、当社の成長はとてつもなく大きくなるでしょう[17]」

ベスト・バイのケースからわかるように、バリューベース戦略は、成長の潜在的な源泉と、最大の価値を約束する機会について明確な指針を提供します。

本書の概要

本書では、ベスト・バイの戦略を活気づけた主要なアイデア「長期的な財務的成功は優れた価値創造を反映する」という考え方を取り上げ、さまざまな業界や事業状況のなかにある企業がこのアプローチをどのように実践してきたかを探っていきます。バリュースティック（図1－3）を使って旅をするようなものだと考えてください。

図 1-3　主要なバリュードライバー

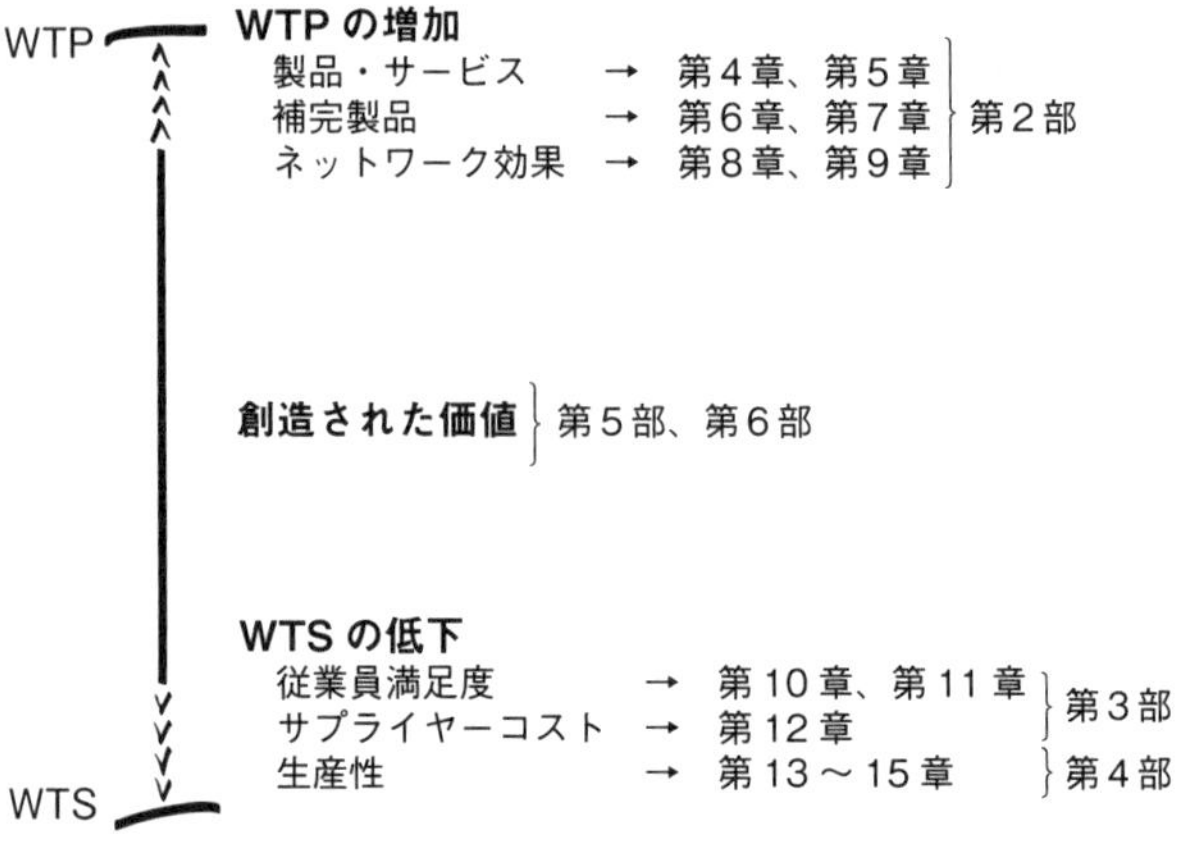

⦿第1部：卓越したパフォーマンス

ここでは、なぜ一部の企業が他の企業よりもはるかに成功しているのかを問題にします。たとえば、ホームセンターのロウズとホーム・デポ（Home Depot）は、基本的に同じような会社ですが、なぜホーム・デポがロウズよりもはるかに収益性が高いのでしょうか。その答えは、企業が、顧客、従業員、サプライヤーに対して、どのように価値を生み出しているかに大きく関係していることがわかりました。驚くべきことかもしれませんが、それでも真実です。かれらは、他者のために価値を生み出す、より良い方法を追い求めています。利益ではなく、価値を考える。そうすれば、利益は後からついてくるのです。

⦿第2部：顧客の価値

あなたは弱者を応援する傾向がありますか。もしそうなら、アマゾンが当時支配的だったソニーと激しい競争を繰り広げながら、家電市場への足場を固めたという話を気に入るでしょう。ソニーにはすべてがありました。最高の電子書籍リーダー技術、家電製品の優れたブランド、そして小国のGDPと同じ規模のマーケティング予算です。アマゾンの優位性は何でしょうか。それは、顧客にとっての価値について、より優れた考え方を持っていることです。

研究を始めた当初、ソニーのような売上主導型の組織と、アマゾンのようなWTPを重視する企業は、同じようなパフォーマンスを示すだろうという直感がありました。しかし、この直感は間違っていることが判明しました。WTPにレンズを向けている企業は、長期的に大きな競争優位を持つことになるのです。

WTPを高めるためのアプローチには、製品のクオリティを上げる、ブランドイメージを高める、イノベーションを起こすなど、自明なものもあります。しかし、見落とされがちな戦略であっても、非常に大きな力を発揮することがあります。たとえば、一部の企業が補完製品の力をどのように活用しているかを観察するのは興味深いことです。

補完製品とは、その存在が、他の製品・サービスのWTPを高めるもののことです。プリンターとトナー、車とガソリンを考えてみてください。ミシュラン（Michelin）やアリババ（Alibaba）は、新たな業界への参入を加速させるために補完製品に頼りました。アップルは、価格下落による打撃を和らげるために防御的にそれらを利用しています。ハーキンズ・シアターズ（Harkins Theatres）は、映画館の座席を埋めるために、巧みに補完製品を提供しています。もし、あなたが製品やサービスだけにもとづいて競争しており、補完製品に考えが及ばなければ、あなたのビジネスはすでにトラブルを抱えている可能性が高いでしょう。

トラブルといえば、ウーバー（Uber）やグラブ（Grab）、ディディ（DiDi）といったライドシェア企業がなかなか利益を出せないことに驚いたことがありますか。また、投資家が当初はかれらに好意的であったにもかかわらず、その後冷遇するようになったことにショックを受けましたか。このような感情の変化は、ネットワーク効果についての考え方を反映しています。

ネットワーク効果は、乗客が増えれば運転手が増え、さらに乗客が増えるという正のフィードバックループを生み出します。主要なハイテク企業の多くは、WTPを促進するためにネットワーク効果に依存しています。極端な場合には、ネットワーク効果は、多くの顧客価値が単一企業に集中し、1社のみが生き残るという事態を招きます。しかし、ライドシェア市場が示すように、勝者総取りの結果になることはほとんどありません。自社がネットワーク効果の恩恵を受けていることを知ることよりも重要なのは、その強さを評価することのできる能力です。ネットワーク効果を高める力は何なのでしょうか。また、どのような場合に効果が薄れるのでしょうか。

第2部で取り上げる企業は、これ以上ないほど多種多様です。化粧品から医薬品、上場企業から零細企業、グローバル企業から地域の新興企業まで、実に多岐にわたります。しかし、それらはすべて、WTPを高め、より大きな顧客価値を生み出すために、同じ3つのレバーに依拠している点で共通しています。すなわち、〝より魅力的な製品〟、〝補完製品〟、〝ネットワーク効果〟の3つです。

⦿第3部：人材とサプライヤーの価値

ここではバリュースティックの底辺に注目し、従業員やサプライヤーのWTSを低下させることで競争優位に立つ企業を紹介します。人材獲得競争では、企業は2つのアプローチで優位に立とうとします。すなわち、手厚い報酬を準備し、魅力的な仕事を提供します。この2つの戦略は一見似ていますが（どちらも従業員のエンゲージメントと満足度を向上させます）、その結果は大きく異なります。報酬の引き上げは、企業から従業員への価値の移転であり、価値の創造ではなく、再分配にすぎません。

それに対して、魅力的な職場環境は、より大きな価値を生み出します。スマートな企業が従業員のために価値を生み出す新たな方法を見つけ出し、その価値を従業員に分配する方法を目にするのは驚くべきことです。先進的な企業は、WTSの削減に長けているため、20％以上の人件費のメリットを享受していることもめずらしくありません。

もし、企業が、より手厚い報酬を提供することだけで従業員を獲得しようとしているのであれば、もちろん、高い能力と意欲を持った人材を集めることができるでしょう。しかし、従業員に価値を生み出すことで生産性を向上させるという素晴らしい機会を逃してしまうことになります。

WTSを低くする戦略は、サプライヤーとの関係を改善するうえでも効果的です。新型コロナウイルス感染症のパンデミックや、気候変動によるグローバル・サプライチェーンの混乱が頻発する以前から、専門家はサプライヤーとの緊密で適応性のある協力関係を築くことの価値を十分に認識していました。サプライヤーとの協力関係のなかで、かれらの負担を軽減する方法を見出すことができれば、その価値の一部を獲得することができます。

しかし、理論的には簡単なことでも、実際には難しいことがよくあります。バイヤーとサプライヤーの関係の多くは、その潜在的な可能性を生かしきれていません。それは、どのように価値を生み出すかを考えるのが難しいからではなく、成功した場合に得られる利益のほとんどを相手方に取られてしまうのではないかと懸念しているからです。

このような緊張状態を企業がどのように克服しているのかを観察することは、非常に有益なことです。タタ・グループ（Tata Group）が、厳しいコスト制約のなかで、ボッシュ（Bosch）に自由度を与え、画期的なイノベーションを追求していった方法を見ていきます。ナイキ（Nike）からは、サプライヤーの量的志向性を打破する方法について学びます。デル（Dell）は、社内の支援や資金がほとんどないプロジェクトを推進するために、サプライヤーの能力を活用する方法を教えてくれるでしょう。

私は、自社の製品やサービスはコモディティ化していて、顧客のWTPを高めることはできないと語る経営者によく出会います（正直言って、私はこの発言には常に懐疑的です。コモディティ化という言葉が、業界の揺るぎない事実を反映しているのか、それとも想像力の欠如なのか、私にはよくわからないのです）。しかし、WTPを高める機会が本当に少ないとしても、多くの企業は、従業員やサプライヤーに対してより多くの価値を生み出すことで、素晴らしいパフォーマンスを達成できる可能性が高いのです。

◉第4部：トップ企業の生産性

業界の下位10％の企業と上位10％の企業の生産性の差は、どのくらいだと思いますか。その差は相当なものです。米国では、トップ企業の生産性は、最下位企業の2倍です。新興国においては、トップクラスの企業は、最も効率の悪い企業に5倍の差を付けています。まったく同じインプットを使って、5倍の製品を生産する企業を想像してみてください。企業が生産性を高めると、コストとWTSは同時に低下します。このパートでは、生産性を高める3つのメカニズム、〝規模の経済〟、〝学習効果〟、〝経営のクオリティ〟について探っていきます。

２００８年の大不況の後、一部の金融機関が本当に「大きすぎて潰せない」のかと疑問視されるなか、なぜJPモルガン・チェース（JPMorgan Chase）の規模が倍増したのか不思議に思われるなら、その重要な理由の1つとして規模の経済に着目してください。ストラテジストにとって古典的な手法である規模の経済は、コストとWTSを低くするための有力な手段であり続けています。

また、学習についても同様で、累積生産量を増やすとコストが下がるという考え方があります。実際、機械学習による高度な分析が可能になった現在、学習の重要性はさらに高まっています。たとえば、異常検出アルゴリズムでは、不良部品が生産ワークフローに入る前に選別されるため、大幅なコスト削減を実現することができます。

急勾配の学習曲線はかなりの生産性向上を確実なものにする一方、その学習による戦略上の効果は驚くべきものになる可能性があります。より良い作業方法を最初に発見することの価値について考えてみましょう。だれもが光の速さで学習できるようになると、最初であることはほとんど意味を持ちません。競合他社はすぐに追いついてくるでしょう。逆説的ですが、学習による戦略的効果は、学習が速すぎず遅すぎず、その中間のペースでコストを削減する場合に最も価値があるのです。

規模と学習は、生産性向上戦略の常套手段です。これとは対照的に、基本的なマネジメントツールの重要性に関する研究が始まったのは、ごく最近のことです。自社がどの程度うまくマネジメントされているかを1から10までの尺度で尋ねると、ほとんどのマネジャーは自分の組織を7程度と評価します。驚くべきことに、この評価は、企業が生産性向上に役立つ近代的なマネジメント手法を実際に導入しているかどうかについては、ほとんど何も教えてくれません。

ここで私は次世代の最新手法を念頭においているわけではありません。多くの業界や国で、企業は〝目標設定〟、〝業績管理〟、〝頻繁なフィードバック〟といった基本的なツールを導入していないのです。もしあなたが、自分のチームや会社の生産性を大幅に向上させる方法を探しているのなら、これらの経営手法が最も有望なものになる可能性が高いといえるでしょう。

◉第5部：バリューベース戦略の実行

本書の第1部で示したように、優れたパフォーマンスをもたらす戦略は、顧客にとっての価値（WTPの上昇）、従業員やサプライヤーにとっての価値（WTSの低下）、生産性の向上（コストとWTSの低下）の3つの考えにもとづいて構築されています。

ここでは、このような洞察にもとづき、企業が立案された戦略を実行に移す方法について検討します。優れたストラテジストの仕事を観察することは、素晴らしい経験です。私は、かれらが3つの重要な選択をしているのを見ていきます。

まず、多くの選択肢のなかから、〝少数のバリュードライバー〟に投資し、競合他社に差をつけています。バリュードライバーとは、WTPやWTSを構成する基準のことです。顧客にとって重要な製品・サービスの属性もそれに該当します。たとえば、ホテルを選ぶとき、消費者は通常、ホテルのブランドだけでなく、場所、部屋の広さ、スタッフ、親しみやすさなどのバリュードライバーを考慮します。優れたストラテジストは、少数のバリュードライバーだけに着目し、それ以外のものにはリソースを割かないことを良しとしています。Gメールの開発責任者であるポール・ブックハイトは、この考えを次のように表現しました。「もし、あなたの製品が偉大なものであれば、良いものである必要はありません(18)」

第2に、重要なバリュードライバーの各々について、熟達したストラテジストは、それらがどのようにWTPやWTSに影響を与えるかを深く理解しています。たとえば、かれらは、規模が万能薬でないことを知っています（たとえば、S&P500に含まれる企業の規模や市場シェアを比較しても、その収益性についてはまったく予測することができません）。しかし、ストラテジストは、ネットワーク効果や規模の経済が存在する場合など、状況によっては規模がすべてを決定する可能性があることも知っています。さまざまなケースのなかで、あるバリュードライバーがどのようにWTPを上昇させたり、WTSを低下させたりするのかを深く理解しているのです。

第3に、成功している企業は、しばしば、「スマート・ビジュアル」を利用して、組織全体に戦略を浸透させています。そのようなビジュアルの1つであるバリューマップについて議論し、価値に関するアイデアが、具体的な重要業績評価指標（KPI）や組織のパフォーマンスを向上させるプロジェクトにどのように結び付けられるかを説明します。

◉第6部：価値の創造

戦略は概念的にシンプルです。なぜなら、その目的はただ1つ、価値の創造にあるからです。これをうまく行う企業は、最終的にその業界をリードすることになります。

ここではトミーヒルフィガー（Tommy Hilfiger）が、障がい者の人々のために、どのように価値創造を実現したかを見ていきます。顧客、自分の組織で働く人々、協力関係にあるサプライヤーなど、さまざまな人々の生活をより良くしたいというたった1つの野心を持って毎日出勤する、これがどんなことか想像してみてください。

価値か利益かというのは、誤った選択です。卓越した財務パフォーマンスは、価値創造を反映しています。もう一度言いましょう。価値を考えれば、利益は後からついてくるのです。

この洞察が重要なのは、企業のパフォーマンス以外の理由もあるからです。どこか遠くの城に隠れていたのでなければ、最近のビジネスに関する評判は芳しいものではないことをご存知でしょう。最新の調査では、「自分の所属する組織は、目先の利益や利害よりも正しいことを常に選択する」と答えた人は、わずか4分の1程度にすぎませんでした[19]。現在、国民の50%が、「今日存在する資本主義は、世界に対して善よりも害のほうが大きい」という意見に同意しています[20]。企業のリーダーでさえこれに同意しているようです。

米国の大企業の団体であるビジネス・ラウンドテーブルは、２０１９年に株主資本主義を否定し、株主だけでなく、顧客、従業員、サプライヤーなど、すべてのステークホルダーに価値を提供することが企業の責任であると主張しました。しかし、冷静に考えれば、これは（成功した）企業が常に行ってきたことではないでしょうか。そもそも経営者や企業はどう変わればいいのでしょうか。

バリューベース戦略は、私たちが進むべき道を見出すのに最適な方法です。進歩を遂げるには、すべてのビジネスの中核に価値を据えなければなりません。顧客、従業員、サプライヤーにとってより多くの価値を生み出すために、十分な創造性と想像力を働かせれば、最も厄介な問題でさえ克服することができます。

価値創造に関するかぎり、株主資本主義もステークホルダー資本主義も違いはありません。WTPを高め、WTSを低くするという価値創造は、シンプルに良いビジネスです。しかし、バリューベース戦略の考え方は、私たちが生み出した価値を「どのように分配するか」について、かなりの自由度があることを示しています。

企業は多様な利害のバランスを取ることができます。株主だけが恩恵を受けるべきだと信じる理由はありません。価値をどのように分配するのが最善かを議論する際に、バリューベース戦略の考え方は有用なガイドとなるでしょう。これから紹介するアイデアをもとに、豊かな想像力と最も崇高な本能を持って、この議論に臨んでほしいと私は切に願っています。

第2章　チャンスの海[*1]

おそらくお粗末なストーリーテリングであることはわかっていますが、私は良い知らせを前面に押し出したいと思っています。私は、多くの企業がより多くの価値を生み出し、パフォーマンスを大幅に向上させる可能性について、信じられないほど楽観的です。そして、これは単なる希望的観測ではありません。私の楽観論は、データを注意深く分析した結果にもとづいています。どの業界をとってみても、その業界で最も優れた企業は、他の企業を劇的に凌駕していることがわかります。もし、平均的な企業が少しでも進歩すれば、生み出される価値と利益は急上昇するでしょう。

話を戻しましょう。本章のテーマは、長期的な財務的成功の大まかなパターンです。財務パフォーマンスのすべての側面を捉えることができる単一の指標はありません。しかし、あえて1つを選ぶとすれば、投下資本利益率（ROIC）になるでしょう。ROICは、事業活動から得られた利益（営業利益）と、その利益を生み出すために使用された資本（自己資本と負債）を比較したものです。つま

り、ROICは、投資した資金を営業利益に変える能力がどの程度あるのかを示しているのです。(1)

図2-1は、2009年から2018年までのS&P500に属する企業のROICの平均値の分布を示しています。(2) 私が初めてこの種のデータを調査したとき、パフォーマンスの大きな違いに驚きました。これらはマイクロソフト（Microsoft）、ボーイング（Boeing）、CBS、フェデックス（FedEx）、ツイッター（Twitter）など、いずれも有名な大企業です。しかし、平均的な企業（ROIC13・1%）でも、オートゾーン（AutoZone、平均ROIC41・9%）、コルゲート・パーモリーブ（Colgate-Palmolive、同37・6%）、アップル（Apple、同32%）といった非常にパフォーマンスの良い企業に近づけば、どれだけ改善できるかは注目に値します。

真の価値創造を確認するには、図2-1のリターンを企業の資本コストと比較する必要があります。*2 ROIC12%は、安定したキャッシュフローを持つ大企業にとって非常に魅力的に見えるかもしれません。しかし、リスクの高いスタートアップへの投資を正当化するには不十分でしょう。ROICと資本コストの差に注目しても、私たちの考えは変わりません。マスターカード（Mastercard、ROICが資本コストを23・5ポイント上回っている）、TJX（同23・2ポイント）、ヤム・ブランズ（Yum! Brands、同19・5ポイント）のようなベストパフォーマー企業が達成可能なパフォーマンス

＊1　この章の財務データを専門的にまとめたハーバード・ビジネス・スクール、ベイカー・リサーチ・サービスの上級情報調査スペシャリストであるジェームズ・ザイトラーに感謝します。

＊2　資本コストは、投資家が企業に投資する際に期待するリターンを反映しています。この期待を上回る企業は、投資家にとって真の価値を生み出していることになります。

図 2-1　S&P500 の ROIC（2009-18 年）

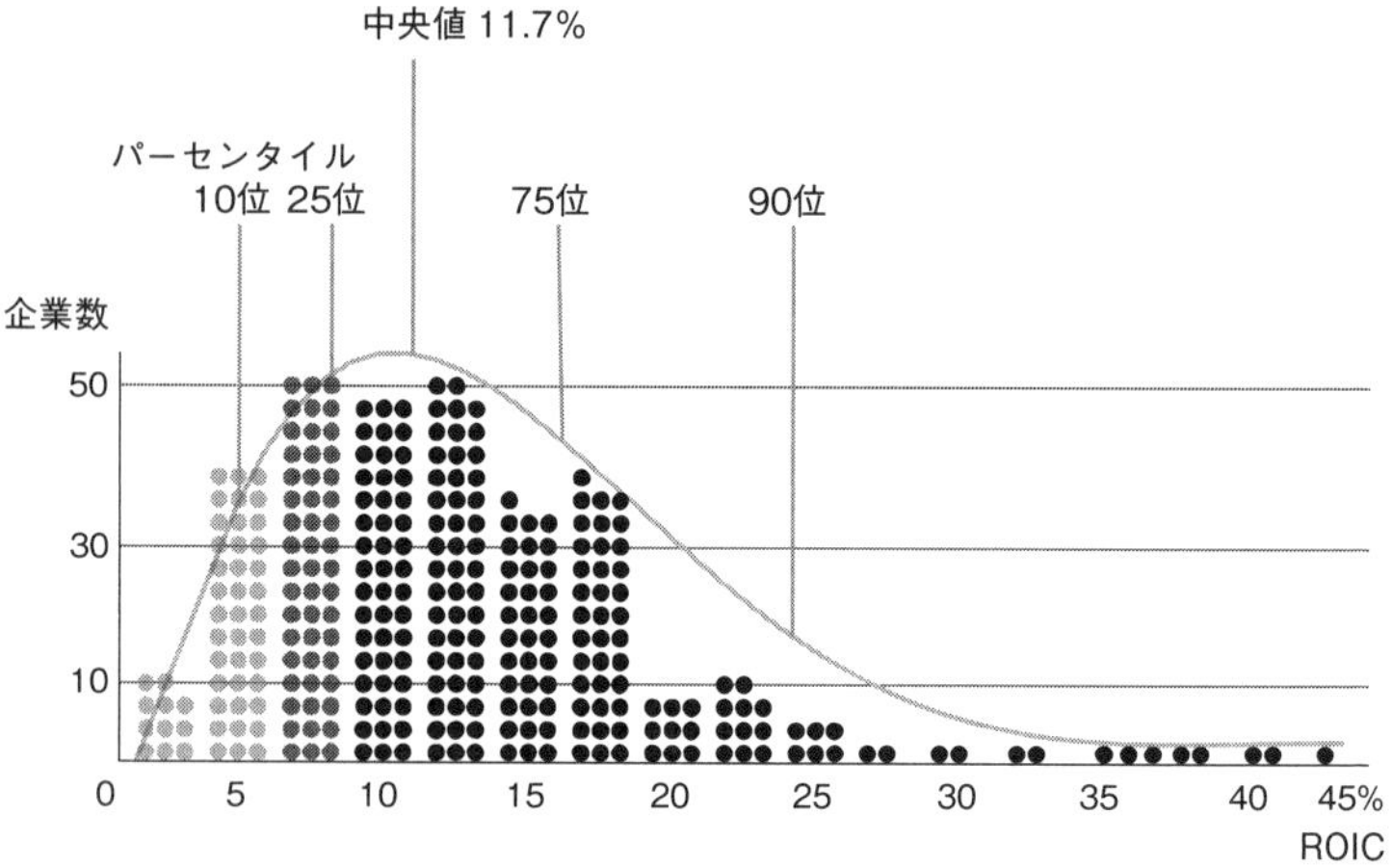

を示しているとすれば、ほとんどの企業はより大きな財務的成功を収める素晴らしい機会に恵まれていることになります[3]。

もし、これらの比較があまりにも楽観的すぎると思われたなら、それはあなただけではありません。平均的な企業は、本当にリーディングカンパニーに追いつくことができるのでしょうか。低業績企業が、少なくとも平均的な企業になる可能性は本当にあるのでしょうか。場合によっては、リターンの低さは、変えることのできない状況や経営者の手に負えない要因を反映していることもあります。あなたが所属する企業は、競争の激しい業界に甘んじているかもしれません。消費者があまり裕福でなく、物価の安い国で事業をしているかもしれません。

しかし、外部環境が企業の可能性を制限していると結論づけるのは、あまりにも安易です。貧しい国でも、米国と同じようにパフォーマンスに大きなばらつきがあります[4]（図2-2）。確かに、インドは

図 2-2　各国の ROIC（2009-18 年）

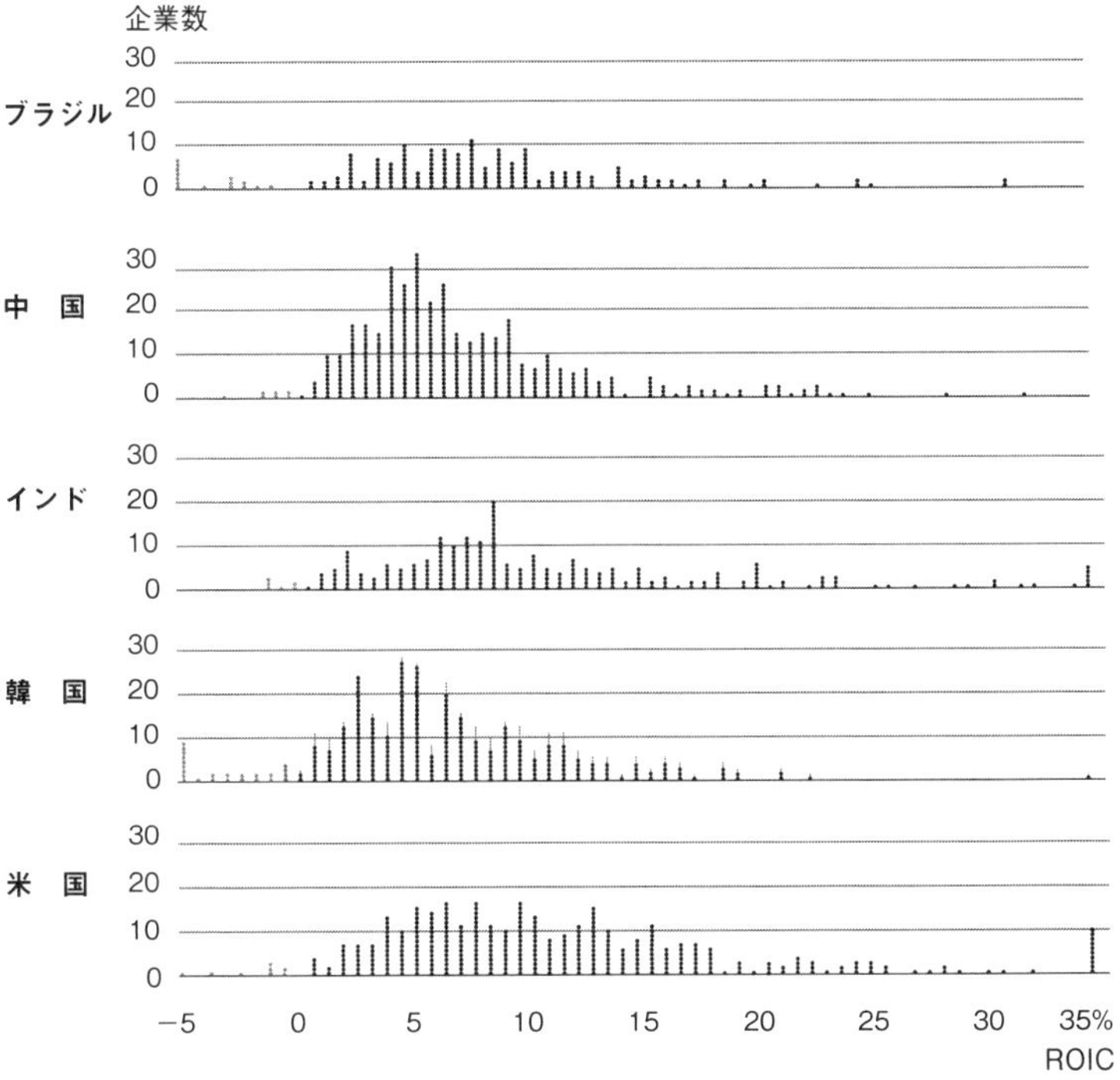

米国よりも豊かではありませんが、インドには優れた財務パフォーマンスを持つ企業が多数存在しています。中国市場は競争が激しいですが、資本コストをはるかに上回るリターンをあげている企業が数多く見られます。私が調査したどの国でも、最も厳しい事業環境であっても、企業は例外的なリターンを得ることができるということをデータが示しています。

私が業績のあまり良くない企業の経営者に会うと、すぐに業界動向の話になります。かれらは、自分たちの業界がデジタル技術によって破壊さ

図 2-3　米国の保険業界の ROIC（2009-18 年）

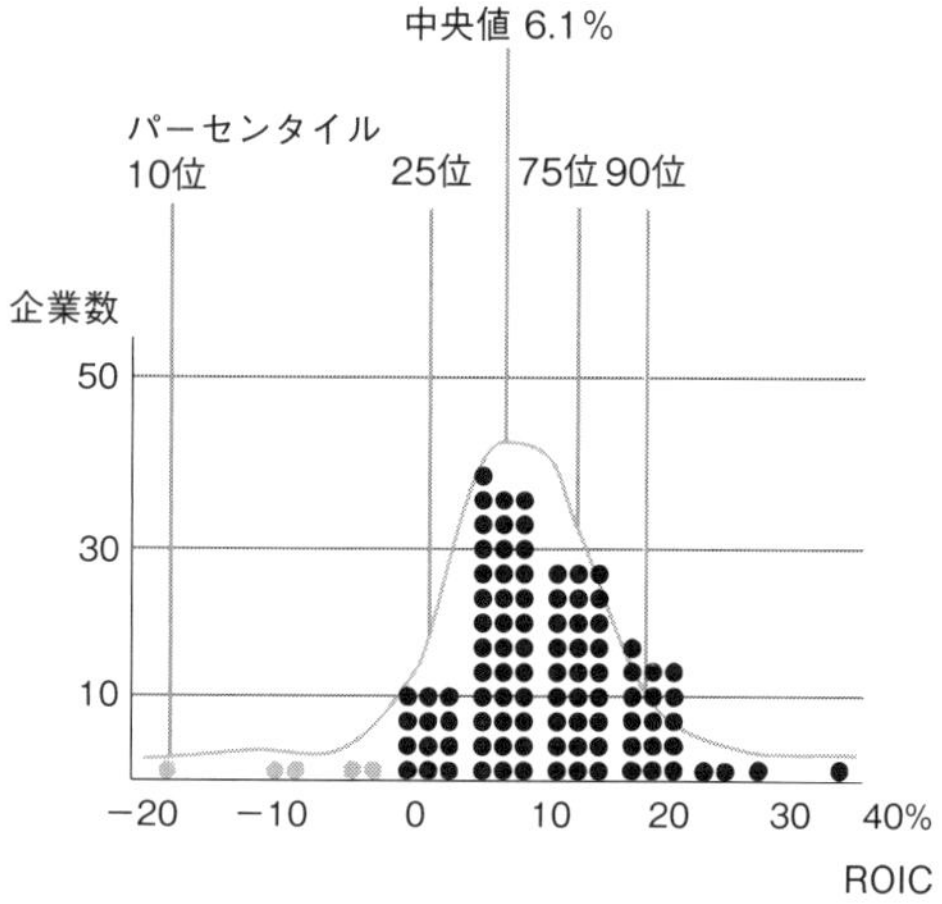

れていること、輸入品との厳しい競争に直面していること、そして、なぜ人材の雇用と維持が困難なのかを説明します。そのとおりです。収益性は業界によって大きく変化します。高い平均リターンに恵まれた業界もあれば、そうでない業界もあります。たとえば、競争の激しい米国の保険業界を例にとると⑤（図2－3）、平均リターンはゼロに近く（1・2%）、中央値に位置する保険会社はかなりの価値を破壊しています[*3]。

しかし、保険業界のように厳しい業界であっても、業績には大きな差があることがわかります。どうにかしてうまくやることは可能であり、最も業績の高い企業は20%を超える目覚ましいリターンを達成しています。

保険業界は決して例外ではありません。多くの業界で、リーディングカンパニーは、低業績企業を大幅に上回る業績をあげています。ベスト・バイ（Best Buy）のユベール・ジョリーが、業界間の違いよりも、同業界における収益性の違いに注目したことを思い出してください。ジョリーが注目したのには、それなりの理由があります。図2－4はROICの業界内、業界間の差異を示しています。(6)同業界のリーディングカンパニーと下位企業の差は、業界間の差よりもはるかに大きいのが一般的です。

図2－4に示された業界は、分散の大きなもの（ヘルスケア、ソフトウェア・サービス）から分散の小さなもの（銀行、公益事業）へと並べられています。ジョリーの洞察を理解するために、図2－4の財務データを使って、思考実験をしてみましょう。平均的な業界に100社存在すると仮定し、最も収益性の高い（1位）企業から最も収益性の低い（100位）企業までランク付けを行います。たとえば、75位に位置する企業が、25位に躍進したとしましょう。この前進により、ROICは10・8ポイント上昇します。

ここで、100の業界を、やはり収益性の高いものから低いものへとランク付けすることを想像してみてください。もし、75位の業界にある企業が25位の業界に参入したとしても、ROICはわずか4・5ポイントしか増加しません。(7)つまり、業界内では、業界間に比べて2倍以上の収益性向上の余地があることになります。収益性という観点からは、各業界はかなり似通っています。しかし、業界内の企業は大きく異なる傾向があるのです。

このような収益性の指標を検討することは興味深いことですが、企業の長期的なパフォーマンスに

＊3　調査した時期では、中央値に位置する保険会社の資本コストは、7％から11％の間で変動していました。

図 2-4　米国の各産業の ROIC（2009-18 年）

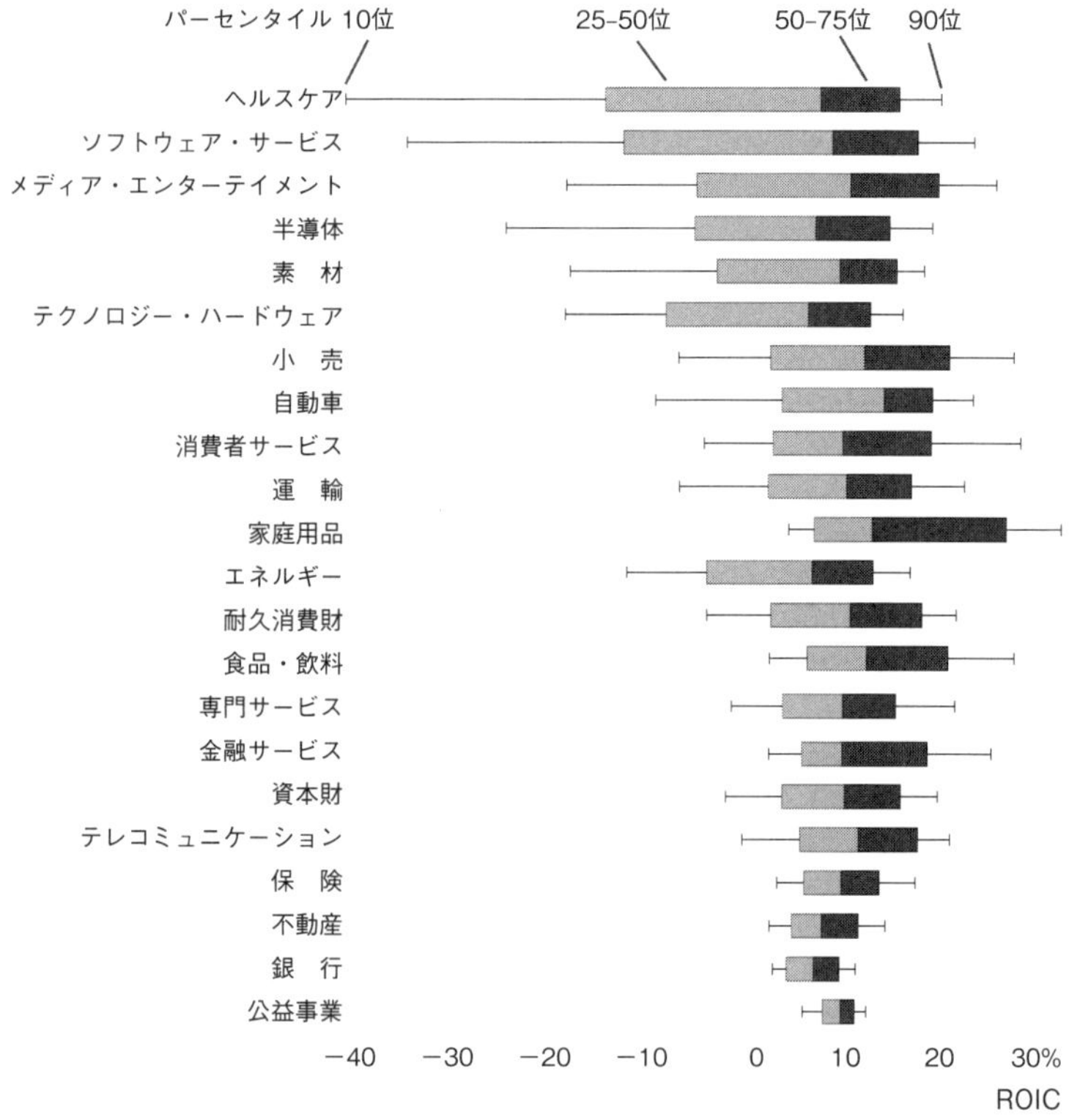

ついては、この数字からはほとんどわかりません。そこで、企業が競争優位を維持できるかどうかを見るために、2009年に最もパフォーマンスが高かった企業（図2－1の上位3分の1の企業）を選び、そのパフォーマンスを毎年追跡してみました（図2－5）。

スター企業を長期的に見ると、ワイングラスに半分も入っているのか、半分しか入っていないのかというストーリーが成立します。良いニュースは、最も成功している企

図 2-5　S&P500 上位 3 分の 1 企業（2009 年）の ROIC の推移

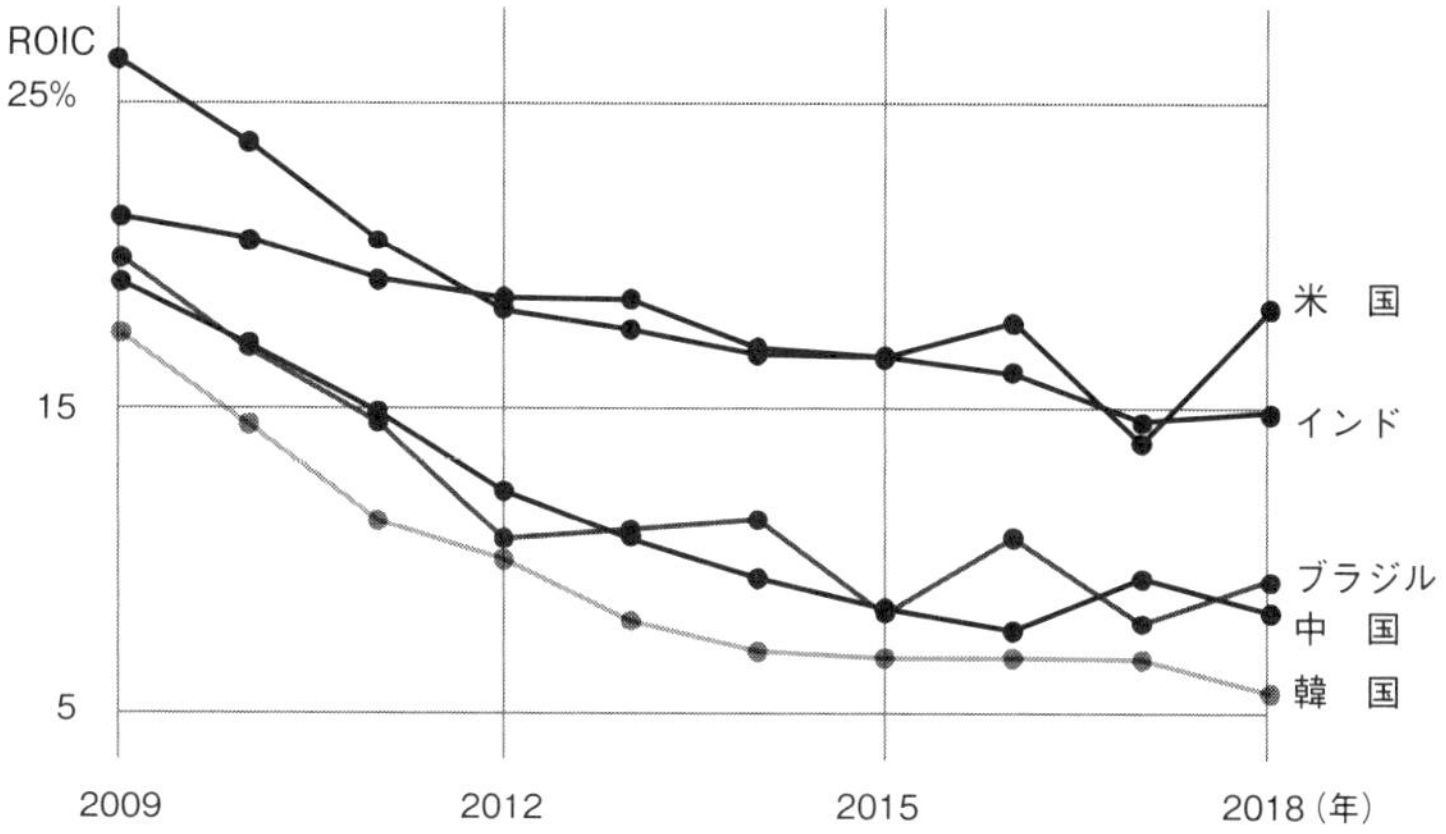

業は、ライバルを凌駕し続けるということです。マイクロソフトはその典型的な例です。パーソナルコンピュータの登場から長い年月が経ったいまでも、同社は平均以上の結果を出し続けています。実際、マイクロソフトは過去20年間、米国で最も企業価値の高い10社に毎年ランクインしています。[8] ２０２０年には、投資家は同社の価値を1兆ドル以上と評価しています。しかし、図２－５は、（マイクロソフトを含む）優良企業にとって時間の経過が穏やかでないことを示しています。これらの企業のＲＯＩＣは年々低下しているのです。

この数字を聞いた経営者で驚く人はほとんどいません。多くの人が、競争優位を維持することがはるかに難しくなっていると考えています。このような過当競争の経済状況では、長期的な計画を立てることはあまり意味がない、とさえ言う人もいます。戦略は、安定した環境下でのみ有効であったというのです。

しかし、今日、顧客のニーズ、技術のブレークスルー、競合の動きなどを長期にわたってうまく予測できると考えるのは甘いでしょう。過当競争の環境下では、経営者は攻撃的な短期作戦を打つしかなく、その結果、運が良ければ、束の間の競争優位を得ることができます[9]。

競争が以前より過熱しているという認識は、間違いなく現実的なものでしょう。しかし、それは真実でしょうか。このような見方を検証するために、異なる期間における財務パフォーマンスの低下速度を調べてみることができます。図２－５の曲線は、初期の頃よりも最近のほうが急激に低下しているでしょうか。そうではありません。ＲＯＩＣの推移を見ても、競争激化の兆候はほとんど見られません。リーディングカンパニーのパフォーマンスは時間とともに悪化していますが、その傾向は初期の頃ほど顕著ではありません。

より洗練された研究でも、同様の結論が出ています。変化の激しい市場を研究しているジェリー・マクナマラ教授とその同僚であるポール・ヴァーラーとシンシア・デヴァースは、「今日の経営者が直面する市場は、過去に比べてダイナミックではなく、競争優位を獲得し維持する機会もかつてほど少なくなっていません」と結論付けています[10]。

このような財務パフォーマンスの大まかなパターンを見て、みなさんも私と同じように楽観的になっていただけたらと思います。ほぼすべての企業において、パフォーマンスの大幅な改善は手の届くところにあります。以下は、私がデータを調査して学んだ結果です。

▼世界経済のあらゆるところで、他社よりはるかに財務的に成功している企業を容易に見つけることができます。

▼景気循環や国勢の影響を考慮しても、同じ産業に属する企業間で収益性に大きな差があることがわかります。リーディングカンパニーの財務的成功が何らかの指針となるなら、ほとんどすべての企業はもっとうまくやれるはずです。

▼わずかな進歩でも、財務パフォーマンスに劇的な影響を与えます。100社中50位だった米国企業が40位に躍進すれば、ROICは21%上昇します。中国企業がこのように改善した場合、ROICは16%増加します。

▼通常、異業種への参入で期待できる利益よりも、自分の業界内で得られるパフォーマンスのほうが大きくなります。多くのチャンスがあるなかで、最も魅力的な可能性は身近なところ

にあります。

▼データ上では、長期にわたって良好なパフォーマンスを達成することが難しくなったという証拠はほとんどありません。

では、このような財務パフォーマンスの差はどこから来るのでしょうか。パフォーマンスのランキングを上げるためには、どうすればよいのでしょうか。次章以降では、私たちの意思決定の指針となるシンプルなフレームワークについて見ていきます。

アップルストアのエントランスの外ほど、価値創造を観察するのに適した場所はないでしょう。美しく包装されたエレガントなデバイスを手にして出てくる人たちを観察してください。もちろん、その優れたデザインのために高い代価を支払ったわけですが、誇りと期待に満ちたかれらの顔を見てみてください。また、Facebook や Instagram でも、価値創造の事例を見ることができます。友人が内定をもらったときや、昇進したときの写真や動画を見てください。幸せそうな顔です。

アップル（Apple）は、顧客の支払意思額（WTP）を高めることで、バリュースティックの最上位で競争しています。また、非常に魅力的な仕事を提供する企業は、売却意思額（WTS）を低くすることで価値を生み出しています（図3－1）。

WTPとWTSは、離脱ポイントとして考えてください。WTPは、顧客がその製品に支払うであろう最大の金額のことです。それより1セントでも高くすれば、顧客はその取引から離脱したほうがよ

図 3-1　価値創造の方法：WTP の上昇と WTS の低下

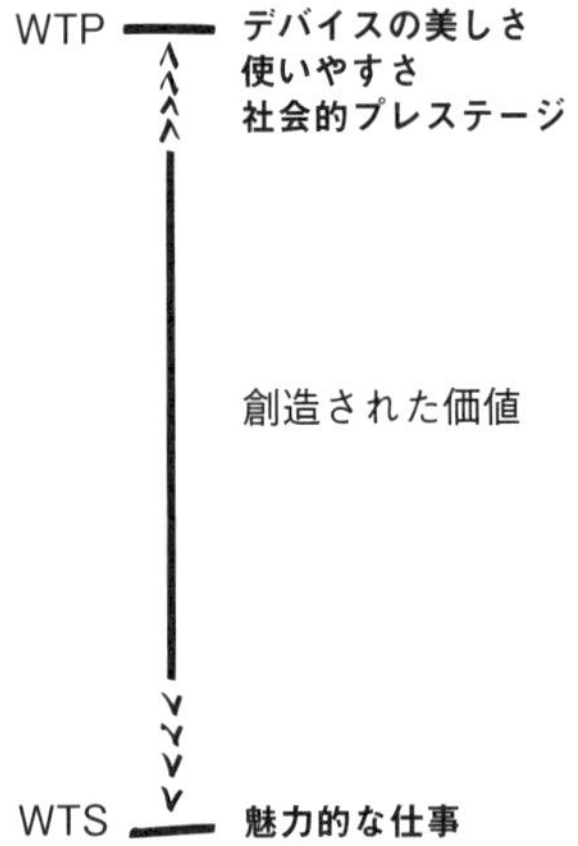

いことになります。

アップルの例が示すように、WTPには、製品の属性、クオリティ、プレステージなど、多くの要因が含まれます。バリュースティックの下限にある従業員のWTSは、特定の種類の仕事を受け入れることのできる最低限の報酬です。従業員にWTSより低い報酬を支払えば、その従業員はその仕事から離脱するでしょう。WTPと同様に、WTSにも多くの考慮事項が含まれます。仕事の内容や負担、キャリアに関する懸念、社会的配慮、他の仕事の魅力的な機会などです。

価値を生み出す方法は2つしかない

企業は、WTPを高め、WTSを下げることによって、価値を生み出します。価格や報酬を設定することで価値を獲得します。企業が創出する価値全体は、3つの部分に分割することができます（図3－2）。

図 3-2　顧客、従業員、サプライヤーとの価値の分配

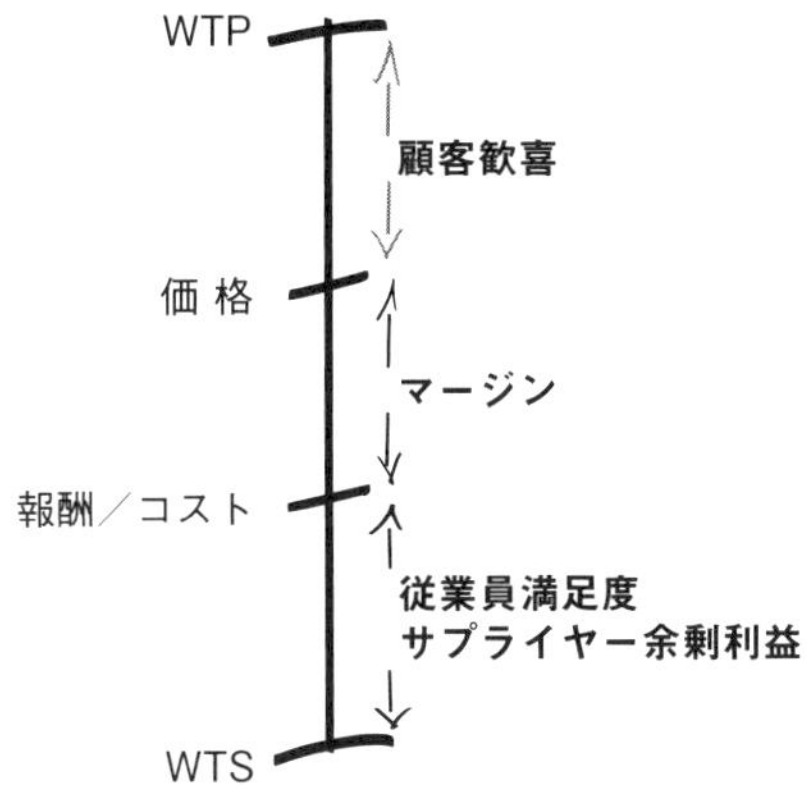

WTPと価格の差は、顧客にとっての価値です。アップルの製品は高価かもしれませんが、そのデバイスに対する顧客の評価はそれよりも高いでしょう。アップルストアでの嬉しそうな顔は、WTPが価格を上回っていることを反映しているのです。バリューベース戦略の考え方では、価格はWTPの決定要因ではありません。私たちはよくWTPと価格を同じ意味で使用します。しかし、この2つは分けて考えるほうが有益です。

バリュースティックの下限では、報酬とWTSの差は、仕事から得られる満足度を示しています。考え方は単純です。もし報酬が正確にWTSと同じ水準に設定されていれば、従業員はこの仕事と次善の機会（おそらく別の仕事かレジャー）のどちらを選択してもよいことになります。もし企業がWTS以上の報酬を支払えば、従業員の満足度は向上します。

同じような論理がサプライヤーにも当てはまります。かれらの価値の取り分は、企業から支払われる金額

（企業にとってはコスト）とWTSの差になります。これは、サプライヤーが取引から得る余剰利益と考えることができます。たとえば、あるサプライヤーは最低25％のマージンを得たいと考えるかもしれません。このマージンによって、サプライヤーのWTS、つまり受け入れることのできる最低価格が決定されます。もし企業がより多く支払うことになれば、サプライヤーは余剰利益を獲得することになります。

価値の最後の部分は、価格とコストの差で、これは企業に帰属します。第2章では、企業の収益性に大きな違いがあることを確認しました。もし、ある企業が他の企業よりはるかに高い利益率をあげている理由を理解したいのであれば、まずは、バリュースティックの中間部分、つまり企業のマージンが、なぜある企業では小さく、他の企業では大きくなっているかを特定することが必要でしょう。

バリュースティックは、特定の製品、顧客、従業員、サプライヤーに対して描かれます。アップルのデバイスのWTPは、洗練されたデザインを好み、使いやすさを重視する顧客に対して高くなる傾向があります。アップルは、このような顧客層に対して明確な優位性を持っています。それは、高い価格を設定し、同時に大きな顧客歓喜（customer delight）を生み出すことができるということです。

アップルはまた、一部のサプライヤーとの関係でも優位性を持っています。たとえば、ショッピングモールは、アップルに特別な優遇措置を提供しています。一般的なテナントが1平方フィート当たり売上の15％の賃料を支払うのに対し、アップルは2％以下しか支払っていません。

ショッピングモールのオーナーは、なぜアップルに寛大なのでしょうか。図3－3が示すように、ショッピングモールのWTSはアップルとの関係において特に低くなっています。これは、同社がモ

図3-3　アップルのWTPとWTS

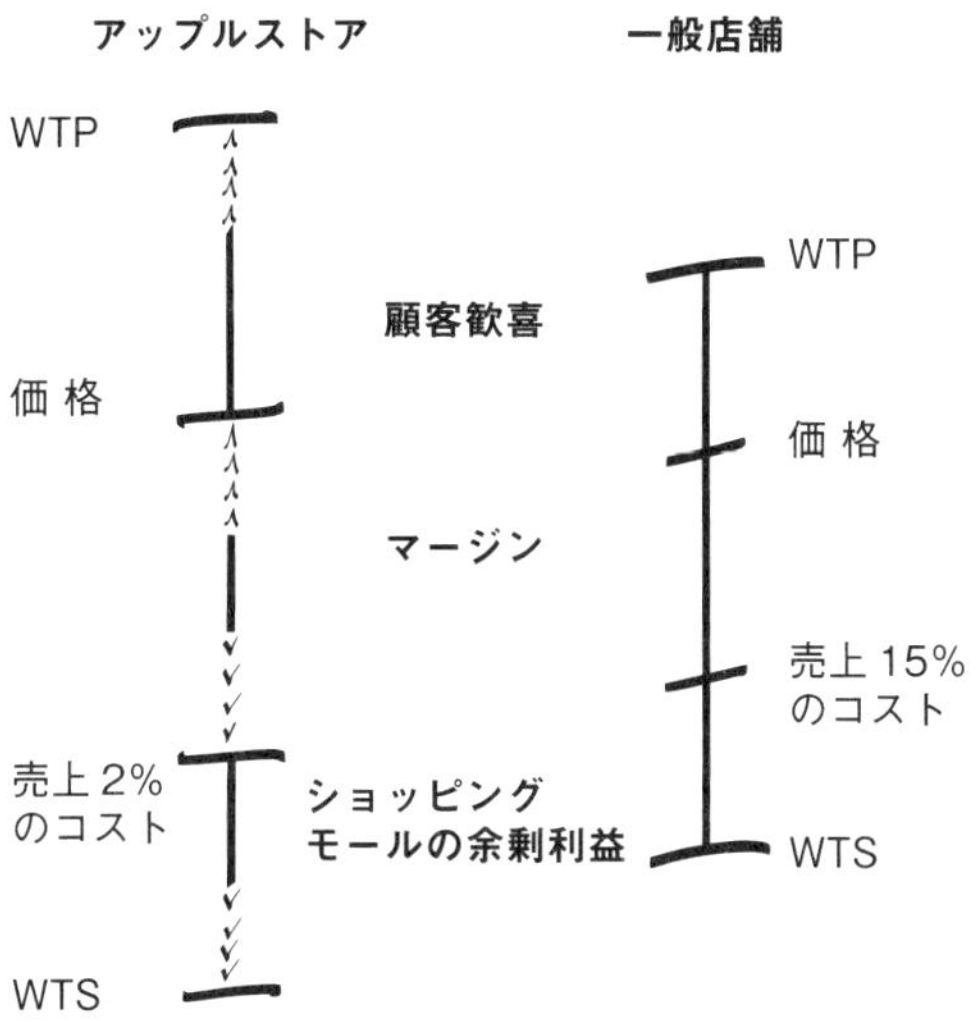

ールの他の全店舗の客足を約10％増加させるからです[1]。そして、この図が示すように、ショッピングモールが賑わえば、オーナーは他のすべての店舗の賃料を売上の約15％に引き上げることができるのです。

バリュースティックは、企業が価値を生み出す方法が2つしかないことを示しています。WTPを高めるか、WTSを低くするかです。すべての戦略イニシアチブは、この2つの指標に照らして評価する必要があります。WTPを上昇させるか、WTSを低下させないかぎり、その活動は企業の競争力強化に貢献しません。

私は、企業を訪問すれば、その活動の多さにいつも驚かされます。同時に、あるイニシアチブがWTPの上昇やWTSの低下にどのように役立っているのかわからないことも少なくありません。もし、組織に過重な負担がかかっている場合、または自分自身、不当に負担を感じている場合は、いまが削減するチャンスです。あるイニシアチブがWTPの上昇やWTSの低下を約束しないかぎり、それを追求する価値はありません。

重要なのはWTPと価格の差

企業が大きな価値を生み出した後、その価値の一部を獲得できるのはなぜでしょうか。この問いは、トートロジー（同義語反復）ではありません。米国の保険会社が大きな価値を生み出していることに疑いの余地はありません。しかし、第2章で見たように、その価値のほとんどは保険会社ではなく、その顧客に流れています。企業がどの程度の価値を獲得できているかを見るには、競争力を考慮する必要があります。

ボストンからロサンゼルスへの往復航空券を予約しようとしていると想像してみてください。エクスペディア（Expedia）ではさまざまなオプションが用意されています。最安値は、アメリカン航空（American Airlines）、アラスカ航空（Alaska Airlines）、デルタ航空（Delta Air Lines）の3社です。それらはすべてほぼ同じ価格水準に設定されています（図3－4）。（デルタ航空のほうが若干安くなっています）。エクスペディアは、3つのフライトを10点満点中8・5点と評価し、旅行体験が非常に似通っていることを示唆しています。3つの選択肢のなかから、あなたならどのように選ぶでしょうか。

図 3-4　航空会社間の競争

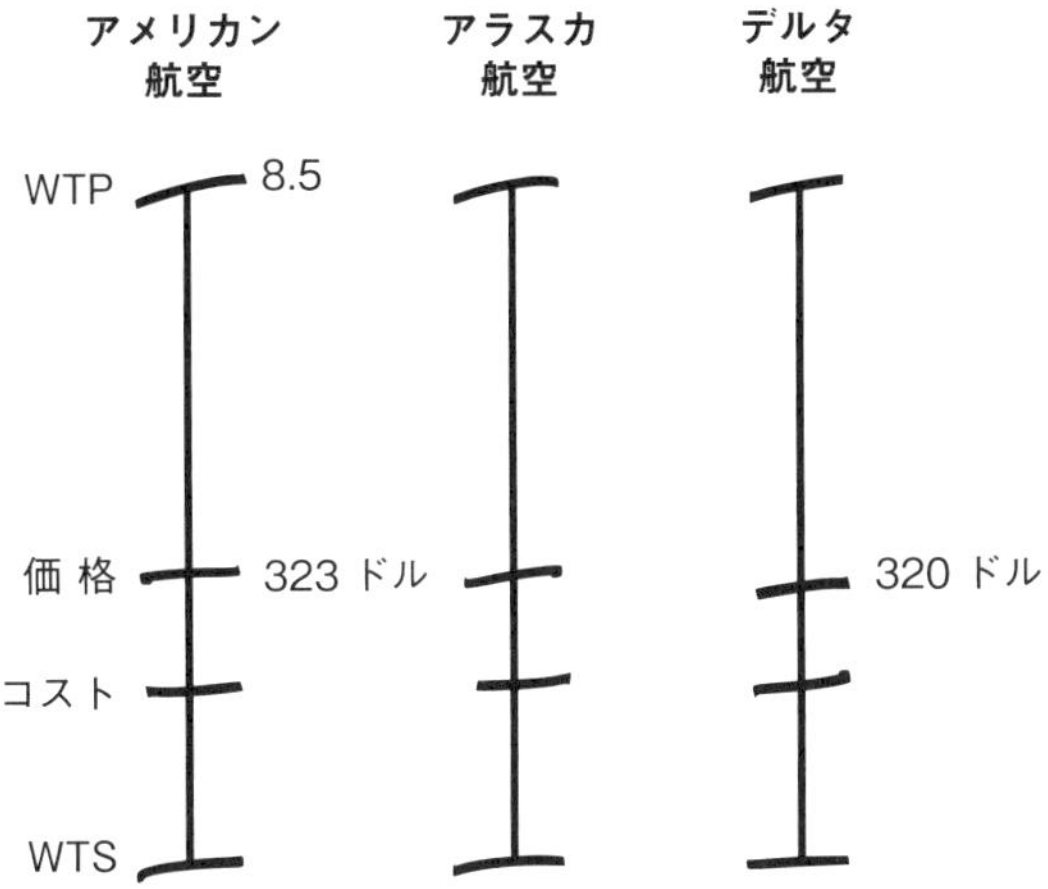

航空券の価格は、あなたの決定に大きな影響を与えるでしょう。なぜでしょうか。それは、他に考えるべきことがないからです。3社のバリュースティックが似ていればいるほど、乗客は価格を重視する傾向があります。実際、これらのフライトの価格がこれほど近いのは偶然ではありません。差別化ができていないため、価格で勝負せざるをえないのです。

しばしば顧客が価格に敏感であることに不満を漏らす経営者に出会うことがあります。しかし、価格に対する感度の高さは、単純にその企業の競争力を反映しているのです。もし、ある企業のバリュースティックが他社のバリュースティックに酷似していたら、顧客はどのように選択すると思いますか。かれらは価格を重視し、利幅を圧迫し、創出された価値を企業が獲得する能力を低下させるでしょう。

一方、優れた価値を生み出す企業は、プレミア

図 3-5　航空各社の WTP と顧客歓喜の違い

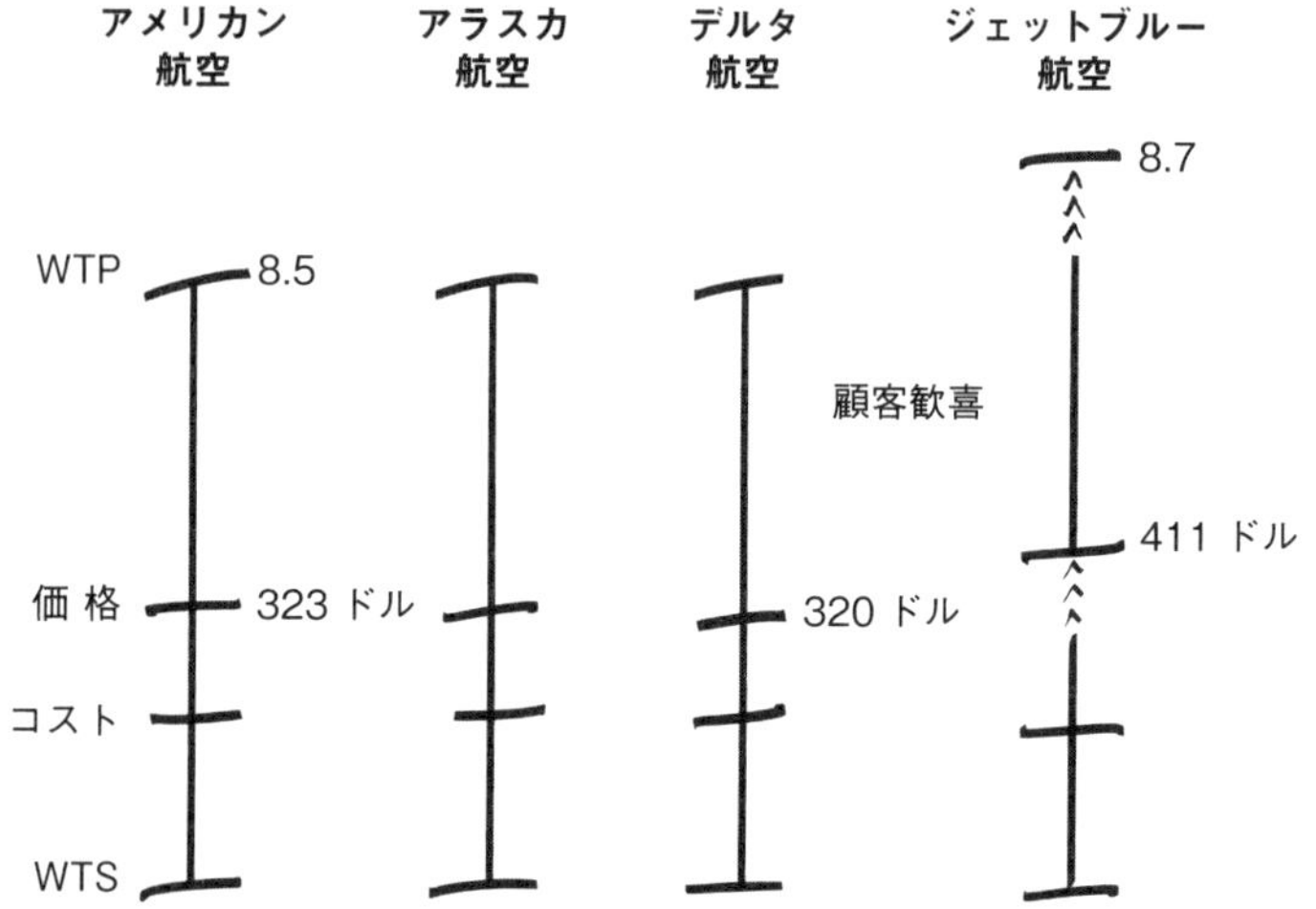

ム価格を設定することができます。エクスペディアは、ジェットブルー航空（JetBlue Airways）の最も安いボストンからロサンゼルスへのフライトを8・7と評価しています。当然のことながら、価格は高くなります（411ドル）。乗客はより良い体験を期待しているのです（図3－5）。

果たして、顧客はジェットブルー航空のフライトを選択するでしょうか。答えは明らかではありません。もし、ジェットブルー航空が高い顧客歓喜を提供できれば、乗客はそのサービスに群がるでしょう。しかし、アメリカン航空のWTPとその価格323ドルの差（アメリカン航空の顧客歓喜）が、ジェットブルー航空のWTPとその価格411ドルの差（ジェットブルー航空の顧客歓喜）よりも大きければ、アメリカン航空のほうが競争力があることになります。

企業は、優れた顧客歓喜を生み出すことによって、顧客獲得競争をしています。多くの企業は、クラス最高を目指して努力しています。しかし、クオリティが良く、WTPが高いことは、成功を保証するものではありません。重要なのは、WTPと価格の差、つまり顧客歓喜なのです。

利益は後からついてくる

この議論が示すように、価値を獲得するすべての能力は、価値創造の違いによって決まります。多くの経営者は、並外れたパフォーマンスを追求するなかで、自社の利益を高めるために何をすべきか自問しています。これは最初の問いとしては誤っています。パフォーマンス向上への道を歩み始めるには、差別化された価値を生み出さなければなりません。そうすれば、利益は後からついてきます。それに失敗すれば、どんなに優れたビジネスセンスがあっても、並外れた結果を生み出すことはできません。2つのバリュースティックの類似性が高ければ高いほど、価格競争へのプレッシャーは大きくなります。

いままでの経験からもわかるように、違いを考えていくことは簡単ではありません。2018年末にライドシェア企業のリフト（Lyft）が有権者の投票所への送迎に割引運賃を提供すると発表したとき、最大のライバルであるウーバー（Uber）はどう対応したでしょうか。ご想像のとおり、リフトのイニシアチブを模倣したのです(2)。

この種の模倣には、2つの効果があります。まず、それは模倣した企業に価値を生み出します。ウーバーの経営陣は、割引運賃が効果的なマーケティング・イニシアチブであると確信していました。しかし同時に、模倣は価値を獲得する能力を低下させます。というのも、企業間の類似性が高まれば、価格下落圧力につながるからです。

バリューベース戦略を実践している経営者に、この考え方が特に有効だと思う点を尋ねると、次のような指摘を受けることが多くあります。

▼私たちは複雑な世の中に生きています。バリューベース戦略は、私たちがどのように価値を生み出すことができるかを見出すのに役立ちます。レバーはＷＴＰとＷＴＳの２つしかありません。

▼競争のなかで、より大きなマージン（および高い収益性）は、優れた顧客歓喜、高い従業員満足度、寛大なサプライヤー余剰利益を創出する能力を反映しています。価値の創造は、価値の獲得よりも優先されます。

▼ストラテジストは「違い」を考えていきます。卓越した製品のクオリティや優れた職場環境は、ライバル企業が簡単に対抗できる場合、持続的な優位性をもたらすことはありません。

深い問いかけをすると、次のようになります。

- **もし、自社が明日なくなるとしたら、だれがそれを悲しむでしょうか？**
- **自社の製品やサービスに最高の喜びを感じていた顧客でしょうか？**
- **自社で働くことにやりがいを感じていたスタッフでしょうか？**
- **自社と特別な関係を築いていたサプライヤーでしょうか？**

だれかがそれを残念に思わなければなりません。もし、そのような人がだれもいなければ、自社のバリュースティックが他社と似通ったものであれば、違いを生み出しているとはいえません。そして、意味のある違いがなければ、自社が資本コストを超えるリターンを得るチャンスはほとんどないのです。

第2部

顧客の価値

――WTPを上昇させる戦略アプローチ

第4章　拍手喝采

立体パズルの「ルービックキューブ」、コレステロール治療薬の「リピトール」、任天堂の「スイッチ」「スーパーマリオブラザーズ」、トヨタの「カローラ」、レディー・ガガの香水「レディー・ガガフェイム」の共通点は何でしょうか。

どれも発売と同時に飛ぶように売れた商品です。ルービックキューブは発売から2年で200万個売れました。任天堂のスイッチは1週間で130万台の売上を記録しました。それぞれのカテゴリーにおいて、これらは史上最も成功した製品の1つといえるでしょう。

これらの製品やサービスに共通するのは、開発者が顧客の支払意思額（WTP）を大幅に高める方法を見つけたことです。処方箋薬のベストセラーの1つであるリピトールは、「悪玉コレステロール」であるLDLを低下させる最初のスタチン系薬剤ではありませんでした。しかし、ライバル製品よりもはるかに効果的でした。リピトールの発明者であるブルース・D・ロスは、「（リピトールは）他のスタチン系薬剤よりも、とてつもなく、信じられないほど優れていました。最低限の服用量でも、他のスタチンの最大服用量と同じ程度の効果がありました」と説明しています[1]。

同様に、スーパーマリオブラザーズを世に送り出した任天堂のデザイナー、宮本茂は、ビデオゲームをプレイするという体験を変革する方法を発見しました。宮本自身はプログラマーではありませんが、スーパーマリオブラザーズを開発したときはすでに有名でした。そして、この新作でかれは大成功を収めました[2]。『エコノミスト』は次のように述べています。

「当時は黒を基調とした空間が主流であったが、このゲームは青空の下で展開される。マリオは魔法のキノコを食べて大きくなったり、『スーパーマリオ』になり、緑のパイプを伝ってあちこちに飛び回ったりする。キノコの裏切り者『クリボー』、カメの兵隊『クッパ軍団』、人食い植物『パックンフラワー』などが登場し、スーパーマリオブラザーズは冒険する世界を提供した。隠されたトリックやレベルも満載。だれも見たことがないようなものだった[3]」

このように、製品やサービスのWTPを上げる方法は無数にあります。WTPは、広く開かれた構造物と考えてください。WTPは、製品の有用性、それが呼び起こす快楽、ステータス、喜び、さらには製品自体の特性とはあまり関係のない社会的配慮によっても影響を受けます。

レディー・ガガ フェイムは、確かに斬新なものでした。漆黒の液体をスプレーすると透明になります。しかし、その成功の一因は、ガガが言うように、香水をつけると「私があなたの肌にいるような感覚」を得られるという、アーティストとの関係性、約束にあったと考えてもいいでしょう（ところで、このことは、WTPが人によってどれほど大きく異なるかも示しています。ガガが肌のなかにいるような感覚は、すべての人にとって望ましいものではありません(4)。

もちろん、これらのWTPを高める方法の説明で、あなたが知らないことは何もないでしょう。顧客ニーズを満たす製品・サービスを開発することは常識です。実際、顧客ニーズの充足や顧客重視の姿勢を標榜しない企業など存在しません。では、何が新しいのでしょうか。WTPや顧客歓喜を高めることを追求するのは、素晴らしい製品やサービスを考えることと同じではないのでしょうか。

製品に焦点を当てることと、WTPに焦点を当てることの違いは微妙ですが、重要です。製品中心主義のマネジャーは、「どうすればもっと売れますか」と尋ねます。WTPを重視する人は、顧客が拍手喝采するのを見たいと思っています。そして、顧客が購入を約束した後でも、顧客体験を改善する方法を模索します(図4-1)。製品中心主義のマネジャーは、購買意思決定を深く理解し、顧客を動かす方法に関心があります。WTPに注目するマネジャーは、カスタマージャーニー全体を検討し、その過程のあらゆる段階で価値を生み出す機会を探します。

数年前、その違いを物語るような販売員とのやりとりがありました。私は友人の誕生日に花を贈るつもりでした。しかし、その日は過ぎ去り、私はなぜか忘れていました。数日後、思い出し、花を注文するために店に電話をしました。夕方だったので、店員から、「当日配達と翌日配達のどちらがいいですか」と聞かれました。私は友人の誕生日に遅れたことを打ち明け、できるだけ早く送ってほしいと頼みました。彼女の反応は私を驚かせました。「遅れたのは当店の責任だと伝えましょうか」と言われたのです。

もちろん、私は彼女に嘘を言ってほしかったわけではありません。しかし、その短い会話からも、

図 4-1　顧客 WTP よりも売上重視の企業が多い

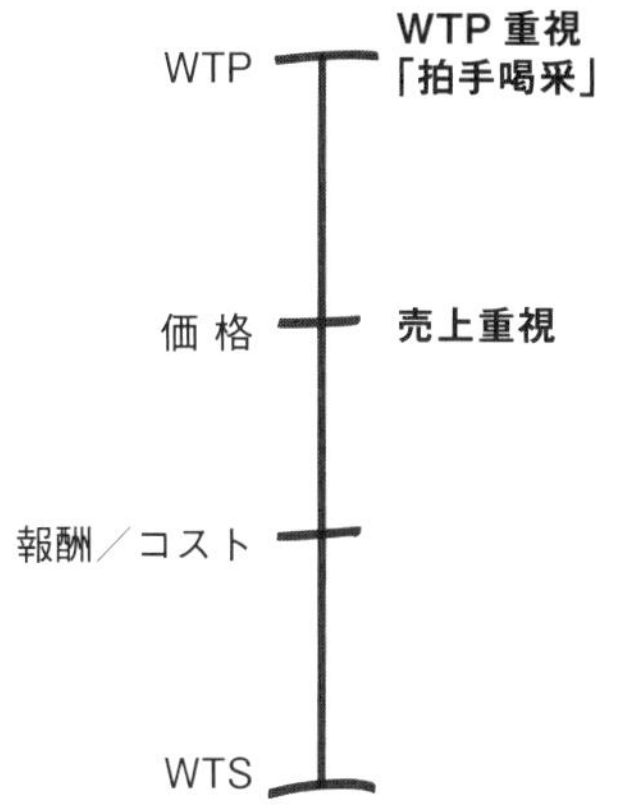

この店員は単に花を売ることが仕事だとは考えていないことがわかりました。彼女は製品中心主義の狭い考え方に悩まされていませんでした。彼女の仕事は、顧客のWTPを高めることだったのです（ちなみに、物語の結末は完全に予測できるでしょう。いまでは、友人の誕生日の数日前にリマインダーを受け取り、花を注文しています。おそらく値段は高くなっているでしょう。しかし、別の花屋を利用しようと思ったことは一度もありません）。

WTPを重視する企業は、いくつかの理由で長期的な競争優位を享受しています。1つは、私たちは、自分たちの利益を最優先してくれる企業を信頼するからです。さらに、このような組織は多くの場合、価値創造の機会を識別するのに優れています。また、あるグループのWTPを高めると他のグループのWTPが下がる場合に注意を払い、顧客や仲介者の複数のグループのニーズを認識することに長けている傾向があります。最後に、WTPを高める企業は、顧客選択効果から大きな恩恵を受けます。これらの要因のそれぞれについて、例をあげて説明しましょう。

顧客歓喜を最優先する

ジョン・C・ボーグルは、ウエリントン・マネージメント・カンパニー（Wellington Management Company）での最初の役職を「熱意をもって」解雇された後、今日、世界最大の投資会社の1つであるバンガード・グループ（Vanguard Group）を設立しました。最近の米国政府の推計によると、手数料に飢えたブローカーやディーラーによる不正なアドバイスのコストは年間170億ドルにのぼっています。このように利益相反がはびこる業界で、ボーグル（およびバンガード）は「ミューチュアルファンド投資家の親友」として知られるようになりました[5]。かれは次のように振り返ります。「当時の私たちの課題は、ミューチュアルファンドを運用するための新しい、より優れた方法を構築すること、そしてそれを顧客に直接利益をもたらすような方法で行うことでした[6]」

かれのリーダーシップの下、同社はノーロードファンドを導入し、パッシブ運用が流行するはるか前に、低コストのインデックス運用を個人投資家にもたらしました。当初は「非米国的」で「平凡への確かな道」と揶揄されたパッシブファンドは、現在では米国のミューチュアルファンドと上場取引型金融商品のすべての株式資産のほぼ45％を占めています[7]。

率直なボーグルは、そのキャリアを通じて、業界の高価格、誤解を招く広告手法、投資家にほとんど価値を生まない商品の乱発を批判してきました。2010年の著書*Enough: True Measures of Money, Business, and Life*で、かれはバンガードの目標とかれ自身の抱負を次のように要約しています。

「私が闘っていること、つまり、市民や投資家を公平に扱うことは、正しいことです。数学的に正しく、哲学的に正しく、倫理的に正しいことです」

ボーグルにとって、クライアントのWTPと顧客歓喜は常に最優先事項でした。この原則があったからこそ、かれは、競争の激しい業界で最も成功し、広く賞賛されている企業の1つを築き上げることができました。かれの顧客は、ボーグルが自分たちの利益を最優先していることを常に知っていたのです。

新規事業の機会を発掘する

電子書籍リーダーは、2000年代後半に最も注目された家電製品です。2004年の発売からわずか10年で、米国人の3分の1が電子書籍リーダーを所有するようになりました。(8) 10億ドル規模の市場が誕生したのです。

当時、家電製品のトップ企業であったソニーは、電子インクを採用した電子書籍リーダーであるLIBRIe（リブリエ）を最初に上市しました。電子インクとは、マイクロカプセルに入った濃い色の顔料と白い色の顔料が、それぞれ上部に流れるように刺激され、どちらか一方の色を表示するもので、それが業界標準になりました。LIBRIe は、電子デバイスで他に類を見ない読書体験を提供したのです。[9]

アマゾン（Amazon）は、この急成長する市場への参入に意欲を燃やしていましたが、その見込みは薄いものでした。ソニーは最先端の技術を採用し、いち早く市場に参入し、マーケティングにライバルの2倍の費用を投じていたのです。[10] このような優位性を持ちながらも、アマゾンはソニーを簡単に打ち負かしました。２００７年に発売されたアマゾンの Kindle（キンドル）は、２０１２年までに62％の市場シェアを獲得しました。ソニーの電子書籍リーダーの市場シェアはわずか２％にとどまりました。[11]

その差は何だったのでしょうか。それは、ワイヤレスアクセスです。ソニーの顧客は、（タイトルはかぎられ、操作しにくいストアから）電子書籍をパソコンにダウンロードし、購入したデータを電子書籍リーダーに転送する必要がありました。また、ＰＤＦやＥＰＵＢの文書にアクセスできるようソニーがデバイスをアップグレードしたとき、顧客はファームウェアを更新するためにソニーのサービスセンターに電子書籍リーダーを送る必要がありました。[12] 一方、アマゾンの Kindle は、無料の３Gインターネット接続を提供し、この機能によって、電子書籍が衝動買いされるようになりました。発売当初、Kindle は5時間で完売しました。[13]

ソニーのような製品中心主義の企業は、デバイスの品質に細心の注意を払います。読書体験が顧客が新しいデバイスを購入する際の重要な要素であることを知っていたソニーは、すばらしい読書体験を提供しました。一方、アマゾンはWTPを重視し、その広い概念にもとづき、カスタマージャーニー全体を通じて利便性を提供しました。その結果、ソニーがワイヤレスを導入したときには、すでに手遅れでした。市場はアマゾンに有利に傾いていたのです。

WTPの観点で考え始めると、顧客歓喜を生み出す新たな機会が常に生まれ、あらゆる「当たり前の」判断が明白ではなくなります。たとえば、地下鉄の券売機はどこに設置しますか。改札口の前でしょうか、それとも駅のホーム上でしょうか。このような問題は、考えるまでもないように思われるでしょう。

乗客は改札を通る前に切符を買わなければならないから、駅のホームには設置できません。それはそのとおりです。しかし、両方に設置したほうが、より良い顧客体験を提供できるかもしれません。切符の購入や地下鉄カードのチャージに並ぶ乗客を見ると、長蛇の列にイライラしながらも、電車に乗り遅れないように早く切符を手に入れようと必死になっているのがわかります。そして、ホームで次の電車が来るのを辛抱強く待ちます。ホームに自動券売機を設置することで、どれだけの付加価値が生まれるでしょうか。

待ち時間が有効に使えると、乗客は喜ぶでしょうか。地下鉄カードをもっとゆっくりチャージできるようにすれば、WTPを向上させることはできないでしょうか。このことに気がつけば、自動券売機の配置という決定は「当たり前の」ものではなくなっているのです。カスタマージャーニー全体を通してWTPに細心の注意を払うことで、さまざまな方法で顧客歓喜を高める機会を見つけることができます。自動券売機を改札口の前に設置することで、乗客に乗車券を購入する動機付けを行い、販売を促進することは、素晴らしい顧客体験を生み出すという野心よりもはるかに視野の狭いことなのです。

顧客と仲介者のニーズを認識する

ビッグベリーソーラー（BigBelly Solar）は、太陽電池式のゴミ箱を製造しています[14]（図4－2）。このゴミ箱は自動的にゴミを圧縮し、圧縮ボックスを空にする必要がある場合は清掃スタッフに警告します。同社は、これらのゴミ箱を使用することで、ゴミ収集の労力が最大80％削減され、市の衛生管理部門のスタッフの時間や移動コストを節約できると見積もっています。また、ゴミ箱が溢れることもなくなります。ビッグベリーソーラーが２００３年に市場に参入したとき、各都市の自治体はこぞって契約しました。フィラデルフィア市だけでも１０００台近くを発注しました。

しかし、設置後すぐに致命的な欠陥があることが明らかになりました。ネット上の評判は、今日の口汚いネットの基準からしても、厳しいものでした。ある（礼儀正しい）ユーザーは次のように述べています。

「（ビッグベリーソーラーのゴミ圧縮機は）すぐに普通のゴミ箱より嫌なものになりました。スロットを開くには、実際にハンドルに触れる必要があります。その不潔なハンドルで人から人へと伝染する細菌のことを考えてみてください。身震いがします。屋外用ゴミ箱として、これほど不衛生なデザ

図 4-2　ビッグベリーソーラーのゴミ箱（オリジナルモデル）

インはありません[15]」

別の人も、このように述べています。

「（私の妻は）ナプキンや紙袋を手に持ってゴミ箱を開けるので、ハンドルに直接皮膚が触れることはありません。他の多くの人も同じことをしていることに気づきました。ときどきゴミ箱の上にゴミを置く人は、おそらくゴミ箱に触れたくないからでしょう。ゴミ箱も、最近はかなり汚くなっているものがあるので、仕方ないですね[16]」

ビッグベリーソーラーは、第1の顧客グループである市の衛生管理部門にはほぼ完璧なソリューションを提供しましたが、第2の顧客グループである実際にゴミ箱を使用する人々にはほとんど注意を払っていませんでした。このゴミ圧縮機に対するネガティブな反応を見たフィラデルフィア市は、4分の1のゴミ箱を無償で交換し、改良したデザインを開発するよう同社に

**図 4-3　ビッグベリーソーラーのゴミ箱
（フットペダル付き新型モデル）**

要請しました[17]。幸運にも、ビッグベリーソーラーはシンプルかつ効果的な解決策を見出します。ゴミ箱にフットペダルを追加し、従来のゴミ箱で好評だったハンズフリー体験を再び実現したのです[18]（図４－３）。

自社の顧客は、お金を払ってくれる組織や個人と考えるのは自然なことです。保険会社が保険代理店に注意を払い、消費財メーカーがスーパーマーケットと緊密に連携するのと同じように、ビッグベリーソーラーは市の衛生管理部門に注目したのです。いずれの場合も、最終顧客は一歩引いたところにいます。売上高や支払元ばかりを気にしている企業では、最終的な価値を提供する顧客はおろそかになりがちです。これに対して、仲介者や最終顧客のＷＴＰという、より広範な指標を重視する組織は、多くの場合、競争上の優位性を維持しています。

実際、どの経営者もＷＴＰに注目していたら、次のような話をする必要はないでしょう。1997年、優秀だが経験の浅い2人の大学院生が、人気のあるインターネット検索エンジンを開発したエキサイト（Excite）のオフィスを訪れました(19)。学生たちはエキサイトのCEOであるジョージ・ベルに会い、Backrub（バックラブ）と呼ばれる無名のソフトウェアである検索エンジンを160万ドルで売りたいと考えていました。Backrubの優位性を実証するために、かれらは両方の検索エンジンで「インターネット」という用語を検索しました。エキサイトの検索エンジンでは、インターネットという言葉が目立った中国語のウェブページが優先的に表示されました。一方、Backrubは、ユーザーが興味を持ちそうなリンク先を的確に提示しました。

ベルはどれくらい興奮したでしょうか。まったくです。かれの見解では、Backrubはあまりにも優れすぎていたのです。エキサイトのビジネスモデルは、広告でした。そのため、ユーザーがエキサイトのサイトに長く滞在し、頻繁に戻ってくるほど、会社は儲かります。ベルの世界では、関連性の高い検索結果を提供することで、ユーザーを別の場所にすばやく誘導するのはとんでもないことだったのです。収益を最大化するために、エキサイトの検索エンジンは他の検索エンジンの80％の性能であってほしいとベルは説明しました。その結果、Backrubの取引は行われませんでした。

もちろん、ご想像のとおりです。その2人の学生とは、グーグル（Google）の創業者であるセルゲイ・ブリンとラリー・ペイジです。現在1兆ドル以上の価値があるグーグルを、わずかなお金で買ったと想像してみてください。

ビジネスモデルは、企業がどのように価値を獲得するかを説明するものです。しかし、価値の創造なくして、どのように価値を獲得するかという問題は意味を持ちません。さらに悪いことに、ビジネスモデルへのこだわりは、グーグルの例が示すように、価値創造を容易に損なう可能性があります。白熱電球の寿命を意図的に制限した20世紀のポイボス・カルテルから、1色だけがあるレベルを下回るとどの色も印刷できなくなるスマートチップを搭載した今日のインクカートリッジまで、歴史は、価値の創造を犠牲にして、価値を獲得する能力を強化した企業の例を無数に示しています。このような戦略を取る企業に対して、歴史は概して不親切であるという事実を慰めにするのは間違いでしょうか。エキサイトの事例を思い出してみてください。

顧客選択効果による利益

WTPを重視する企業は、「適切な」顧客にサービスを提供できるため、パフォーマンスも向上します。WTPをどのように高めるかにもよりますが、特定の顧客グループが製品をより魅力的に感じるようにすることができるのです。顧客の健康増進を目指す南アフリカの医療保険会社、ディスカバリー（Discovery）を考えてみてください[20]。

そのトレードマークであるバイタリティ・プログラムは、フィットネスクラブへの優待アクセスを提供し、ウェアラブル端末を利用すると、運動を記録してバイタリティ・ポイントを獲得することができます。また、ディスカバリーは食料品店と提携して会員に健康的な食品を提供することも実施しています。数百万人の会員を抱えるディスカバリーは、自社を「行動変容のための世界最大のプラットフォーム」と称しています。創業者兼CEOのエイドリアン・ゴアは、「ディスカバリーの素晴らしさは、私たちが生み出す共有された価値です。顧客は、より健康になるためのインセンティブを与えられます。私たちは、適切なリスク管理の下で収益性を向上させて運営することができます」と説明します。[21]

顧客の選択効果は、ディスカバリーの成功に不可欠です。同社は、健康志向の高い個人に対するWTPを高めています。WTPに大きな優位性があれば、自社のバリュープロポジションに強い魅力を感じる顧客に対して、(多くの場合、より低いコストで)サービスを提供することができるのです。

北極星としてのWTP

売上を主な動機とする製品中心の考え方と、WTPを重視する考え方の違いは、一見、微妙な違いのように思えるかもしれません。しかし、バンガード、Kindle、ビッグベリーソーラー、ディスカバリーの事例は、顧客のWTPというレンズを通して世界を見ることが、いかに大きな優位性をもたらすかを示しています。

価値創造に真剣に取り組むことは、戦略的に劇的な結果をもたらす可能性があります。カザフスタンの大手フィンテック企業であるカスピ(Kaspi.kz)は、顧客に大きな価値を生み出す方法が見出せなかったため、隆盛をきわめたクレジットカード事業を放棄しました。ミハイル・ロムタゼ会長は次のように説明しています。

「100万ドルを稼ぐのに何カ月かかるか、最初は18カ月だったが、すぐに12カ月になり、6カ月になった、と私は経営陣にプレゼンしていました。これが私たちの指標でした。私は、効率的で収益性の高い企業であることを強く求めていましたが、結局、ほとんどの金融サービスが行き着くところに行き着きました。つまり、顧客から嫌われてしまうことになったのです[22]」

カスピはクレジットカードから、一見平凡に見えるけれども、カザフスタン経済が抱える深刻な問題であった請求書決済ビジネスへと進んでいきました。

「ロシアのある大学についての有名な話があります」と、ロムタゼは言います。「まず、かれらは建物を建てました。しかし、キャンパスの道路を舗装する代わりに、自分たちで道を切り開くようにしました。道ができたら、コンクリートを敷設しました。これが私たちのプロセスに対する考え方です」

愛すべき請求書決済サービスを中核として、ゴールドマン・サックス（Goldman Sachs）が支援するカスピは、現在数十億ドルの価値があるエコシステムを構築していきました。クレジットカード事業で生み出される価値と獲得される価値の違いを学んだカスピは、顧客のWTPを見失うことは二度とありませんでした。

空の椅子を用意するアマゾンの会議

顧客のWTPを重視する文化が定着している組織でも、定期的に全員が自社の焦点を思い出すような仕組みを構築することは有効です。これは、冷蔵庫に貼るポストイット・ノートのようなものだと考えてください。あなたは、家族が新鮮な牛乳パックを必要としていることを知らないわけではありません。しかし、冷蔵庫に貼られた小さなパステルカラーのメモを見ることは、それにもかかわらず、有効なリマインダーとなるのです。

ハーバード・ビジネス・スクール（HBS）では、このスクールのミッションについてだれも言及しない週や、それが話題にのぼらない重要な会議はめったにありません。もちろん、それはだれにとっても目新しいことではありませんし、過度なリハーサルのように感じることもあります。しかし、もう一度そのミッションの話を聞くと、まるで魔法にかかったように、対話のトーンが変わることがよくあります。

アマゾンは、組織がWTPの観点で考えることを奨励する一連のプラクティスでよく知られています。アマゾンの会議では、常に空の椅子が用意されています。それは建前上、会議が貢献しようとする顧客のために準備されているのです。[23] アマゾンのマネジャーは、新しいサービスを構築するとき、（まだ存在しない）サービスの開始を発表する社内プレスリリースを書くことから始めます。[24] アマゾ

ン　ウェブ　サービス（AWS）のCEOであるアンディ・ジャシーが、アマゾンのストレージサービスS3のために書いた社内プレスリリースを見てみましょう[25]（ちなみにこれはジャシーの31回目のドラフトです[26]）。

アマゾン　ウェブ　サービス（AWS）を開始

シアトル――（ビジネスワイヤ）――2006年3月14日――S3は、高い拡張性、信頼性、低レイテンシのストレージを非常に低コストで実現するアプリケーション・プログラミングインターフェイスを提供します。

アマゾン　ウェブ　サービスは本日、ソフトウェア開発者に高い拡張性、信頼性、低レイテンシのデータストレージインフラを非常に低コストで提供するシンプルなストレージサービス、「Amazon S3」を発表しました。Amazon S3は、本日よりhttp://aws.amazon.com/s3で利用可能です。

Amazon S3は、インターネット上のストレージです。開発者がウェブ・スケール・コンピューティングをより簡単に行えるように設計されています。Amazon S3は、ウェブ上のどこからでも、いつでも、任意の量のデータを保存および取得するために使用できる、シンプルなウェブサービス・インターフェースを提供します。Amazon S3は、アマゾンが自社のグローバルなウェブサイトを運営するために使用しているのと同じ、拡張性や信頼性が高く、高速かつ安価なデータストレージインフラへのアクセスを、あらゆる開発者に提供します。このサービスは、スケールメリットを最大化し、そのメリットを開発者に還元することを目的としています。

これは、アマゾン流に言えば「逆算」であり、まずターゲットを決め、そのうえで新サービスの魅力を説明するよう社員に促しているのです[27]。これを実践することで、顧客に理解される言葉を使うようになります。アマゾンの元ゼネラルマネジャーであるイアン・マカリスターは次のように説明しています。

「もしリストアップされたベネフィットが顧客にとってあまり興味深くなく、ワクワクしないものであれば、おそらくそれはそうなのでしょう（そして、その商品は作るべきではありません）。その代わり、プロダクトマネジャーは、実際にベネフィットだと実感できるベネフィットを考え出すまで、プレスリリースを繰り返し作成する必要があります。プレスリリースを反復することは、製品自体を反復するよりもはるかにコストはかかりません（しかも迅速です！）[28]」

○〜〜〜□

この章が示すように、WTPを戦略の中心におく企業は、豊かな機会を見出すことができます。そのコンセプトはとてもシンプルです。顧客が製品に対して喜んで支払おうとする最高額を高め

るということです。しかし、その結果得られるチャンスは、並外れたものです。バリュースティックとWTPを使用して自社の戦略を立てる際には、以下の点に留意してください。

▼**売上重視の考え方は、顧客のWTPを高める機会を逃すリスクがあります。**製品中心の組織では、取引量を増やすことが成功につながります。WTPに焦点を当てた組織は、価値を生み出すための手段を豊富に持ち、まさにこの理由から、より成功することが多いのです。

▼**ビジネスモデル、つまり価値を獲得する方法に執着することは特に危険です。**なぜなら、価値の獲得はゼロサムゲームだからです。最初から自分の成功が顧客の不利益になることを受け入れていることになります。

▼**相互依存は、例外ではなく、原則です。**WTP、価格、コスト、WTSはすべてつながっています。WTPを高めると、バリュースティックを構成する他の要素も同様に動くのが一般的です。アップル製品のWTPは実に驚くべきものですが、同社はそのWTPを高めるために余分なコストを負担しています。戦略的な指針としての価値はありますが、WTPを単独で考えてはいけません。戦略的成功の究極的な裁定者は、WTPそれ自体ではなく、顧客歓喜の増大である、という第3章の洞察を心に留めておくことが重要です。

図 4-4　1966 年式トヨタカローラ（左）と
1966 年式ポンティアック・ボンネビル

▼**リードすることは、勝つことではありません。**なぜなら、企業はより大きな顧客歓喜を提供することでビジネスを展開しているのであって、市場で最高のクオリティを持ち、最も賞賛される組織であることは、成功を保証するものではないからです。中途半端な製品であっても、顧客に特別な喜びを与えることができるのです。

私の優れた製品リストに入っているトヨタのカローラはその好例です。１９６６年に発売されたカローラは、だれが見ても地味なクルマでした。その魅力を高め、ＷＴＰを向上させるために、カローラの設計者であった長谷川龍雄は、バケットタイプのセパレートシートや、スポーティなフロアに取り付けたギアシフト、アルミ製ヘッドライトの筐体など、多くの優れたものをドライバーに提供しました[29]（図４－４）。

しかし、１９６０年代後半では、だれもカローラをＷＴＰの高い、カッコいいクルマのラインアップに加えませんでした。なにしろ、ポンティアック・ボンネビルでレースができるなら、だれがカローラに乗るというのでしょうか。では、なぜカローラがボンネビルを上回ることができたのでしょうか。それは、顧客歓喜です！

価格は43万２０００円（１９６６年当時１２００ドル、現在のドル換算で9560ドル）で、カローラはお買い得でした。1960年代後半に米国で発売されたカローラは、非常にシンプルで信頼性が高いことから、初めて車を購入する人やセカンドカーを購入する中間所得層の間ですぐに人気を博すようになりました[30]。

トヨタが北米に進出できたのは、WTPでデトロイトに勝ったからではありません。同社は顧客歓喜という点で、他の追随を許さない会社だったのです。

▼**経営者が顧客歓喜で最も喜ぶことは何でしょうか。答えは、顧客歓喜がすぐに伝播するという事実です。**世界最大の独立系デジタル銀行であるブラジルのヌーバンク（Nubank）のCEO、デイビット・ベレスに尋ねてみましょう。ヌーバンクは毎日4万人以上の顧客を獲得しており、その80％は既存顧客からの紹介によるものです。「ヌーバンクは、これまで顧客獲得に1ドルも費やすことはありませんでした」とベレスは言います[31]。ヌーバンクが2020年にメキシコ向けのクレジットカードを発表したとき、3万人が待機リストに加わりました。ヌーバンクの秘密とは何でしょうか。「私たちはお客様に熱狂的に愛されたいのです[32]」

第5章 見え隠れするもの

2000年代初頭、イーベイ（eBay）のCEOであるメグ・ホイットマンは、急成長する中国市場における自社の将来性に興奮していました。

「中国は長期的に非常に大きな可能性を秘めていると考えており、ナンバー1の地位を維持するためにできるかぎりのことをするつもりです……いまから10年から15年後には、中国はイーベイにとって世界最大の市場になる可能性があります[1]」

ホイットマンの熱意は理解できなくはありません。2002年、イーベイは、ハーバード・ビジネス・スクール（HBS）の卒業生、タン・ハイリンとシャオ・イボの2人が設立した中国のC2Cマーケットプレイスであるイーチネット（EachNet）という現地企業に3000万ドルを出資し、中国に参入しました。その1年後、イーベイはイーチネットを完全に買収します。

同社の将来は非常に明るいように見えました。市場シェアは85％で、顧客の62％が同社のサービスに非常に満足している、または満足していると報告していました。[2] 当時、オンラインショッピングはまだ目新しいものでしたが、市場の潜在力は非常に大きいものでした。2004年までに、中国には9000万人のインターネットユーザーがおり、その半数近くがブロードバンド接続を利用していました。

ニアカスタマー

アリババ(Alibaba)の創業者であるジャック・マーが立ち上げた小さなスタートアップ、タオバオ(Taobao)について見ていきましょう。アリババは、B2Bビジネスで、中小企業や個人事業主がオンラインで製品を販売し、遠方の市場へ輸出することを支援する企業でした。マーは、イーベイの最もアクティブなユーザーである「パワーセラー」が、いずれアリババと競合するようになることを懸念し、イーベイの台頭を遅らせる手段として、タオバオを立ち上げたのです。

しかし、タオバオは、イーベイの輝かしい業績からすれば困難と思われた、イーベイの既存顧客を奪うのではなく、別のセグメントに焦点を当てました。オンラインショッピングのアイデアは好きだが、実際に購入することには慎重な消費者のグループであるニアカスタマー(near-customers)です。

タオバオに関するすべてのものは、このようなニアカスタマーをターゲットにしていました。このサイトはエスクローサービスのアリペイを提供し、不安な顧客に対し、売り手が実際に製品を発送した場合にのみ支払えばよいということを周知徹底しました。当時、アリババの国際企業担当副社長だったポーター・エリスマンは次のように説明しています。

「タオバオの発展にはアリペイが不可欠でした。購入者が高い評価を得ている販売者を見ても、信用がなければ大きな課題となります。アリペイは決済リスクを排除してくれます。決済の仕組みそのものは重要ではありません。中国では決済は簡単ですが、決済リスクは銀行では対応できません。ここでアリペイの出番となります[3]」

2番目に重要な特徴は、躊躇している買い手が売り手と話し、より良い価格を交渉できるようにする「アリワンワン」というインスタントメッセージサービスです。ウェブサイトのデザインは、最初はイーベイの米国サイトを真似たものでしたが、やがて実店舗のデパートのレイアウトに似てきたため、顧客は慣れ親しんだ環境で快適に利用することができるようになりました。また、タオバオは出品者に国家身分証明書での登録を求め、出品者の身元がわかるという安心感を買い手に与えました。オンラインショッピングの技術に精通したアーリーアダプターをターゲットにしたイーベイとは対照的に、タオバオは（まだ）市場に出ていないニアカスタマーに焦点を当てたのです。

結果的に、タオバオのニアカスタマーの顧客層は、イーベイの顧客よりはるかに急速に拡大しました。2007年には、イーベイの市場シェアは7％に落ち、タオバオは84％に達しました。市場リーダーとしての望みが絶たれたイーベイは、2006年に中国市場から撤退しました。

多くの企業が顧客に精通していることは間違いないでしょう。成功しているところはすべてそうです。インターネットは、顧客の一挙手一投足を追跡し、ターゲットとする人々を深く理解する能力を

図 5-1　ニアカスタマー

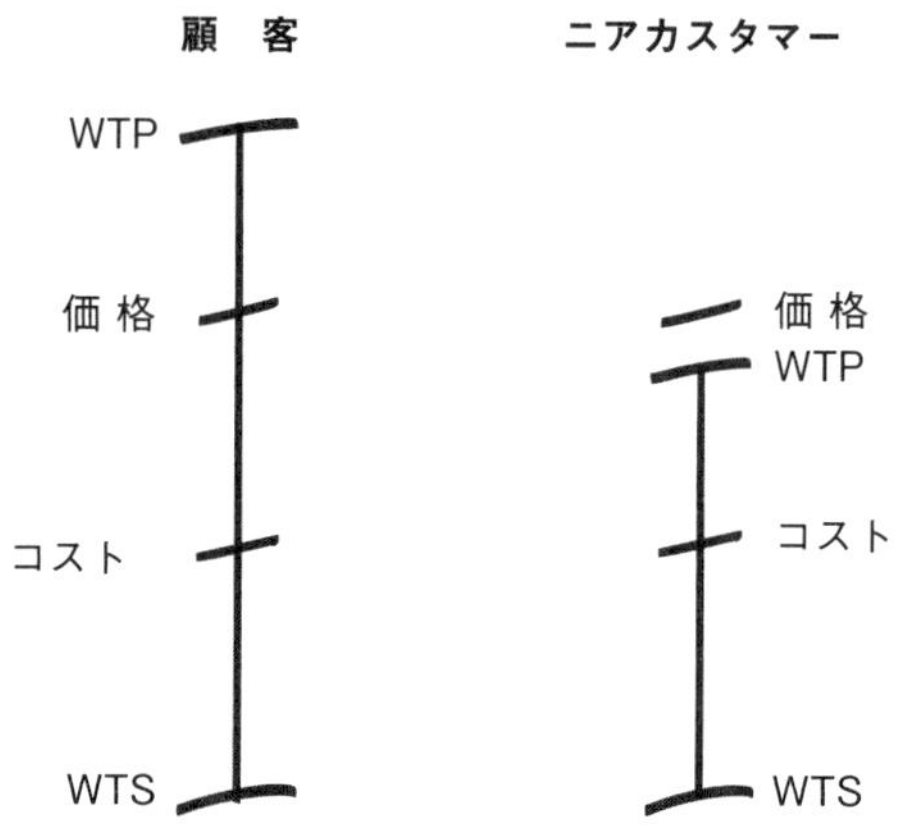

企業に提供します。また、ライバル企業の顧客についても、かなり詳しく知っていることでしょう。特に、競合情報レポートは、他社から購買する見込客を含め、市場全体を把握するのに役立ちます。しかし、市場で現在購買していない個人（または企業）について、どれだけ知っているでしょうか。かれらがあなたの製品を絶対に購入しないというのは本当でしょうか。もしかしたら、ちょっとした工夫で、かれらを顧客にすることができるかもしれません（図5－1）。

多くの経営者は、市場に存在しない消費者にほとんど関心を示しません。従来の考え方では、「売れる市場」が決まれば、「売れない市場」を追いかけて時間を浪費する必要はないことになります。しかし、タオバオの成功が示すように、魅力的なビジネスチャンスは、私たちが見過ごしがちな、ニアカスタマーのセグメントに見え隠れして潜んでいる可能性があります。

このようなセグメントが見えにくくなっている理由の1つは、ニアカスタマーの抱いている大きな誤解にあり

図5-2　米国の生命保険普及率

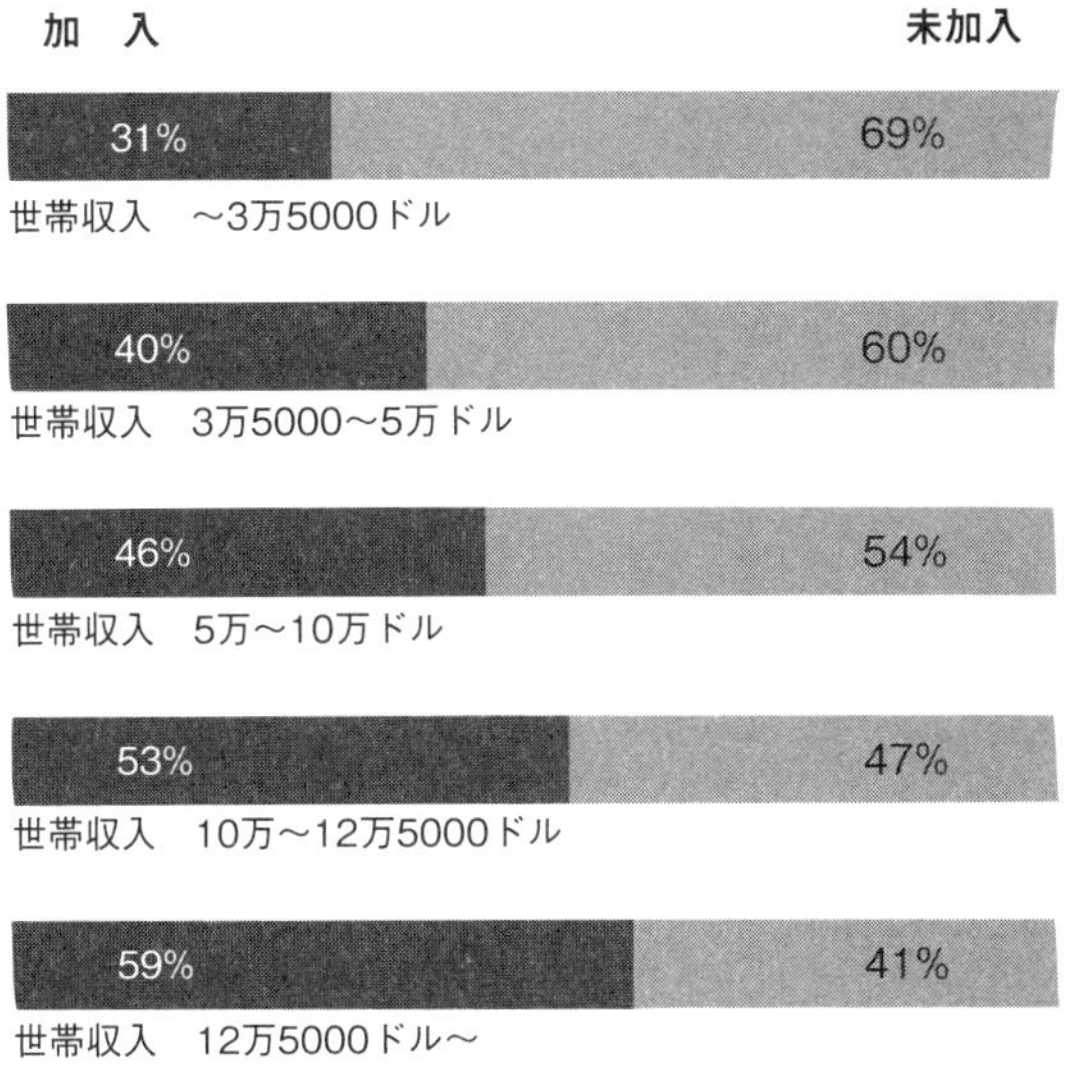

ます。支払意思額（WTP）や顧客歓喜は、事実や数値ではなく、意見や印象を反映したものであることを思い出してください。ニアカスタマーの人たちが誤った認識を持っている場合、製品やサービスに対するかれらの真の需要を理解することは困難です。

　生命保険を例に考えてみましょう。米国では大半の人々が生命保険に加入していません。顧客と非顧客の境界は、主に所得水準であると考えるのは自然なことです。これにはある程度の真実も含まれますが、現実はもっと複雑です[4]（図5－2）。

　12万5000ドル以上の年収がある世帯でも、41％が生命保険に加入していません。多くの場合、誤解が根本的な原因です。たとえば、ミレニアル世代の44％と全人口の4分の1は、健康な30歳の人の保険料は年間1000ドル以上かかると信じています（実際の費

図 5-3　顧客とニアカスタマー

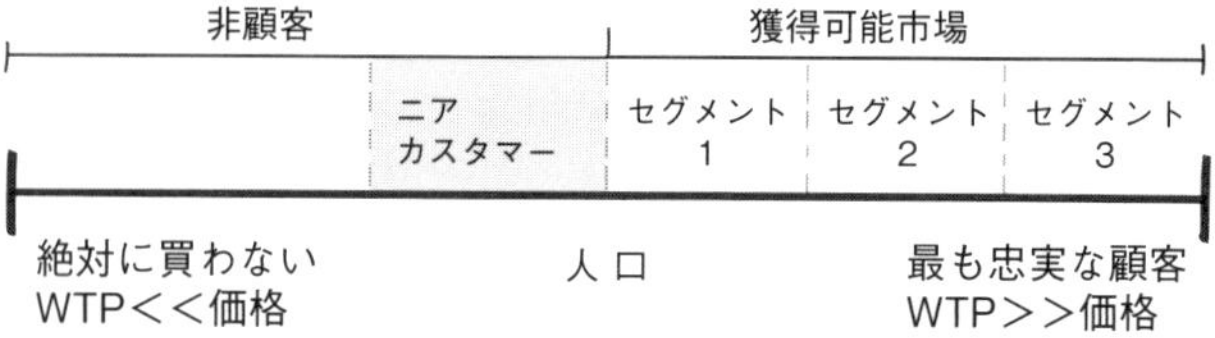

用は160ドルです）。ミレニアル世代のほぼ10人に4人が、自分は保険に加入する資格がないと考えています（実際は、若い人ほど保険の対象になる可能性が高くなります）。また、50％以上の人が、どのような種類の生命保険にどのくらいの保険料で加入すればよいのかわからないと回答しています[5]。

このような誤解は、容易に悪循環を生み出します。ニアカスタマーが関心を示さなければ、マーケティング・キャンペーンや営業担当者がそれらに対応する可能性は低いため、これらの誤解が続いていきます。実際、生命保険についてよく理解していない人の圧倒的大多数は、保険会社からのアプローチは一度もなかったと報告しています。

もちろん、市場に出ていないすべての顧客が魅力的なターゲットになるわけではありません。決して製品を買わないであろう人々から最もロイヤルティの高いグループまで、さまざまな個人がいると考えてください（図5－3）。

ニアカスタマーとは、そのWTPが購買に至る水準にかなり近い人たちのことです。このグループのWTPの決定要因を理解することで、大きなビジネスチャンスを得ることができます。次のように問いかけることは役に立つでしょう。なぜ、ニアカスタマーは製品の市場にいないのでしょうか。かれらはその価値を間違って認識しているのでしょうか。かれらのWTPを高め、顧客に変えるには、どのような工夫が必要なのでしょうか。

図5-4　オンラインショッピング利用者がカートを放棄する主な理由

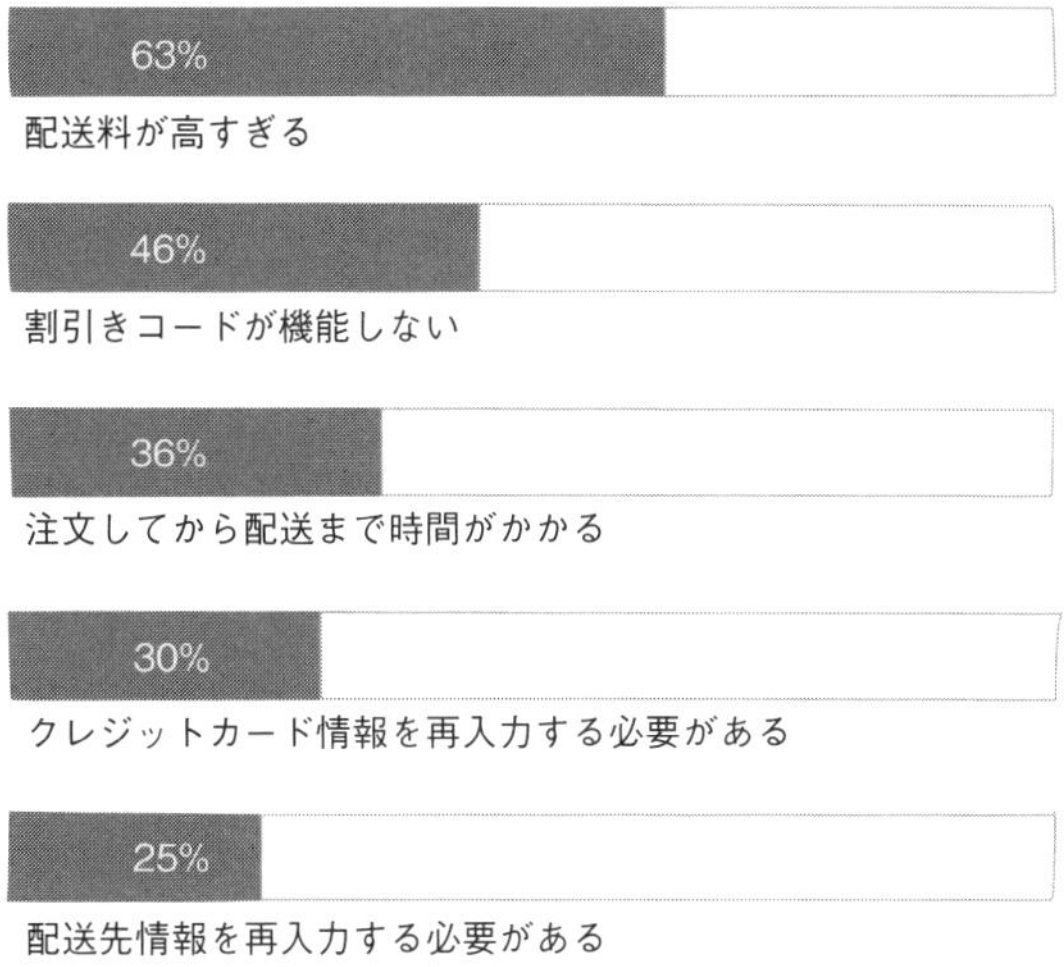

カスタマージャーニーを調査すると、ニアカスタマーが購入しない理由が明らかになることがよくあります。たとえば、人々がオンラインショッピングのカートを放棄する理由は、WTPを高めるための複数の方法を示唆しています。図5－4が示すように、配送先住所情報を自動入力する単純な機能でさえ違いを生み出す可能性があります。(6)

　図5－4は、ニアカスタマーにサービスを提供することは複雑で費用がかかる可能性があることを示唆しています。たとえば、迅速な配送やクレジットカード情報の安全な保管は、確かに取るに足りないことではありません。しかし、ニアカスタマーの嗜好に対応することは常に複雑でコストがかかる、という一般的な考え方は誤りです。たとえば、ワイン貯蔵用キャビネットの市場を考えてみましょう。

　1976年にワイン愛好家のグループによっ

て設立されたフランスのユーロカーブ（EuroCave）は、この貯蔵用キャビネットのトップメーカーです。高精度センサーによる完璧な温度管理、コルクの乾燥を防ぐ湿度管理、地下2メートル近くに匹敵する断熱性など、その性能は並大抵のものではありません。

　中国の家電メーカーであるハイアール（Haier）がワイン貯蔵市場に参入したとき、専門家や愛好家は懐疑的でした。ハイアールの製品は、長期保存の厳しい要求に応えることができるでしょうか。当初はそうではありませんでした。落胆した顧客の1人は、次のように述べています。

「ハイアールのワインセラーを4年ほど使っていたら、ワインのコレクションをすべて失ってしまいました。なぜかって。振動です。私はワインボトルを何本も取り出して中身が劣化していることを発見し、原因を調べ始めました。最初は、温度変化や、色付きガラスが紫外線に弱いからではないかと考えました。しかし、振動を調べたときに、最終的な答えがわかりました。内部には多くの振動があります。そのため60本以上のプレミアムワインを失いました。同じ間違いをしないでください[7]」

　その後の試験で、ユーロカーブのキャビネットの振動レベルは、競合製品の6分の1以下であることが判明しました。しかし、驚いたことに、ハイアールのワイン貯蔵用キャビネットは大きな商業的成功を収めたのです。ワイン貯蔵用キャビネットとワインクーラー市場における同社のシェアは、現在20%近くに達しています*1。貴重なワインを台無しにするような振動のあるキャビネットを一体、だれが買うというのでしょうか。

　いまにして思えば、答えは簡単です。ハイアールの製品は、ワインを早く消費する顧客にアピールするものです。ユーロカーブのキャビネットはコレクター向けで、一般消費者にはあまり価値のない

（高価な）機能を備えています。平均的な人が68本のワインを保管しているフランスでさえ、全ワインの40％以上が短期間で消費されています。[8] ワインの熟成が一般的でない他の国々では、ニアカスタマーはさらに大きな機会となります。私たちは直感的に、ニアカスタマーを獲得するためには、より多くのものを提供する必要があると考えがちです。しかし、ハイアール（そして他の多くの企業）は、より少ないものを提供することで成功したのです。

ニアカスタマーを取り込み成功したいのなら、次の質問をしてください。

▼**あなたは、自社の製品やサービスを検討しない人がいる理由を深く理解していますか？** ニアカスタマーは重要なビジネスチャンスとなる可能性がありますが、見過ごされがちです。というのも、対象となる市場の分析や既存のマーケティング・イニシアチブでは、通常、これらのグループに関する情報はほとんど得られないためです。

▼**ステレオタイプによって、あなたの組織がニアカスタマーについてより多くを学ぶことを妨**

げていないでしょうか？　グループに関する不正確な思い込みはめずらしいことではなく、ニアカスタマーのビジネスの可能性をすぐに曖昧にしてしまいます[9]。

▼**ニアカスタマーを顧客にするためには、製品やサービスに多大な投資が必要になると考えていませんか？**　ハイアールの例が示すように、少ない投資で魅力的なサービスを提供することができます。ニアカスタマーにとって、あなたのカテゴリーやブランドは初めてだということに注意してください。シンプルさを保つことは、通常、有利に働きます[10]。

▼**自社のインセンティブシステムは、ニアカスタマーとの交流を阻んでいませんか？**　短期間の成果を重視することは、現在の成功につながります。一方、ニアカスタマーとの機会を探ることは投資となります。インセンティブは、組織がこれらの考慮事項をどのように調整するかを決定します。

＊1　ハイアールは、コンプレッサー付きの貯蔵キャビネットと、サーモエレクトリッククーラーを備えた小型ユニットを生産しています。後者では、ワインの長期保存に理想的な低温を実現するための能力がより制限されています。

第6章 ヘルパーを募集中

たとえば、パリへの旅行を計画しているとして、素敵なレストランで一夜を過ごしたい、と思ったとします。どこに行けばいいのか、どうやって調べますか。友人に尋ねますか。ラ・フルシェット（LaFourchette）やル・フーディング（Le Fooding）で検索しますか。トリップアドバイザー（Trip-advisor）やイーター（Eater）を閲覧しますか。もし、最高のものを求めているのなら、自動車用タイヤのメーカーに尋ねるかもしれませんね。そう、自動車用タイヤです！ もちろん、レストランガイドで有名なミシュラン（Michelin）のことです。

でも、これって不思議じゃないですか。タイヤを製造している会社が、どうして影響力のあるレストランの格付けシステムを作ることになったのでしょうか。なぜ、ミシュランに『ミシュランガイド』があるのでしょうか。

それを知るために、時間をさかのぼってみましょう。

『ミシュランガイド』の目的

1891年の暖かい夏の日、ミシュランの2人の兄弟であるエドゥアール・ミシュランとアンドレ・ミシュランから物語は始まります[1]。

フランス中部の都市クレルモンフェランにあるエドゥアールの工房に、グラン・ピエールという名の客がベロシペード（訳注：自転車の原型となった乗り物）を押して入ってきました。しかし、兄も弟もタイヤのことはよく知りません。ミシュランが生産しているゴム製品といえば、馬車用のブレーキシューくらいしかありません。そのベロシペードを調べてみると、イギリスで発明された新型の空気入りタイヤを使っていることがわかりました。19世紀の悲惨な道路事情では、空気入りタイヤは夢のようなものであり、衝撃吸収タイヤのクッションのおかげで快適でした。しかし、それは同時に悪夢でもありました。このタイヤはよくパンクしたのです！

エドゥアールが驚いたことに、グラン・ピエールのタイヤ交換は大がかりな作業でした。車輪の木製のリムに接着してあるため、交換に何時間もかかるのです。接着剤が乾くまで時間がかかるので、エドゥアールは一晩ベロシペードを休ませ、翌日、空気入りタイヤの乗り心地を確かめながら、ベロシペードを走らせました。数分後、かれは店に戻ってきました。タイヤがまたパンクしていたのです。

この経験を振り返って、エドゥアールは2つのことを学んだそうです。1つ目は、タイヤには未来があるということ。2つ目は、グラン・ピエールのタイヤは軽蔑にも値しないということです。「空気入りタイヤはこれからも続く」とかれはチーフエンジニアに語っています。「しかし、インナーチューブを専門家に頼らず、15分で交換する方法を見つけなければなりません」(2)

そして、かれらは成功しました。黎明期の空気入りタイヤ業界に対するミシュランの最初の貢献は、接着剤の代わりにナットとボルトでタイヤを固定する設計で、タイヤ交換にかかる時間を数時間から数分に短縮したのです。この新製品を売り込むために、ミシュラン兄弟はパリからクレルモンフェランまでの自転車レースを開催しました。エドゥアールはヌヴェール郊外の道路に釘を打ち、すべてのライダーが、ミシュランのパンクしたタイヤを簡単に交換できることを体験できるようにしたのです。(3)ミシュラン兄弟は一流スポーツ誌で次のように語っています。

「このレースの後、釘はタイヤにとって、少なくともミシュランの空気入りタイヤにとっては、乗り越えられない障害だと言う人がいなくなることを願っています」(4)

ミシュラン兄弟のタイミングは幸運でした。空気入りタイヤはサイクリストの間で人気を博しただけでなく、初期の自動車愛好家の間でも熱心な顧客を獲得しました。1898年には、ミシュランは当時を代表する自動車メーカーの多くに独占供給するようになりました。ボレー（Bollé）、ド・ディオン＝ブートン（DeDion & Bouton）、プジョー（Peugeot）、パナール・ルヴァッソール（Panhard & Levassor）などです。しかし、ミシュラン兄弟は1つの重大な問題に直面していました。それは、自動車の市場が小さく、会社の成長が見込めないことでした。

1900年当時、自動車の運転は、主にスポーツと見なされていました。車が運ぶのはエキサイティングなレースであり、人や荷物ではなかったのです。フランスにはわずか5600人のドライバーしかいませんでした（ただし、自動車を製造する企業は619社）。手作り自動車は富裕層の趣味であり、まだ大量生産されていませんでした。

ミシュラン兄弟は、かぎられた需要のなかで、車の普及とその運転を奨励することをビジネスにしました。そして、いまでは有名な『ミシュランガイド』のアイデアが生まれたのです。1900年に初めて出版された『ミシュランガイド』には、数百の地図が掲載されていました。ミシュラン兄弟は、自動車を運転する人が、どこに行けばいいか、どうすれば楽しめるかを知っていれば、自動車はもっと便利なものになると考えたのです(5)。

他の製品の支払意思額（WTP）を引き上げる製品やサービスは、補完製品と呼ばれます。これらの（簡単に見過ごされる）ヘルパーは、これまで開発されたほぼすべての製品のWTPに大きく貢献します。道路、駐車場、ガソリンスタンド、修理工場、GPS、自動車教習所などの補完製品がなければ、自動車の価値ははるかに低くなっていたでしょう（図6‐1）。

『ミシュランガイド』の目的は、車とタイヤの補完製品が入手できる場所と価格に関する包括的な情報を提供することでした。その地図には、どの道路が舗装されているかが示されていました（「退屈な」ルートと「絵のように美しい」ルートを示しています）。ガソリンスタンド（1900年当時、フランス全土でガソリンを売っている店は4000を切っており、その多くは薬局でした）や、充電ステーション（当時はバッテリーを頻繁に充電する必要がありました）、信頼できる修理店（もちろん、ミシュランのタイヤを扱っています）、おいしい食事ができる場所（だから星がついている！）、

図 6-1　自動車の補完製品

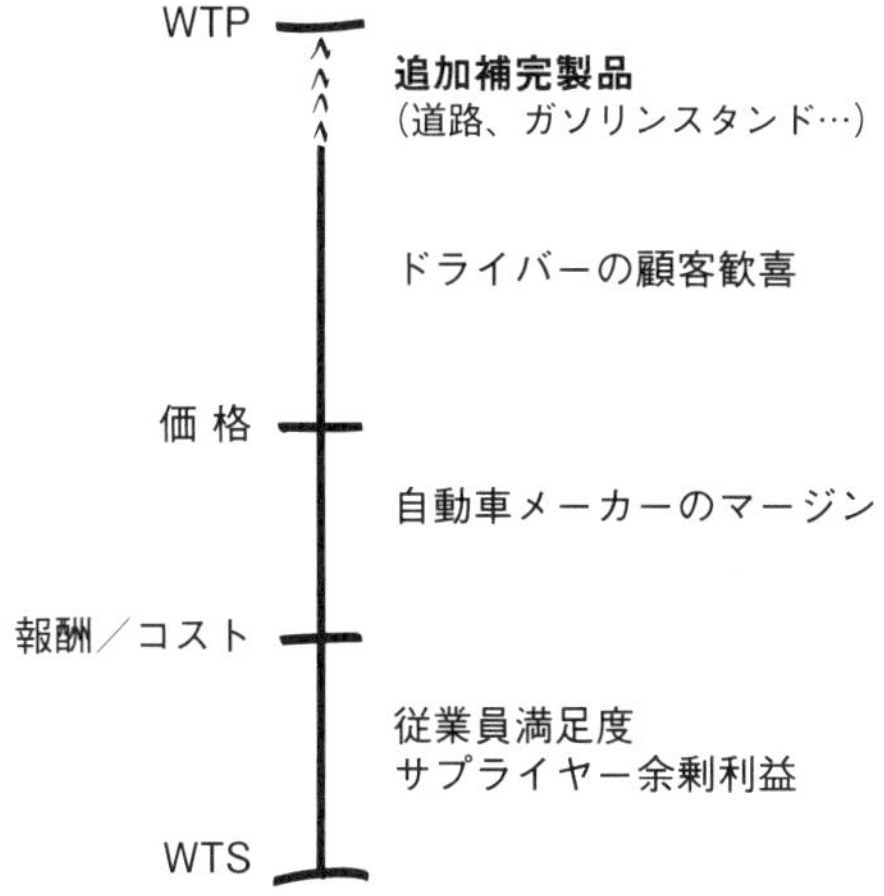

宿泊施設なども記載されています。また、ミシュランは道路標識を設置するよう政府に働きかけ、いくつかは社員が自ら設置しました(6)。

補完製品の重要性は、どれだけ評価しても評価しすぎることはありません。補完製品がなければ、多くの製品やサービスのWTPははるかに低くなり、場合によってはゼロになることさえあります。スマートフォンとアプリ、プリンターとカートリッジ、コーヒーマシンとカプセル、電子書籍とタブレット端末、カミソリと替刃、サンダルとペディキュア、電気自動車と充電スタンド、スープとボウル、ポテトチップスとサルサ、左靴と右靴、2本目の箸など、補完製品はどこにでもあります。エドゥアールの想像では、釘でさえも空気入りタイヤを補完する役割を担っていたのです*1。自分のビジネスについて考えてみてください。補完製品は自社の製品やサービスのWTPを高めるでしょうか。

ミシュランが旅行ガイドという一見無関係な業界

に参入したのは、その業界が補完製品を生み出していたからであり、これは決してめずらしいことではありません。家電メーカーではないアマゾン（Amazon）が、なぜKindle（キンドル）を製造したのでしょうか（電子書籍のWTPを上げたかったのです）。金融サービス企業ではないアリババ（Alibaba）がなぜアリペイを作ったのか（エスクローサービスが信頼を築き、購入者がウェブ上で取引するためのWTPを引き上げました）。なぜ、エンターテイメント企業ではないマイクロソフト（Microsoft）が、ゲームソフトのMinecraft（マインクラフト）に投資したのか（VRヘッドセットのWTPを高めたかったのです）。ダンキンドーナツ（Dunkin' Donuts）はなぜコーヒーを販売するのでしょうか（答えはもうおわかりでしょう）。

補完製品は、製品のWTPを具体的に引き上げる場合は特に強力です。アップル（Apple）のビデオ通話アプリのFaceTime（フェイスタイム）は、iPhoneのWTPを高めますが、Android端末のWTPは引き上げないため、アップルの優位性を生み出します。ネスプレッソ（Nespresso）のカプセルは、ネスプレッソ対応のコーヒーマシンの価値を独占的に高めます。テスラ（Tesla）のスーパーチャージャーは、テスラの自動車にのみ電力を供給します。[7]

この種の排他性には2つの効果があります。テスラのドライバーは広範な充電ネットワークの恩恵を受けますが、同時に、他社のバッテリー駆動車の採用を遅らせることになります。対照的に、『ミシュランガイド』は、すべてのタイヤメーカーに利益をもたらしました。市場シェアが70%近いミシュランは、このガイドを作成するインセンティブが最も強かったのです。しかし、ミシュランに最も近い競争相手であるダンロップ（Dunlop）とコンチネンタル（Continental）も、このガイドから利益を得ています。

この排他性の決定は、新たな産業や製品カテゴリーにとって特に重要です。自社が最も利益を得る方法について自問してみてください。製品カテゴリー自体を成長させたいのであれば（上げ潮はすべての船を持ち上げます）、非排他的で業界レベルの補完製品が最も適しています。市場シェアを拡大することが目的であれば、独占的な補完製品がより効果的でしょう。

もし、後者の選択肢を選んだのでしたら、排他性を打破し、業界全体の補完性を生み出すことで価値を創造する起業家に注目しましょう。たとえば、ナイジェリアのデジタル決済企業のインタースイッチ（Interswitch）は、現在アフリカで最も価値の高いフィンテック企業の1つです。同社は、銀行間のATMとPOSを接続することでビジネスを構築しました。口座へのアクセスがより便利になり、多額の現金を持ち歩く必要がなくなり、顧客から大きな喜びの声が上がりました。また、ATMの相互接続は、銀行サービス全体の需要を高め、銀行の収益性にも貢献しました(8)。しかし、どの銀行も同じような恩恵を受けたわけではありません。ATMの数が最も多い金融機関は、ATMの相互利用が可能になると、競争力を失いました。

インタースイッチの創業者であるミッチェル・エレグビーは、どのようにして大手銀行を説得し、自社のネットワークに参加させたのでしょうか。それは、かれが創出した価値を分け合うことでした。

＊1　釘の使用は、実はもっと陰湿なものでした。釘はタイヤ全般のＷＴＰを下げますが、交換しやすいミシュランのタイヤはＷＴＰを下げにくく、同社の競争優位を生み出しました。

「インタースイッチは私のアイデアですが、（一部の）所有権を放棄しました」とかれは言います。「組織（全体）を所有することよりも、ビジョンが実現するのを見ることがより重要でした」(9)

ミシュランの事例が示すように、補完製品は新しい現象ではありません。しかし、過去数十年で、企業は補完製品を通じて価値を創造することにおいてますます洗練されてきました。本章の残りの部分では、優れた企業がどのように補完製品の効果を発見し、価格設定し、測定しているかについて説明します。

補完製品の発見

企業は、特定の製品やサービスに集中するように助言されることがよくあります。原則として、これは良いアドバイスです。新しいことをするのは大変なことだし、専門知識を持った企業と協力することは、多くの場合、内製化するより効率的だからです。

しかし、集中することで、自社製品のWTPを高める要因を見落とすことがあってはなりません。第4章では、アマゾンが電子書籍端末の Kindle にワイヤレス機能を搭載することで、ソニーを打ち負かしたことを紹介しました。より一般的には、現在の製品の販売ではなく、顧客のWTPに焦点を当てるべきです。さらに広い視野に立ち、自社のビジネスとはまったく関係がないと思われるような補完関係をも視野に入れることが大切です。

私は、講義のなかで補完製品の概念を紹介する際、受講者に「映画鑑賞のWTPを高めるにはどうしたらいいか」とよく質問します。最も一般的な提案は、より快適な座席の設置、音響の改善、オンライン座席予約の有効化です。これらのアイデアはすべて、体験そのものに対するWTPを向上させるものであることに注意してください。これが、私たちが通常、価値の創造について考える方法です。製品そのものをより魅力的にすることに重点をおいて考えています。さらに補完製品の提案を促すと、ポップコーンやアルコール飲料の話がよく出ます。しかし、駐車場について言及されることはめったにありません。

このような反応から私が学んだことは、補完製品の発見は簡単ではないということです。重要であることはわかっていても、それを見抜くのは容易ではありません。たとえば、アリゾナ州にある映画館チェーンのハーキンズ・シアターズ（Harkins Theatres）では、親がベビーシッターを手配しなくても映画を観に行けるように、常連客に託児サービスを提供しています。ハーキンズのプレイセンターには、訓練を受けた保育士が常駐しており、親が映画を楽しんでいる間、子どもたちの面倒を見てくれます。各保護者はポケベルを携帯しており、緊急時には同社が連絡を取ることができます。

ハーキンズはどのようにして、この魅力的な補完製品を発見したのでしょうか。内省です！　CEOのマイク・バウアーズは次のように述べています。

「2001年に最初のプレイセンターをオープンしました。当時、私の3人の子どもたちはとても小さく、私はこの業界の重役でしたが、自発的に望んだ映画を見に行くことができませんでした。『私のような境遇の人がどれだけいるのだろう。もし私が無料でも映画に行けないとしたら、同じ境遇の人たちにどうやって行ってもらえばいいのだろう』と考えたのです[10]」

親は8ドル50セント（子ども向け映画のチケット代）を払って、子どもをプレイセンターに預けます。バウアーズが説明するように、このサービスは採算ぎりぎりです。

「考慮すべき要素はたくさんあります。親が映画館に来るといくら使うのか。何回来るのか。何人連れてくるのか。プレイセンターはアメニティであり、ゲストに一体感を提供します。プレイセンターを利用しないお客様も、その存在に感謝しています。客席のだれもが、子どもがショーを中断することを気にする必要はありません。このセンターは、ロイヤルティ向上に貢献し、より広い気分転換にもなります」

ハーキンズは、バウアーズが自分の経験にもとづき、託児サービスが映画鑑賞に対する価値のある補完製品であると認識することができたという点で幸運でした。補完製品を発見する他の手法としては、詳細なカスタマージャーニー分析やフォーカスグループがあります。多くの場合、顧客はあなたのビジネスと接触する「以前」に何をするのか、と尋ねることは役に立ちます。そこに難しいステップはあるのか。多くの顧客があきらめてしまう瞬間はあるのか。

ハーキンズの託児サービスには、補完製品の典型的な特徴が多く見られます。それは、別の製品（映画鑑賞）のWTPを上昇させ、あるサービス（子どもの世話）から他のサービス（売店での売上、チケットからの収入）へ価値をシフトさせることを可能にします。製品やサービスの束全体で競争する方法について、もう少し詳しく見てみましょう。

図6-2　米国における太陽光発電システムの価格推移

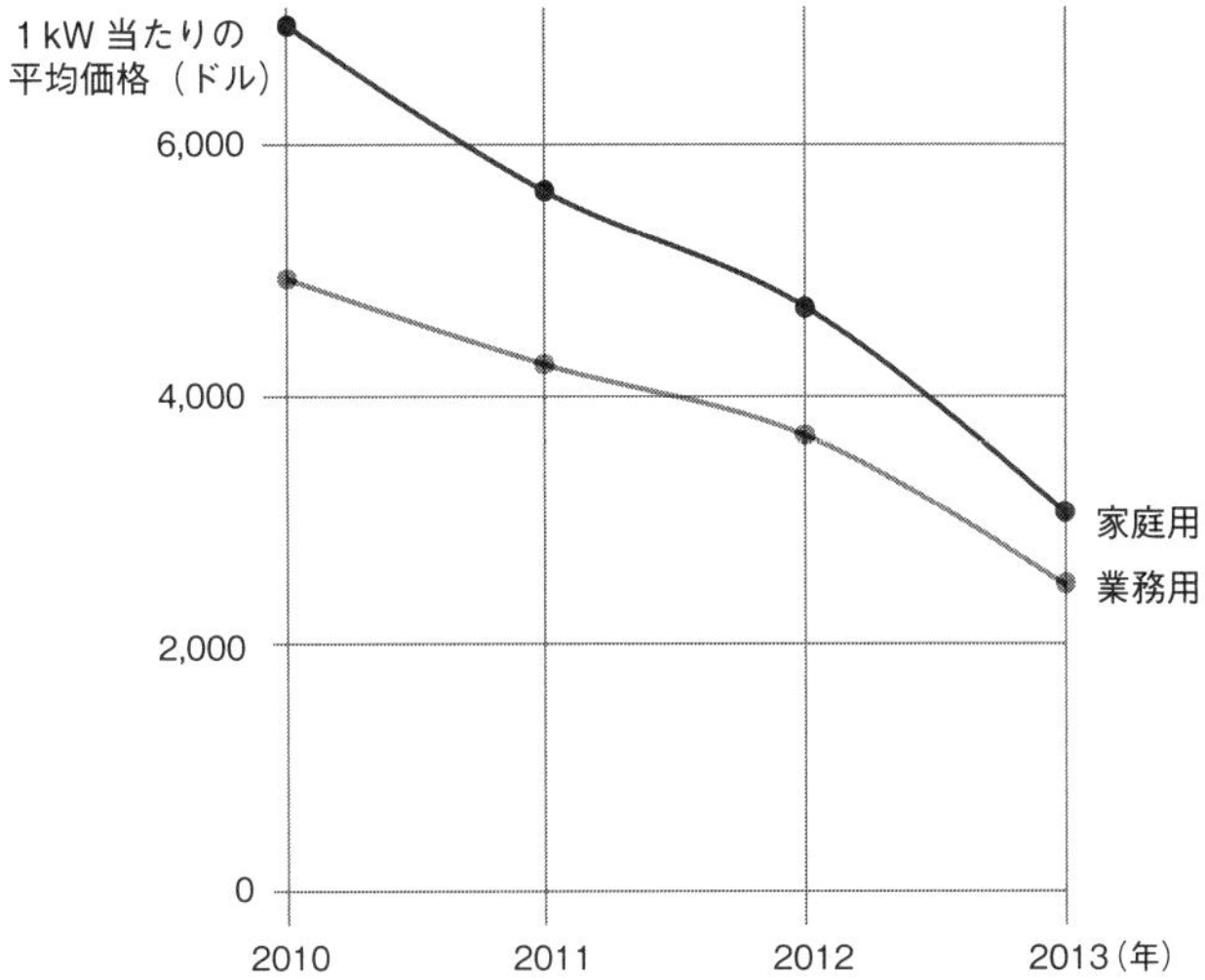

価格下落による価値のシフト

２０１０年代初頭、再生可能エネルギーの世界は輝かしい革命を経験しました。数年のうちに太陽電池の価格が大幅に下がり、太陽光発電は以前よりはるかに競争力を持つようになったのです。家庭用システムでは、設置容量１キロワットの価格は２０１０年の７０４５ドルから２０１３年には３０５４ドルに下落しました。[11] 業務用では、さらに低いコストで提供されています[12]（図６－２）。

　セル効率の向上、設置台数の増加、規模の経済など、すべてが価格の大幅な下落に貢献しました[13]。データを詳しく見てみると、興味深いパターンが明らかになります。太陽光発電システムのコストには、モジュールのコストと、専門

図 6-3　太陽光発電システム設置業者の価格と利益

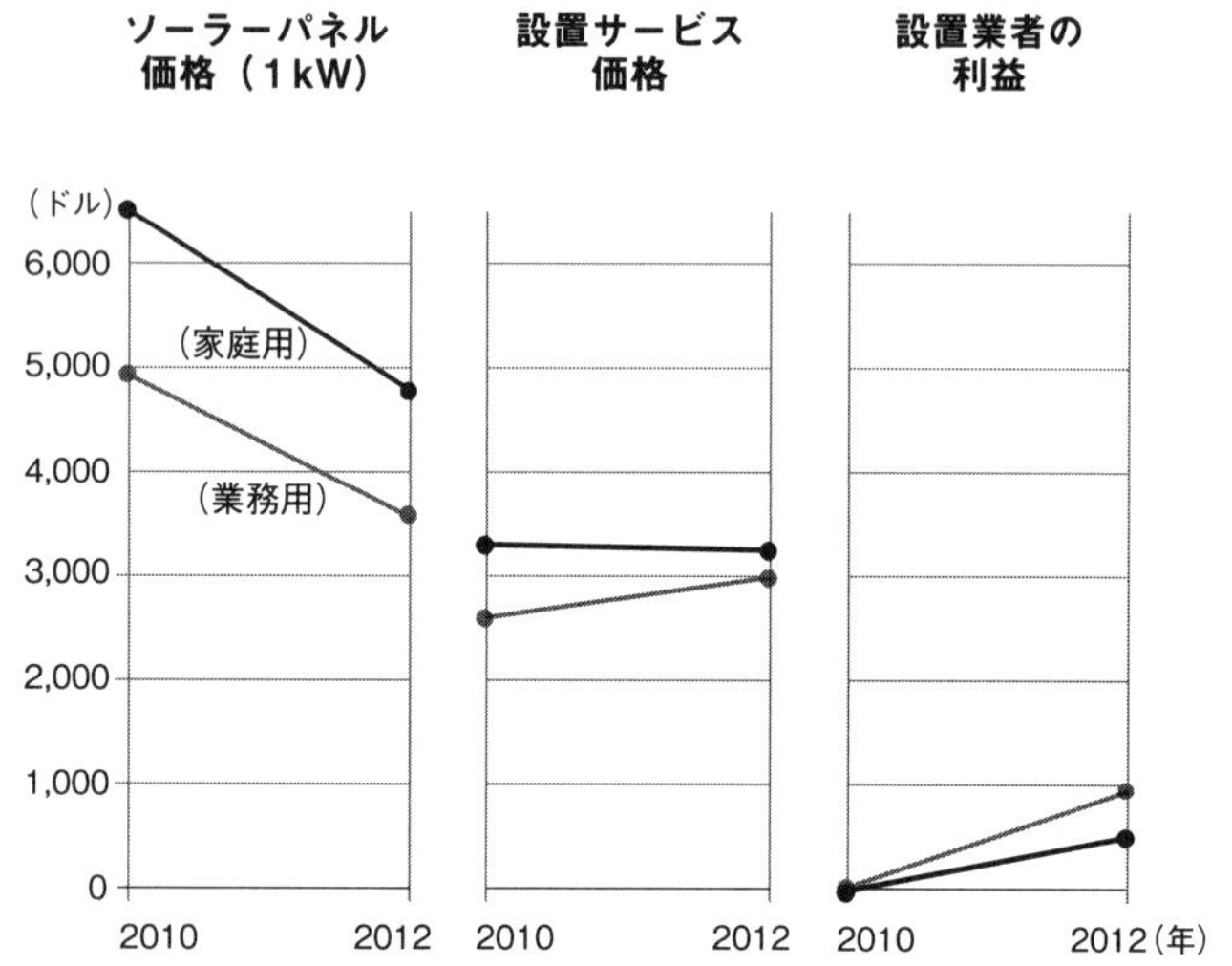

家がソフトコストと呼ぶ、設置、許可、税金が含まれます[14]。ハード面のコストは劇的に低下した一方、ソフト面の価格は実際には上昇し（家庭用の場合は横ばい）、太陽光発電パネルを設置する企業は利益をあげることができたのです[15]。

図6－3に見られるのは、戦略的に深い意味を持つメカニズムを反映したものです。もちろん、ソーラーパネルと設置サービスは補完的なものです。補完製品の価格が下落すると、もう一方の製品のWTPは上昇します[*2]。この例では、①パネルが安くなることで、②設置サービスに対するWTPが上昇し、その結果、③太陽光発電の設置業者はマージンを増やすことができたのです（図6－4）。

このメカニズムが機能している多くの例は、すでによく知られています。消費者は、ガソリンが安くなると大型車を購入します。たくさんの無料（または安価な）アプリケーションが利

図 6-4　補完製品がある場合の価格ダイナミクス

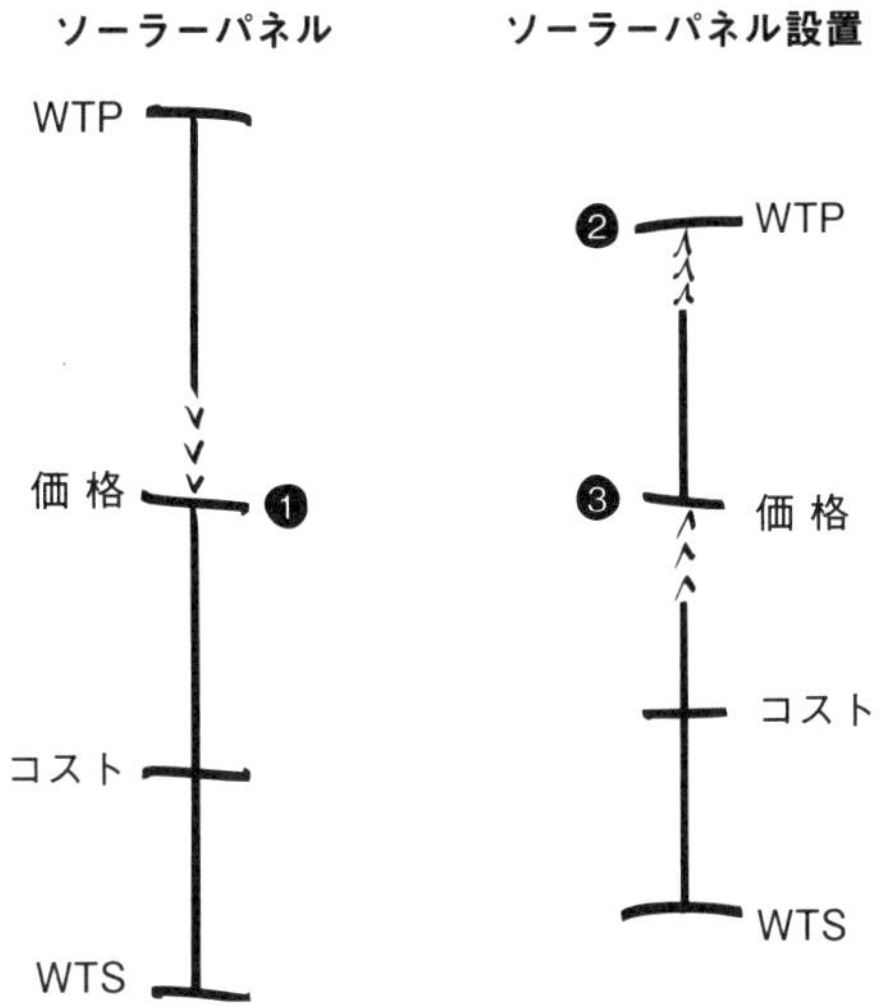

用できるかぎり、スマートフォンに何百ドルも費やすことを気にしません。インターネット上で音楽が自由に聴けるようになると、コンサートのチケット価格は急速に上昇しました[16]。

ビジネスでは、価格圧力が高まると利益をあげるのが難しくなるため、通常、価格の下落は悪いニュースとして扱います。ただし、この考え方は完全なものではありません。実際にはもっと微妙なことが起こっているのです。価格が下がると、価値がシフトします。安価な製品からその補完製品へと移行するのです。

友にして敵

2019年初頭、音楽ストリーミング企業のスポティファイ（Spotify）のCEOであるダニエル・エクは、苦々しい響きを持つ不愉快な手紙を受け取りました。それは、ソングライターと音楽プロデューサーのグループからで、ライターたちが著作権使用料委員会から認められていたより寛大な使用料率を、スポティファイが引き下げようとしていることに苦言を呈したものでした。

「あなたはソングライター・リレーション・チームを立ち上げ、スポティファイを私たちのコミュニティに定着させてくれました……あなたは、私たちが現代の音楽業界を一緒に構築するために働いていると感じさせた唯一のプロバイダーです。いま私たちは、あなたのソングライター支援活動の本当の理由がわかりました。あなたは私たちを利用し、分断しようとしたのです[17]」

ソングライターはスポティファイとの関係を誤解していたため、同社とのコラボレーションは失望に終わりました。確かに、作詞作曲とストリーミングは補完的なものです。ストリーミング技術によって何百万人もの人々が楽曲を聴くことができるようになれば、作詞作曲のスキルはより価値を増し、スポティファイは人気のある音楽を幅広く利用できるようになり、利益を得ることができます。

しかし、補完製品はあなたの友人ではありません。補完関係にある者たちは、共に価値を創造するからこそ、お互いを認め合うことができます。そして、その価値をどのように分配するかで争うことになります。

たとえば、スポティファイは毎年、シークレット・ジーニアス・アワード（Secret Genius Awards）というソングライターを紹介するイベントを開催しています[18]。この賞は、めったに主役になれない才能あるソングライターにとって素晴らしいイベントであり、スポティファイにとっても素晴らしいPRになります。これがこの関係性の価値創造の部分です。しかし、ライターたちが、友好的なスポティファイなら、自分たちの新たな名声を簡単に現金化させてくれると思ったとしたら、それは完全に間違っていました。ソングライターたちがより高い使用料を求めると、同社は猛反発しました。このような争いを見ていると、補完関係にある者同士が、価値の取り分をめぐってどのように闘うかがわかります。

スポティファイは異常に貪欲なわけではありません。補完業者は常にパートナーからより多くの価値を獲得したいと考えています。インテル（Intel）はWindowsが安価であることを望んでいます。ソニーはゲームソフトメーカー間の価格競争を見るのが大好きです。造船業者は、帆の価格が下がると利益を得ます。自動車メーカーは、自動車保険の保険料率が下がることを望んでいます。補完し合う者同士は、協力して価値を生み出す友人であり、それぞれが相手の製品の価格を下げたいと願う敵でもあります。

補完業者同士の闘いでは、通常の企業とサプライヤーとの交渉よりも、より多くのことが争われます。交渉によって10％安価に製品を調達することができれば、自社にとっての利益はその価格低下分になります。一方、補完製品の価格を下げることに成功した場合、2つのことが起こります。価格低下に加え、自社製品のＷＴＰが上昇し、価格設定の自由度が増すのです。補完業者間の争いが特に激化するのは当然でしょう。

＊2　実際、これは補完製品の正式な定義です。ある製品の価格が減少すると別の製品のＷＴＰが増加する場合、2つの製品は補完関係にあります。

組織にとっての補完業者の重要性を検討する際、補完業者と協力することは感情的に難しい場合があることを忘れないでください。かれらが価値を獲得しようとしているときに苦い思いをしたり、失望したりすると、次のコラボレーションの機会を見出すことが難しくなります。同時に、補完業者を友人とみなすような素朴な態度では、価値を奪おうとする補完業者からあなたのビジネスを保護することはまず不可能です。最も成功している経営者は、補完業者との関係において微妙な感情のバランスを保っています。つまり、コラボレーションの可能性を楽観視すると同時に、パイの分け前の必要性（時には奪い合い）については現実的なのです。

利益プールの劇的な変化

友にして敵である補完業者に煩わされることなく、自社で補完製品を提供する企業もあります。ミシュランはタイヤとガイド、ジレット（Gillette）は替刃とカミソリ、アップルはポータブル機器とiTunes（アイチューンズ）を作っています。一部の企業は、優位性の低いコアサービスを差別化するために、独自の補完製品を活用しています。たとえば、インドのライドシェア企業であるオラキャブス（Ola Cabs）は、プリペイド型とアプリ内購入のすべてを隔週で支払うポストペイド型のオラマネー（OlaMoney）、さらには病院への移動と退院後の出費に対応するオラマネーホスピキャッシュ（OlaMoney Hospicash）など、多様な支払方法を提供しています。

これらの企業の重要な戦略的利点は、ある補完製品から別の補完製品へと利益をシフトできることです。ジレットであれば、カミソリで儲けるか、替刃で儲けるか、あるいは両方の製品で儲けるかを決めることができます。最もスマートな企業は、どのようにこの決定をしているのでしょうか。

よく言われるのは、〝コア製品〟を手放して、〝補完製品〟の価格を上げるというものです[19]。ジレットはまさにこれを実践しています。カミソリの価格を低く抑え、替刃でかなりの利益を稼いでいるのです。しかし、どの製品が「コア」なのか、どうやって知ることができるのでしょうか。なぜジレットは替刃をコアと考えなかったのでしょうか。ジレットの高度な技術の多くは、実は替刃のなかにあります。

テクノロジー企業も同じような問題に直面しています。ある企業はハードウェアの価格を低く設定し、ソフトウェアで利益をあげています。アマゾンはこの道を歩んでいます。Kindleを原価で提供し、読者の電子書籍に対するWTPを高めています。マイクロソフトのゲーム部門を率いるフィル・スペンサーは、価格設定に対する考え方をこう説明します。

「ゲーム機ビジネスでは、ハードは儲からないと思ったほうがいい。ゲームを販売することが収益につながるのです[20]」

しかし、アップルはまったく逆の戦略を取っています。ハードウェアを高く売り、ソフトウェアを無料で提供しています。同社がiTunesを導入したとき、ソフトウェアが無料だっただけでなく、アップルは音楽のすべての価値を放棄しました。iTunesからダウンロードした1曲につき約70セントを音楽レーベルに支払った後、99セントの価格では、クレジットカード処理とアップル自身の運用コ

図 6-5　アップル製品の単品粗利（2009-19 年）

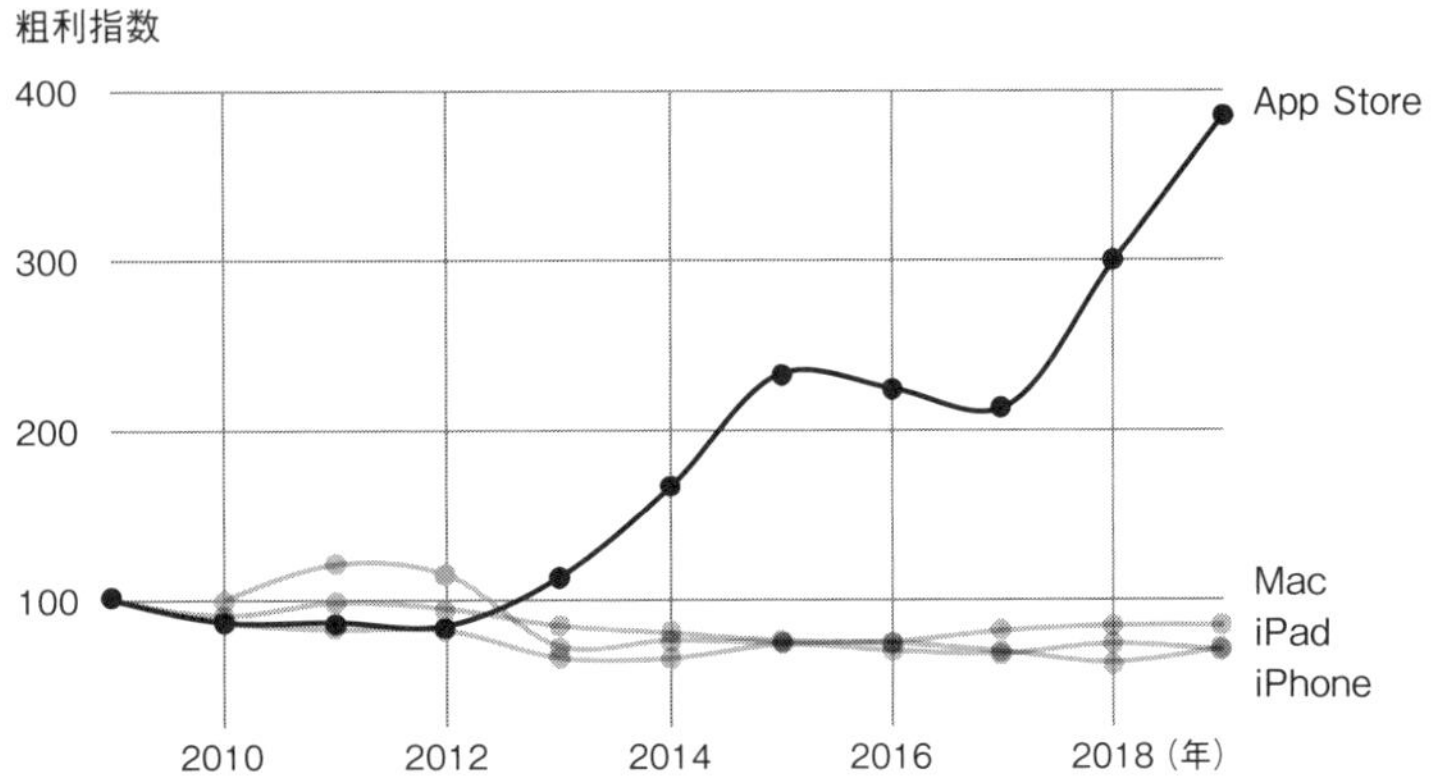

ストをカバーするのがやっとでした[21]。

コアと周辺機器、ソフトウェアとハードウェアなど、製品のタイプを考えるよりも、競争に関する懸念にもとづいて価格設定を行うほうが有効です。

アップルの歴史は、この教訓を見事に教えてくれます。２００１年にiTunesを、２００８年にApp Store（アップストア）を立ち上げた当初は、どちらのサービスも大きな利益を生み出しませんでした。アップルは、音楽とアプリケーションの価格を低く抑え、iPod（２００１年発売）、iPhone（２００７年発売）、iPad（２０１０年発売）の販売で並外れたマージンを生み出しました。このマージンは、時間の経過とともにどのように変化したのでしょうか。比較のために、２００９年のハードウェア（iPhoneなど）の粗利と一般的なアプリケーションの粗利を１００とする指数を作成しました[22]（図６－５）。利益プールの劇的な変化を見てください！

アップルのハードウェアの粗利率は時間とともに低下し、２００９年から２０１８年の間にiPhoneの粗利率は推定62％から38％に低下しました。しかし、同社はApp Storeを強力な利益成長エンジンに変えました。ところで、図6－5の数字は割り引いて考えてください。アップルの粗利率を計算するのは難しいのです。*3

しかし、アナリストのホレース・デディウとクルビンダー・ガーチャ（図6－5はかれらの分析にもとづく）の見事な推計のおかげで、全体的なストーリーは明らかです。劇的な戦略的動きとして、アップルはその利益プールをハードウェアからソフトウェアにシフトしました。当然のことながら、同社は現在、エピックゲームズ（Epic Games）、スポティファイ、マッチドットコム（Match.com）、ベースキャンプ（Basecamp）を含む補完業者のグループであるアプリ公平性のための連合（Coalition for App Fairness）と争っています。この連合はアップルに対し、ストアの手数料を引き下げ、iOSを利用して自社サービスを優遇することを控えるよう求めています。(23)

アップルの方向転換を促したものは何でしょうか。競争です。iPodもiPhoneも、発売直後は競合と呼べるような製品はありませんでした。しかし、現在では、似たような機能・性能をもつ多くの候補リストのなかから、携帯電話を選ぶことができるようになりました。(24)

現在では、次に買う携帯電話も、以前の携帯電話とそれほど変わらなくなってきています。ハード

＊3　顧客がアプリケーションにいくら費やしたかを知ることさえ簡単ではありません。アップルは、アプリケーションの価格を設定した場合は実際の支出額を報告しますが、開発者が価格を決定した場合は収益分配額のみを報告しています。

図6-6　アップルの利益プールの変化

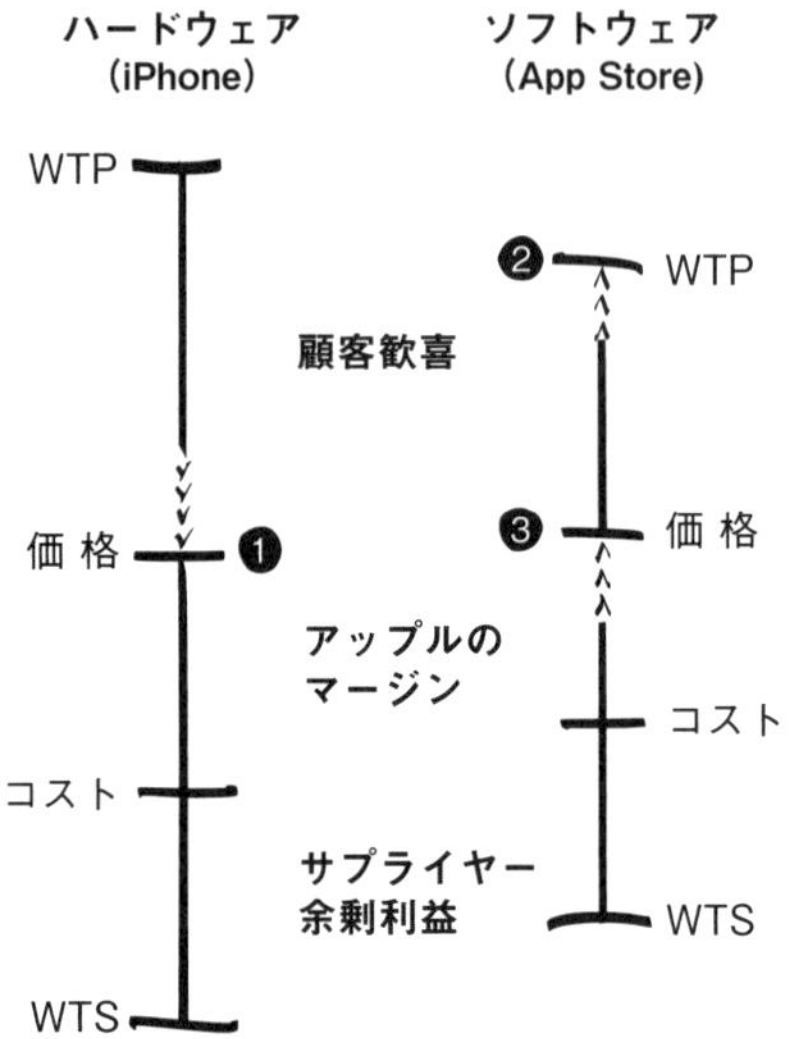

ウェアの差別化を最小限に抑えたバリュースティックを提供することで、アップルはその利益プールを補完製品にシフトさせています(図6－6)。①ハードウェアの価格は下がり、②アプリケーションのWTPは押し上げられ、③利益はサービスにシフトしているのです。

競争の激しいドメインから穏やかな海へと利益プールをシフトさせることができるのは、アップルのように社内で補完製品を生産し、その供給をコントロールできることの大きな利点の1つです[*4]。競争が激化すると、企業は競争の場で価格を下げて利益を保護します。なぜなら、より保護されたドメインのWTPが高まり、利益のシフトが可能になるからです[25]。

補完製品の価格設定方法を考えるときは、2つの極端なオプションを検討すればよいでしょう。主力製品で大部分の利益をあげ、補完製品を手放したらどうでしょうか。その逆の場合ならどうですか。どちらのシナリオでも、どの程度の競争に直面するのかを知る必要があります。価格を上げた瞬間に、顧客は代替製品に目を向けますか。強力なサプライヤーは、あなたの驚異的なマージンを見て、価格を上げてくるでしょうか。主力製品とその補完製品の競争力の差が大きければ大きいほど、激戦区から利益をシフトすることが魅力的になります。

競争は、補完製品の収益化を導く最も重要な要素ですが、唯一のものではありません。製品の多様性や消費者の購買タイミングも、利益をシフトする方法を決定する判断材料となります。まず、製品の多様性を検討しましょう。補完製品の種類によって、顧客歓喜が大きく異なる場合、利益プールをこれらの補完製品にシフトすると顧客と価値を分け合うことが容易になります。たとえば、Xbox（エックスボックス）のゲームは、最も精巧なもので数百ドルかかりますが、多くのゲームは20ドル以下です。価値プールの大きさは、ゲームによって大きく異なるため、マイクロソフトはXboxの価格を低く抑え、利益をコンソールからゲームにシフトしているのです。

購入決定のタイミングも考慮すべきもう1つの要素です。多くの補完製品の販売は、長期にわたって行われます。今日カミソリを購入し、相当な期間にわたって多くの替刃を購入します。カミソリを

＊4　アップルは、多くのアプリケーションの価格を直接コントロールしているわけではありません。しかし、同社は新しいアプリケーションを承認し、ユーザーがソフトウェアを検索する際にどのアプリケーションが表示されるかをコントロールしています。実際、アップルの影響力は、反競争的と見る向きもあり、現在、反トラスト法訴訟の対象になっています。

購入する際、替刃にどれだけの費用をかけることになるか消費者が完全に予測できない場合、利益プールを替刃に移すことは理にかなっています。

しかし、注意しなければならないことがあります。この価格戦略の明らかな欠点は、消費者の支持を得られないということです。かれらは、最初に安価なカミソリを購入したことに戸惑い、より大きな価値を生み出す製品を探すようになります。ジレットは、ダラーシェイブクラブ（Dollar Shave Club）とハリーズ（Harry's）が低価格の替刃サブスクモデルで市場に参入したときに、苦い経験をしました。このように、この価格戦略は簡単に裏目に出る可能性があるのです。

補完製品について考えるとき、特に重要だと思うのは次のような点です。

▼**補完製品は、WTPを高めるのに役立ちます。**競争において重要な通貨は顧客歓喜です。補完製品はWTPを高める強力な手段であり、結果的に顧客により多くの価値を生み出します。

▼**補完製品は、ビジネスの中核とは無関係と思われがちです。**それを見極めるには、カスタマ

ージャーニーを創造的に考えることが必要です。

▼**私たちは補完製品が低価格であることを望んでいます（私たちがそれを販売しないかぎり）。**補完製品の価格が下がれば、もう一方の製品のＷＴＰが上昇します。

▼**補完業者は友であり敵でもあります。**共同で価値を創造し、その取り分をめぐって、時には激しく争います。

▼**自社で補完製品を生産している企業は、利益プールをある補完製品から別の補完製品へとシフトさせることができます。**

第7章　友か敵か？

補完製品と代替製品の区別は、後から考えれば簡単なことです。しかし、新しいテクノロジーやビジネスモデルが登場した当初は、この2つの区別がつかないことがよくあります。

あなたが銀行員なら、ブロックチェーンは友なのでしょうか、それとも敵なのでしょうか。金融取引をより迅速かつ安全にするテクノロジーであれば、補完製品になるかもしれません。あるいは、暗号通貨やコインオファリングによる資金調達で従来の決済サービスを置き換えるのであれば、代替製品になる可能性があります。

中国のウーラマ（Ele.me）、ブラジルのアイフード（iFood）、米国のドアダッシュ（DoorDash）といったフードデリバリーサービスについて考えてみてください。これらは、レストランの補完製品なのでしょうか、それとも代替製品なのでしょうか。顧客が新しいレストランを発見するためにデリバリーサービスを利用するのであれば、それは補完製品です。あるいは、それを利用したためにレスト

図 7-1　区別が難しい補完製品と代替製品

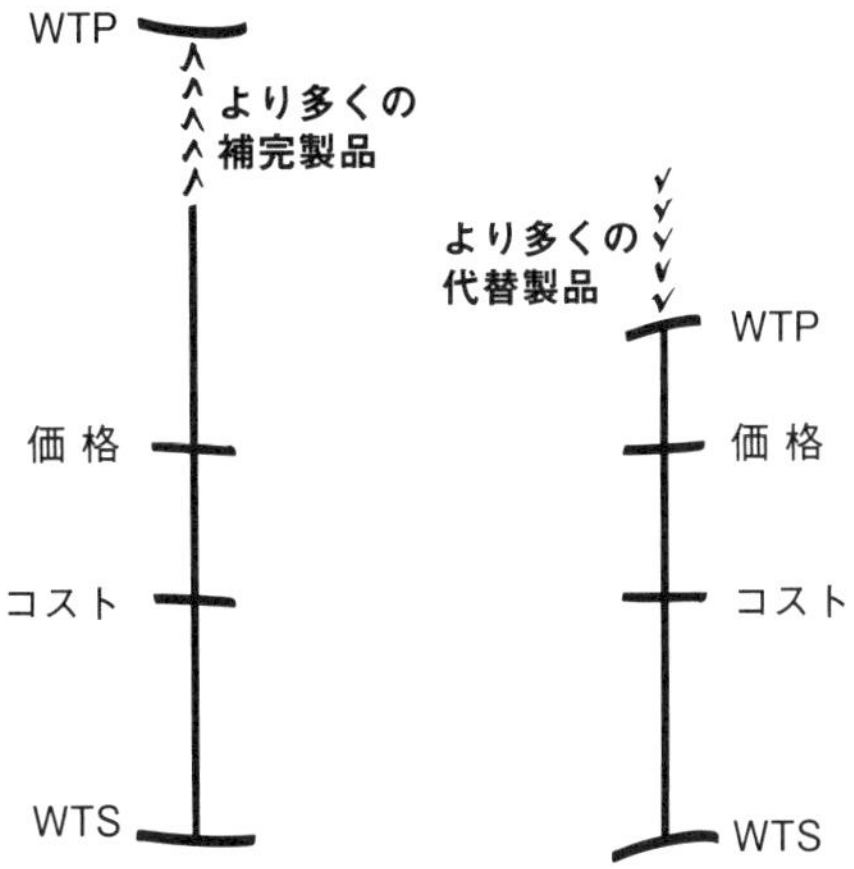

ランのテーブルが空くようであれば、代替製品となります。

個人向けオンライン学習サービスのリーダーであるインドのバイジュース（BYJU'S）は、従来の対面式教育の代替製品なのか補完製品なのでしょうか(1)。これらすべてのケースで、補完製品なのか代替製品なのか、完全に明らかではありません（図7－1）。

判断ミス

ビジネスの歴史は、補完製品を認識することがいかに難しいかを示す多くの事例を提供しています。1920年代にラジオが普及したとき、米国作曲家・作詞家・出版社協会（ASCAP）は、ラジオがレコードの売上を減らし、当時はより重要だった楽譜の収入も減少させると確信して、この新しいメディアと闘いました。ラジオを遮断するため、ASCAPは1930

年代後半と1940年にライセンス料を70%引き上げました。これに対し、放送局はボイコットで対抗しました。ほぼ1年間、米国のラジオ聴取者は、著作権で保護された音楽をほとんど聴くことができませんでした。その間、スティーブン・フォスターの長い間忘れ去られていた「金髪のジェニー」という知的財産権が発生しないパブリックドメインの曲が、再び頻繁に電波で流されるようになりました。[2]

1950年代になると、ASCAPの間違いは一目瞭然になります。ラジオはレコードの代替製品ではなく、音楽を宣伝し、リスナーの特定の曲に対する評価を高めるための手段であり、補完製品だったのです。現在、支払いの流れは逆になっています。レコード会社は、天文学的なライセンス料を取る代わりに、特定の曲を流すようにDJにお金を払うようになったのです。*1

企業が陥りがちな第1の間違いは、2つの製品の関係を誤って判断し、実際には補完製品であるにもかかわらず、代替製品として見てしまうことです。もちろん、後から振り返ると、事態はより明確になります。しかし当時は、その間違いはまったく理解可能なものだったのです。無料で音楽を聴かせれば、レコードの需要が減ると考えるのは当然のことでしょう。

また、2つの製品の関係が時間とともにどのように発展していくかを予測するのが難しい場合もあります。コンピュータと紙が良い例です。オフィスを見回してみてください。ペーパーレスオフィスはもう実現しているでしょうか。私の散らかった机から察するに、それはまだでしょう。

1975年に『ビジネスウィーク』が1990年のオフィスはどうなっているかと専門家に質問しました。当時有名なゼロックス・パロアルト研究所（PARC）の所長だったジョージ・E・ペイクは、多くの予測を不気味なほど的中させました。「今後20年の間にオフィスに革命が起こることは疑う余地がありません」とかれは説明しています。「ジェット機が旅行に革命を起こし、テレビが家庭生活を変えたように、テクノロジーはオフィスを変えるでしょう。私は、画面上のファイルから、あるいはボタンを押すことによって、文書を呼び出すことができるようになるでしょう。メールやメッセージも受け取ることができます」

しかし、ペイクのような天才でさえ、テクノロジーが紙に及ぼす影響を見抜けなかったのです。当時のかれの予測は次のようなものです。

「この世界でどれだけハードコピーが必要になるかわかりません」[3]

かれの予測どおりコンピュータは登場しました。しかし、紙の消費量は減るどころか爆発的に増加しました。PCとプリンターは、代替製品ではなく補完製品であることが証明されたのです。1980年から2000年にかけて、米国におけるオフィス用紙の消費量はほぼ2倍になりました。[4] PCは印刷を容易にし、人々は少なくともしばらくの間、印刷された文書を読むことを好みました（オフィスで印刷された紙の45％はその日のうちにゴミとなります[5]）。

PCと紙の驚くべき補完性は、ある程度、技術的な状況を反映していました。[6] 初期のPCはよくクラッシュし（バックアップコピーを用意したほうがよい）、ソフトウェアは他のアプリケーションで

＊1　一部の業界関係者は、こうした取り決めを適切に開示しないことで、賄賂スキャンダルを引き起こしたこともありました。

作成されたドキュメントを正確にレンダリングできないことがよくありました。低コストの印刷に変化に対する人間の抵抗が加わると、最終的にはPC、プリンター、および紙の間に強い補完性が生まれます。

しかし、最近では、この補完性は弱まり、逆転している可能性さえあります。2000年以降、米国のオフィス用紙の消費量は40%減少しています。「その理由は、技術的というよりも社会学的なものと考えられます」と『エコノミスト』は主張します。「電子メール、ワープロ、インターネットとともに成長した新世代のワーカーは、年配のワーカーよりも文書を印刷する必要性を感じていないのです」[7]

ただし、PCと紙が長期的には代替製品になることがわかっていても、そのタイミングを予測することは困難でした。第2によくある間違いは、代替製品が実際よりもずっと早く出現すると予想してしまうことです。

ATMの登場は、さらに複雑な第3の例を示しています。1960年代後半、ロンドンのバークレイズ（Barclays）とニューヨークのケミカル・バンク（Chemical Bank）が初めてATMを設置しました。この機械は使い勝手が悪く、故障しがちでした。PINコードもありませんでした。ATMを作動させるために、顧客は機械にプラスチックのトークンを入れました。取引が記録されると、そのトークンは郵便で返送されてきたのです[8]。

このように、当初は小規模にスタートしたにもかかわらず、米国のATMの数は、1995年の10万台から2010年には40万台へと急成長しました。その結果、現金を渡すことが主な仕事であった

図 7-2　銀行窓口業務と ATM（1970-2009 年）

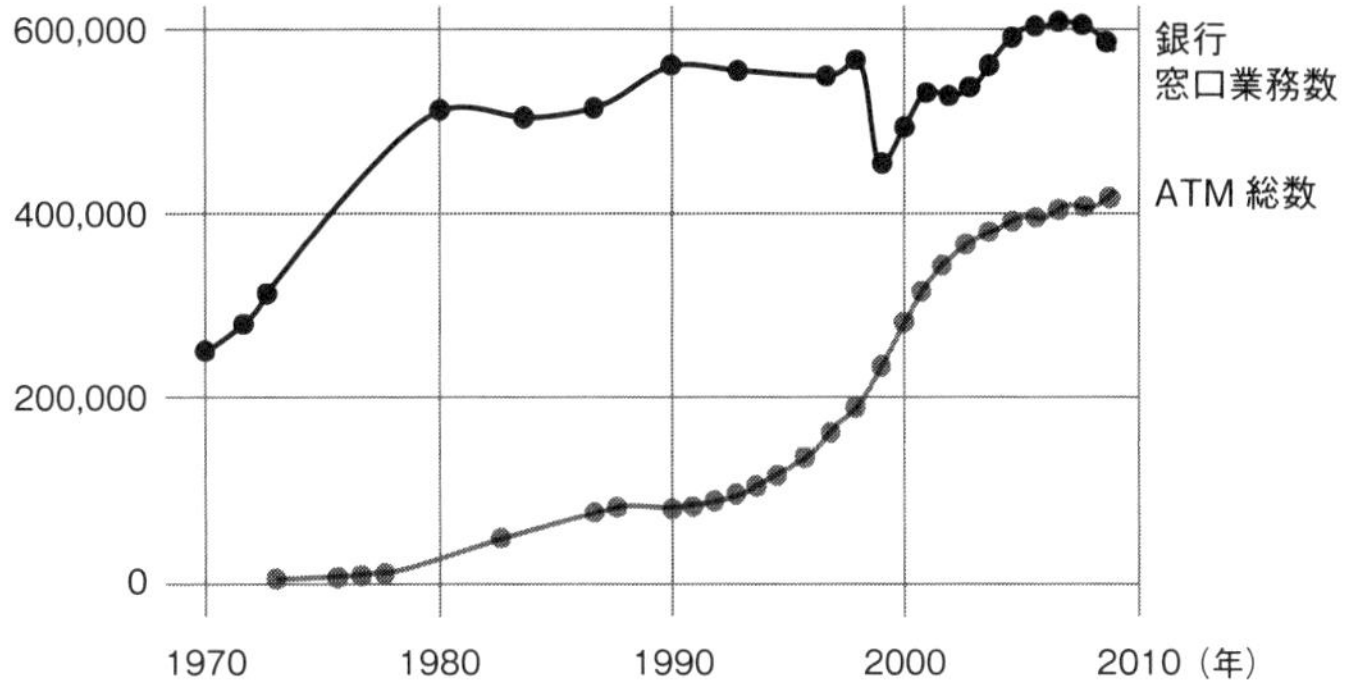

銀行の窓口係の将来が危ぶまれるようになりました。クリーブランド連邦準備銀行のベン・クレイグ研究員は次のように述べています。

「名前を呼んで迎えてくれる親切な窓口係に毎週通うことができなくなったことを嘆く人がいる一方で、ほとんどの人は、高い手数料と時間の拘束を伴うこのサービスにお金を払いたくないでしょう。代わりに、ＡＴＭの便利さと安さを選びます[9]」

　窓口係は深刻な問題に直面しているように見えます。しかし、実際はそうなりませんでした。１９８０年から２０１０年の間に、米国の銀行窓口係の雇用は約４万５０００人に増加したのです[10]（図７－２）。

　３つの効果が相まって、この驚くべき結果が生まれました。第１に、銀行が各支店の窓口担当者を減らしたことです[11]。この狭い意味では、ＡＴＭと窓口は代替製品です。しかし、話はそれだけでは終わりません。支店の運営コストが下がったため、銀行はさらに多くの支店を開設し、窓口係を雇いました。第３に、これらの窓口係は、顧客にアドバイスをしたり、商品を販売したりと、現金を渡すよりもはるかに価値のある活動をするようになりました。その結果、窓口係の雇用はより魅力的な提案となりました。最終的には、ATMはこれらの再構築された窓口サービスの補完製品であることが明らかになったのです。

補完製品を素直に認識できないこと（ASCAP）、代替のタイミングを予測することが難しいこと（PCと紙）、技術変化の2次効果が見えにくいこと（ATM）。これらはすべて、補完製品を見つけることの難しさの原因となっています。

しかし、私たちの判断ミスは決してランダムなものではありません。この3つの例に見られるパターンにお気づきでしょうか。どの例でも、私たちは代替を予測しましたが、実際には、新しい技術が既存の製品や活動に対する支払意思額（WTP）を高めることが判明しました。このようなバイアスは一般的なものです。これは、心理学者のエイモス・トベルスキーとダニエル・カーネマンが〝損失回避〟（loss aversion）と呼んでいる現象です[12]。

歴史は2つの教訓を教えてくれます。第1に、新しいテクノロジーや斬新なビジネスモデルを開発するときは、直感を信じすぎてはいけません。これは難しい課題です。起こりうる結果のタイミングを慎重に検討し、2次的な影響を考慮することで、正しい判断ができるようになります。第2に、補完性よりも代替性を重視する傾向があることを決して忘れてはいけません。その重要性にもかかわらず、補完製品を見つけるのは困難です。

補完性の測定

歴史を研究することは、技術進歩や経営者の判断の大まかなパターンを理解するのに役立ちます。残念ながら、私たちは日々の仕事に追われ、歴史の展開を見て、補完性や代替効果を明らかにする余裕はありません。それより先に進む必要があります。

データに目を向けるのは自然な反応です。注意深く分析すれば、新しいテクノロジーが代替製品なのか補完製品なのかわかるのではないでしょうか。たとえば、次のようなことです。過去30年間、多くの企業がオンライン活動を追加してきました。たとえば、ワシントン・ポスト（Washington Post）は1996年に電子版を開設しました。washingtonpost.com は、紙媒体の新聞である『ワシントン・ポスト』を補完するものなのでしょうか、それとも代替するものなのでしょうか。読者アンケートによると、次のような結果が出ました[13]（図7－3）。

電子版と印刷された紙版を読んでいる読者を見てください。これは補完性を示唆するものではないでしょうか。それとも、電子版は読むが紙版は読まないという680人の読者のことを心配すべきなのでしょうか。この調査から結論を導き出したいところですが、ある時点のスナップショットからは、2つの製品の本当の関係を知ることは不可能です。

私たちが本当に知りたいのは、もし電子版がなかったら680人の読者はどうしたかということで

図 7-3 『ワシントン・ポスト』の紙版と電子版の読者数

24時間以内	電子版を読んでいない	電子版を読んだ
『ワシントン・ポスト』紙版未購読	8,771	622
『ワシントン・ポスト』紙版購読	5,829	877
5日以内	電子版を読んでいない	電子版を読んだ
『ワシントン・ポスト』紙版未購読	6,012	680
『ワシントン・ポスト』紙版購読	7,203	2,204

すが、それはデータにはありません。もし、電子版がなければ紙版を読んだとすれば、電子版はその代替製品となります。両方読んでいる2204人のうち、電子版がなかったら紙版を買わなかったという人は何人いるのでしょうか。これが多ければ、2つの製品は補完製品です。

これは最初の洞察です。もし、あなたが顧客データを調べて補完関係を見つけようとするならば、そのオンライン製品が存在しない世界を見たいと思うでしょう。その世界とオンライン購入が含まれる世界を何とか比較できれば、2つの製品の真の関係を見分けることができるはずです。最も洗練された企業は、パターン認識、トレンド分析、実験という3つのアプローチで真実に迫っているのです。

購買パターンの分析は、最もシンプルな手法であり、すでに持っているデータを利用します。フライドポテトとケチャップのように、2つの商品が補完関係にある場合、一緒に消費されることが多いことがわかります。

実店舗を訪れた顧客が、その後すぐにオンラインで買い物をすることが多いでしょうか。読者は、勤務時間中にインターネットを見た日は、夕方に紙媒体を読むことが多いと言っていませんか。これらのパターンは、補完性を意味します。このタイプの分析は簡単ですが、確実というわけではありません。具体的には、補完性と強い嗜好を持つ顧客とを容易に区別することができません。たとえば、新聞とネットの両方を読む人は、ニュース中毒者かもしれません。あなたの店を訪れ、オンラインで購入する顧客は、あなたのブランドが本当に好きなのかもしれません。

さらに洞察を深めるには、時間的なトレンドを研究するとよいでしょう。電子版を立ち上げた直後、印刷物の読者層は崩壊したのでしょうか。eコマースの開始は、既存店売上高にどのような影響を与えたのでしょうか。このように、コンピュータと紙の関係を念頭におきながら、時間的な傾向を探っていきます。製品間の関係は決まったものではなく、顧客の嗜好や習慣によって変化していきます。そのため、タイムトレンドの分析は頻繁に繰り返す必要があります。

業界に強い既存の傾向がある場合、タイムトレンドを読み取るのはより困難であり、おそらく役に立たないことさえあります。図7－4は、米国の有料新聞読者数の推移を示しています[14]。

1950年代、米国の家庭は平均1・2紙の新聞を購読していました。2020年には、日刊紙を購読している世帯は20％未満になりました。明らかに、新聞は成長産業ではありません。しかし、インターネットの効果はどこにあるのでしょうか。図7－4のデータを見るかぎり、それはわかりません。おそらく、オンライン・ジャーナリズムとGoogleニュースの登場がなければ、1990年代後半には長期的なトレンドは緩和されていたでしょう。この場合、他の多くのケースと同様、タイムトレンド分析では明確な答えは得られません。

補完性を研究する最も強力な方法は、実験とA／Bテストです。このアプローチにより、深い洞察が得られます。なぜなら、目に見えない世界を直接シミュレーションしているからです。その一例を

図 7-4　有料新聞発行部数の推移（1950-2020 年）

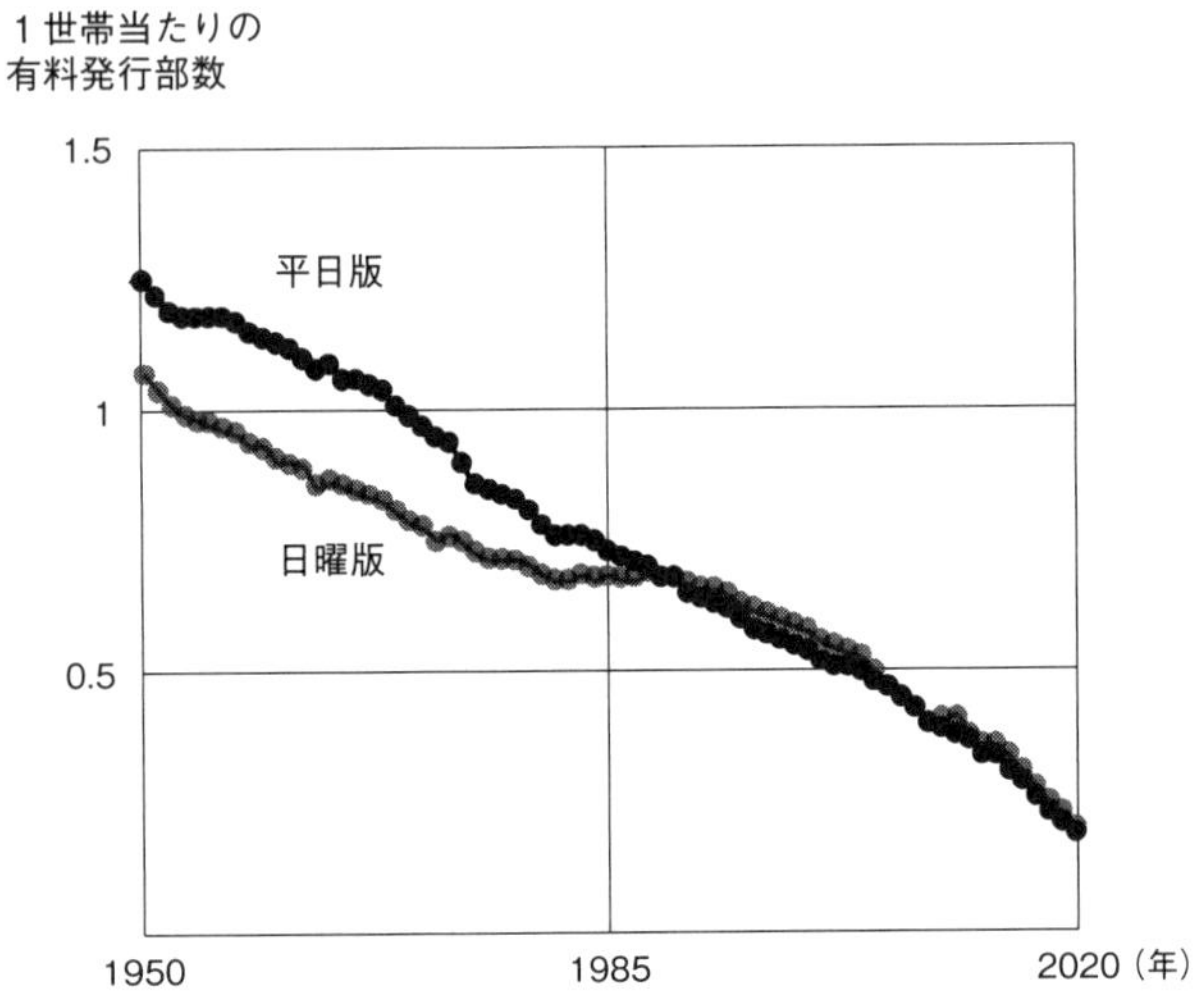

ご紹介しましょう。2009年6月25日、ロンドンのロイヤル・ナショナル・シアターは、世界で初めて演劇を世界中の映画館に中継する舞台となりました。表面上は、この試みは大成功でした。その夜、5万人の観客がラシーヌの『フェードル』の公演を見ましたが、そのうち劇場にいたのはわずか1100人でした。

当然、映画館で演劇を観ることが、ロンドンで生で観劇することの代わりになるかどうか、不安になるでしょう。そこで、ロイヤル・ナショナル・シアターでは、ある実験を行いました。『フェードル』を衛星中継することに決定しましたが、経営陣が同じような観客を集客すると予想したハワード・ブレントン作『ネバー・ソー・グッド』とマイケル・フレイン作『アフターライフ』を上映しないことにしたのです。さらに、『フェードル』は、ある映画館では上映されましたが、他の映画館では上映されませんでした。

研究者のハサン・バクシーとデヴィッド・スロスビーがその結果を調べたところ、デジタル放送は効果は弱いですが、舞台公演の補完製品であることが明らかになりました[15]。ロンドンでの公演のチケットは、この公演が各地で上映され広く知られるようになったことで、一部の顧客が購入するようになったのです。

○〜□

補完製品と代替製品の区別は、意外と難しいことが多いです。それを識別するための洗練されたアプローチを開発した企業を研究すると、次のようなことが見えてきます。

▼このような組織は、補完製品を代替製品と勘違いするバイアスが内蔵されていることに気づいています。かれらは常に、新しいテクノロジーや新製品が補完製品である可能性を論証するための最善のケースは何か、と問いかけています。

▼パターン認識とトレンド分析は、補完製品を識別するための迅速でコストのかからない方法

です。これらは有用ですが、確実ではありません。

▼最も先進的な企業は、補完性についての直感を導くために、実験を行っています。

第8章　ティッピングポイント

私は過去10年間、中国のマネジャーを対象としたハーバード・ビジネス・スクール（HBS）の主要プログラムであるシニアエグゼクティブ・プログラムの責任者を務めています。そのため、私は頻繁に中国を訪れ、次から次へと変化する中国を見ることに慣れています。しかし、最近、上海で経験したことには唖然とさせられました。

私は餃子が大好きで、よく餃子の専門店を探します。ホンチャオ（虹橋）駅からほど近い場所にあるその店は、テーブルがいくつかあって、椅子はガタガタで、餃子はこの宇宙で一番おいしいというまさに私好みの場所でした。食事が終わり、レジでクレジットカードを渡すと、彼女は首を横に振って、「この店ではカードは使えない」と言いました。もちろん、私は知っているべきでした。小さな店ではカードが使えるところはあまりありません。私は謝って請求書にある50元を渡しましたが、また拒否されました。「カードも現金も使えません」と彼女は言い、明らかに廃れたレジの上部に表示されたQRコードを指差したのです。

「アリペイかウィーチャット・ペイしか使えません」

このお店は、キャッシュレス化していたのです。そして、このお店だけではありません。中国全土で、「お勘定をお願いします」と言うよりも早く、現金が使われなくなりつつあります。カード決済が主流になったように思えたのに、どうしてそうなったのでしょうか。その1分半後に、現金は死んだのでしょうか。モバイル決済に完全に取って代わられたのでしょうか。

このような急激な変化は、強力なネットワーク効果を持つ市場を象徴しています。これらの市場では、特定の製品やサービス（あるいはお金の使い方）の採用が進むにつれて、それらに対する顧客の支払意思額（WTP）が上昇します（図8－1）。

最初は、サービスを利用する顧客がほとんどいないため、レストランにモバイル決済を受け入れるよう説得するのは困難です。同様に、アリペイを利用できる店舗が少ないため、顧客は自分の端末にアリペイをインストールすることに抵抗があります。しかし、サービスの採用が進むにつれて、店舗やレストランのWTPは上昇します。また、モバイル決済を導入する店舗が増えれば、これらのアプリケーションを利用する顧客の数は急速に増加します。

ネットワーク効果とは、正のフィードバックループのことです。より多くの小売業者がより多くの顧客を引き寄せると、さらに多くの小売業者が引き込まれます。ネットワーク効果により、市場は〝ティッピングポイント〟（tipping points、転換点）を迎え、非常に低い普及率から、あっという間に市場に行き渡る可能性があります。そして、その逆もまた真です。現金を使う人が減るにつれて、

図 8-1　ネットワーク効果：モバイル決済導入による WTP の増加

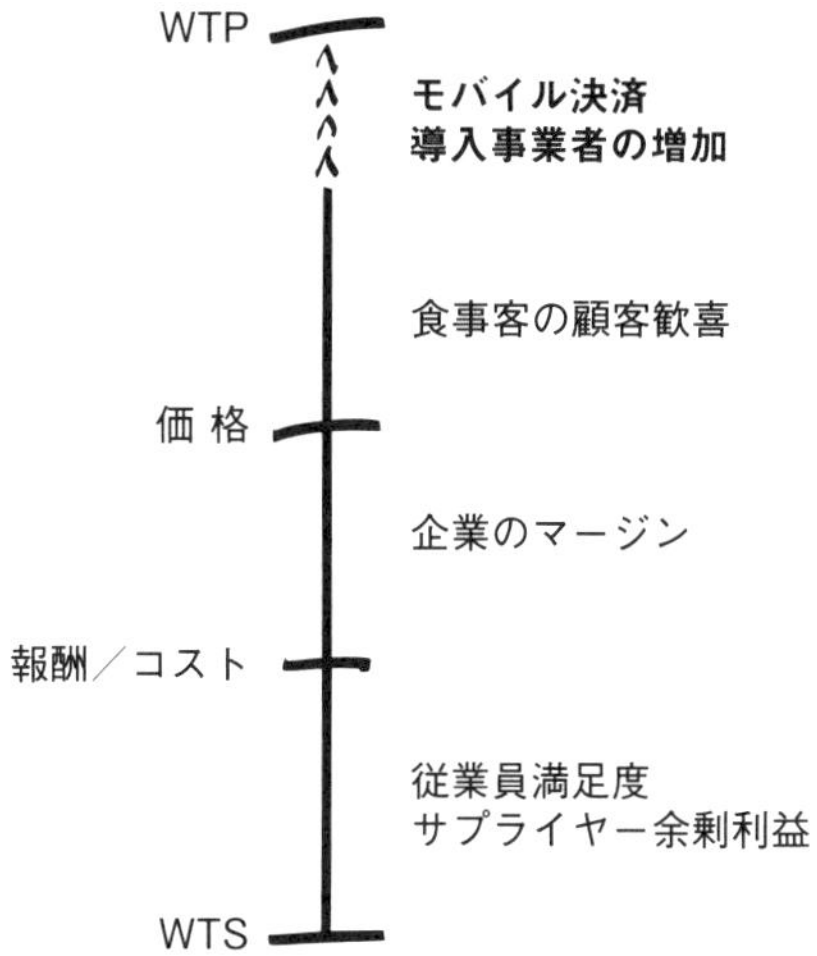

両替できる店が減り、現金を受け入れる店舗が少なくなります。このような状況は、顧客にとってモバイル決済に移行するインセンティブになります。

中国やスウェーデンなどでは、キャッシュレス社会への移行が順調に進んでいます。２０１０年、モバイル決済サービスは、中国のアプリのトップ10リストには入っていませんでした。それからわずか10年で、中国の人口の４分の３が現金よりもモバイル決済を好むようになったのです[1]。

アリババ（Alibaba）が数年前に未来型スーパーマーケットのフーマ（Hema）をオープンした際、キャッシュレジスターはデザインの一部として含まれていませんでした。中国の中央銀行である中国人民銀行は、現在、現金の使用を保護するために介入しなければなりません。当局は、現金の受け入れを停止した数百の小売店を定期的に取り締まっています[2]。

歴史を鑑みれば、中央銀行は苦戦を強いられるでしょう。ネットワーク効果は、WTPを強力に動かします（私がどのように餃子問題を解決したか気になりますか。私は食事代を払うことができなかったのですが、そのレストランの従業員は、餃子の値段分をチップとして喜んで現金で受け取ってくれました！）。

3つのフレーバー

ネットワーク効果を3つのタイプに分類するとわかりやすいでしょう。いずれも製品の採用が増えるとWTPが上昇しますが、そのメカニズムは異なります。

▼直接ネットワーク効果（Direct network effects）

追加の顧客が製品を購入するたびにWTPを上昇させます（図8－2a）。あらゆる通信機器が良い例です。最初にファックス機を購入した人のことを考えてみてください。この機械には何の価値もなく、ファックスメッセージを交換する相手はだれもいませんでした。機械が普及するにつれて、ファックス機のWTPは、所有する企業や個人の数とともに上昇しました。あなたが持っている製品を思い浮かべてみてください。より多くの人が同じ製品を持っていれば、より便利で価値のあるものになるでしょうか。もし、答えがイエスなら、そこには直接ネットワーク効果

図 8-2a　直接ネットワーク効果

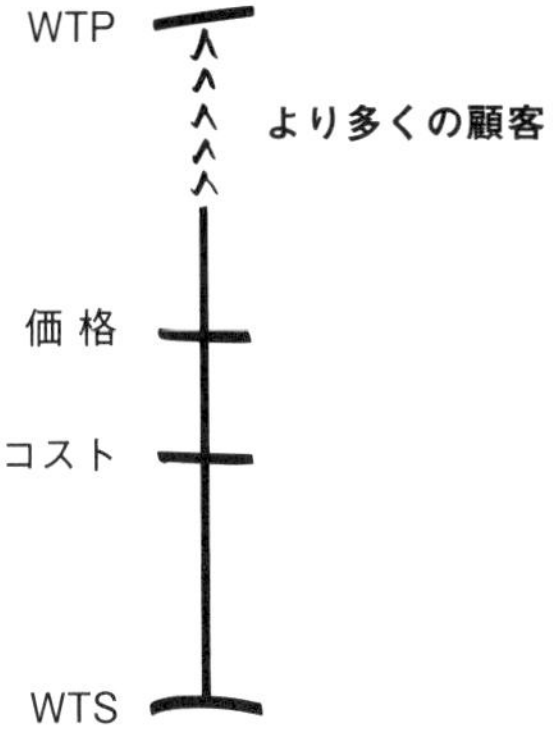

があります。

▼間接ネットワーク効果 (Indirect network effects)

　補完製品を通じて顧客のWTPを引き上げます（図8－2b）。ゲーム機とゲーム、自動車と修理工場、スマートフォンとアプリなどは、いずれも間接ネットワーク効果を持つ市場の例です。スマートフォンを購入する顧客が増えれば、開発者はより多くのアプリを制作することになります。また、便利なアプリが増えることでスマートフォンのWTPが上昇し、それによってさらに多くの顧客を引き付けることができます。

　間接ネットワーク効果は、鶏が先か卵が先かというダイナミクスを生み出すことがよくあります。充電ステーションが増えれば、電気自動車を運転する人が増えるでしょう。しかし、電気自動車を所有している人はほとんどいないため、充電ステ

図 8-2b　間接ネットワーク効果

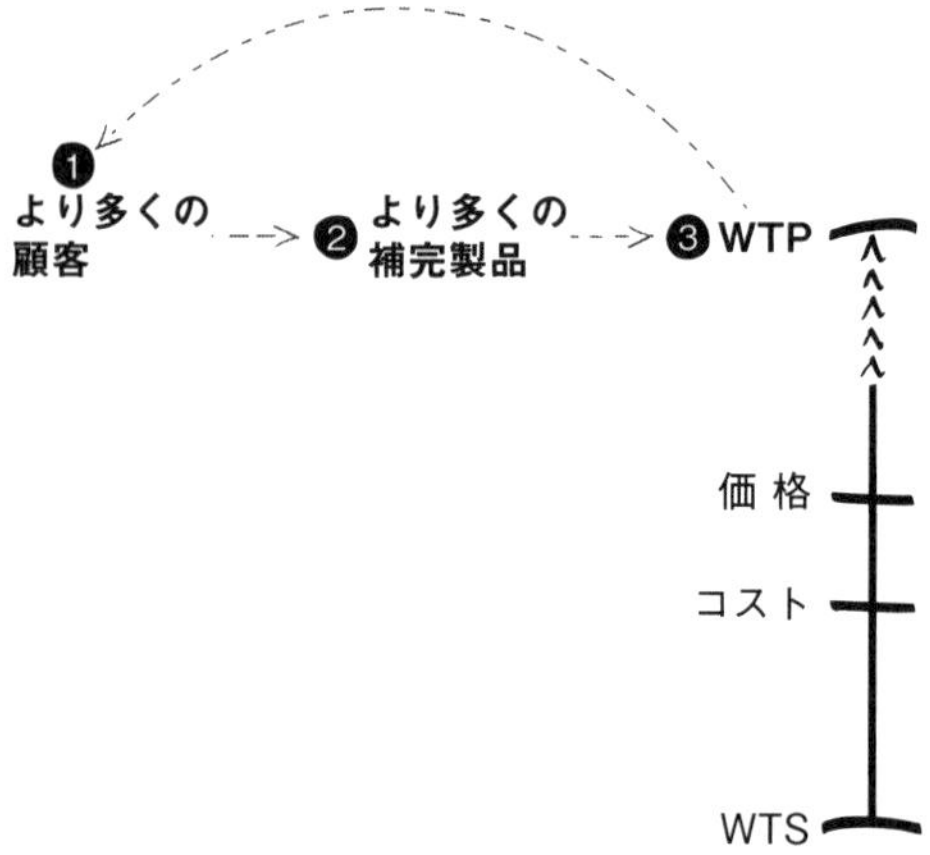

ーションが不足しています。この行き詰まりを打破するために、企業は間接ネットワーク効果を促進することを期待して、需要がかぎられている補完製品に投資することがよくあります。

▼プラットフォーム・ネットワーク効果 (Platform network effects)

プラットフォーム・ビジネスでWTPを上昇させるのが特徴です（図8－2c参照）。これらの企業は、複数のタイプの顧客（またはサプライヤー）を惹きつけます。一方のグループが大きくなるにつれて、他方のグループのWTPが上昇します。

オンライン旅行代理店を考えてみてください。ホテルは、エクスペディア（Expedia）で予約する人が増えるにつれて、自社の施設をエクスペディアに掲載することが有利であることに気づきます。また、より多くのホテルのなかから選択でき

図8-2c　プラットフォーム・ネットワーク効果

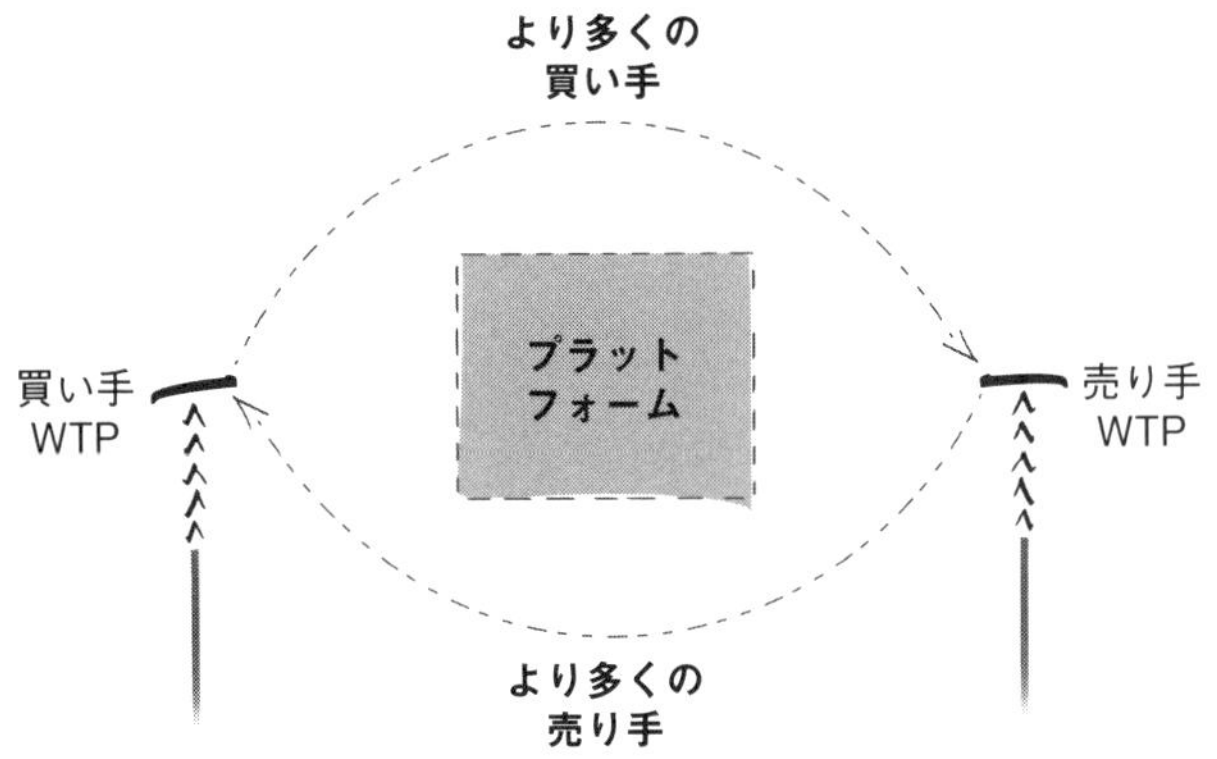

るようになることで、追加の顧客を引き付けることができます。多くの企業は、さまざまなタイプの顧客を結びつけることで価値を生み出しています。たとえば、『ニューヨーク・タイムズ』は、読者と広告主を引き合わせます。ウーバー（Uber）は、乗客とドライバーをマッチングします。アマゾン（Amazon）のマーケットプレイスは、買い物客と商業者にとって魅力的です。これらのケースのいずれにおいても、一方の顧客グループ（広告主、ドライバー、商業者）のWTPは、もう一方のグループ（読者、乗客、買い物客）の規模が大きくなるにつれて上昇します。

この章では、ネットワーク効果がどのようにビジネスの大きな成功に寄与し、いかにして劇的な失敗につながるのか、そして、非常に大規模な（そして並外れて収益性が高い）企業によって支配された、ますます増大する経済の創造にどのように寄与するのかについて探っていきます。

ときには、勝者がすべてを手にする

創業から15年、メタ・プラットフォームズ（Meta）はソーシャルメディアを席巻しています。Facebook（フェイスブック）の月間のアクティブユーザー数は24億人で、世界の90％以上の国でソーシャルネットワークのトップとなっています。ソーシャルメディアのページビューにおける同社のシェアは、米国で50％、アフリカで70％、アジア、*1 ヨーロッパ、南米で80％となっています。(3)

Facebookはいままで成功を収めたものの、現在、大きな競争と政治的プレッシャーにさらされています。若いユーザーはSnapchat（スナップチャット）やTikTok（ティックトック）に流れ、Pinterest（ピンタレスト）はeコマースで頭角を現し、アマゾンは広告費をめぐってFacebookと競合し始めています。さらに悪いことに、データとプライバシーのスキャンダルが、Facebookの動機とリーダーシップに対する冷笑的な見方を助長しています。Facebookは現在、米国のソーシャルネットワークのなかで最も信頼されていません。(4) 政治家と規制当局は、この会社を分割する方法について公然と議論しています。

この難局のなかで、Facebookはどの程度健闘しているのでしょうか。その業績は絶好調です。同社は2019年に1億人以上のユーザーを獲得し、そのうち100万人は成熟した米国市場だけで獲得したものです。同年、売上は29％増加し、株価は50％以上上昇しました。[5] この驚異的な持続力を説明するものは何なのでしょうか。Facebookは崩壊するべきではなかったのではないでしょうか。

Facebookの業績は、ネットワーク効果の驚くべき力を証明しています。同社は、3つのタイプのネットワーク効果のすべてから利益を得ています。Facebookがユーザーを増やすと、友人や知人と交流するためにネットワークに参加することがより魅力的になり（直接ネットワーク効果）、ブランドとユーザーはコンテンツを制作し投稿するインセンティブが高まります（間接ネットワーク効果）。そして、サイトは広告主にとってより魅力的になります（プラットフォーム・ネットワーク効果）。

確かに、見飽きたデザインとユーザーの信頼感の喪失がWTPを低下させたことは事実です。[6] 同時に、ネットワーク効果によって市場での地位がロックインされ、他のソーシャルメディアには対抗できないほどのWTPが維持されています。

ネットワーク効果が最も強力な場合、圧倒的な優位性が生まれ、市場は一部の企業に有利なものになります。ネット検索のグーグルとバイドゥ（Baidu）、eコマースのアマゾンとアリババ、ゲーム機のソニーとマイクロソフト、モバイルサービスのベライゾン（Verizon）とAT&T、クレジットカードのビザ（VISA）とマスターカード（Mastercard）など、これらの企業すべては大きなネットワーク効果で利益を得ているのです。

＊1　中国ではFacebookが禁止されています。

ネットワーク効果の地理的特性

私の朝の習慣の1つに、メッセージングアプリをチェックすることがあります。テキストメッセージから始まり、ワッツアップ（WhatsApp）、ウィーチャット（WeChat）をすばやくチェックし、そしてLINEで終わるのが常です。ネットワーク効果は地域によって異なるため、私はこれらのアプリをすべてインストールする必要がありました。ワッツアップは世界最大のメッセージングアプリですが、LINEがリードしている日本では使い物にならない状態です。中国では、携帯電話を持つだれもがウィーチャットを利用しています。エチオピア、イラン、韓国、ウズベキスタン、ベトナムに知人がいたら、それらの国の主要なメッセージングアプリであるバイバー（Viber）、テレグラム（Telegram）、カカオトーク（Kakao Talk）、アイモ（imo）、ザロ（Zalo）をインストールする必要があります。(7)

ネットワーク効果の強さはユーザー数に依存しますが、該当する数がグローバルなものであることはめったにありません。ウーバーのような企業を考えてみてください。プラットフォーム・ネットワーク効果は、同社に有利に働きます。ドライバーの数が増えれば乗客は恩恵を受けるし、乗客が増えればドライバーはウーバーに参加する可能性が高くなります。しかし、ウーバーの場合、問題となるユーザー数は完全にローカルなものです。ボストンでウーバーを呼ぶ場合、サンフランシスコのドライバーの数が増えても、私のＷＴＰは変わりません。

ネットワーク効果の地理的特性は、多くの大規模プラットフォームの魅力を制限します。ウーバーは全世界で３００万人のドライバーを抱えていますが、新しい市場に参入する際には、他の地域でのビジネスが存在しないかのように、ゼロから出発する必要があります。その結果、ローカル・チャンピオンのパッチワークのような状態が生まれました。米国ではウーバーが、中国ではディディ（DiDi）が、インドネシアではゴジェック（Gojek）が、ドイツではブラブラカー（BlaBlaCar）がそれぞれ首位に立っています。

ローカルなネットワーク効果は、依然として強力な先行者利益を生み出しています。中国でディディが先行した時点で市場はひっくり返り、ウーバーには勝ち目がありませんでした。しかし、中国での敗北は、他の市場でのウーバーの地位にほとんど影響を与えませんでした。

ローカルな競争

あなたは、何種類のライドシェアアプリを使っていますか。私が推測するに、１種類より多いでしょう。サンフランシスコに住んでいるなら、おそらくウーバーとリフト（Lyft）のアプリを持っているはずです。ジャカルタにお住まいなら、ゴジェックとグラブ（Grab）を使っているのではないでしょうか。ソウルでは、カカオタクシー（Kakao T）、ティーマップ（TMap）、そしておそらくＴＡ

図8-3　ライドシェアサービスにおける競争

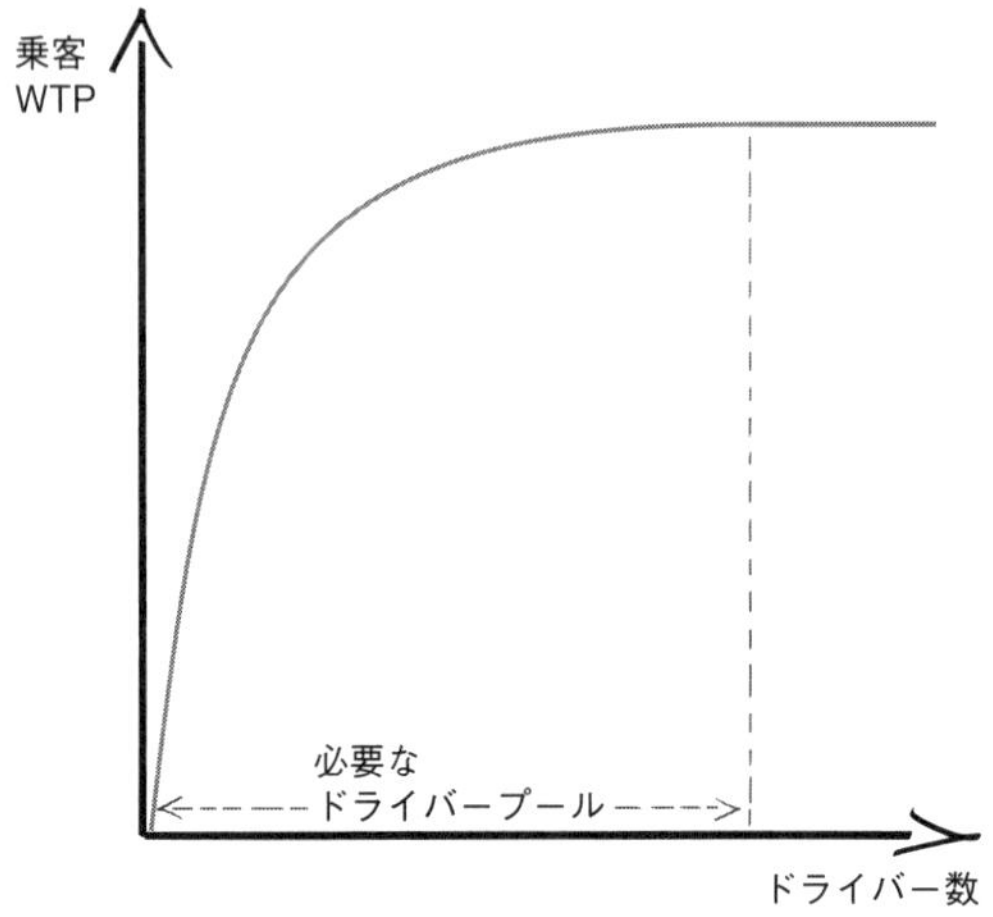

DAでしょう。ネットワーク効果がFacebookのようなグローバルな優位性につながることはほとんどないだけでなく、ローカルレベルでも、勝者総取りの結果は例外的です。多くの場合、異なるプラットフォームが並んで競合します。ローカル市場で生き残ることができる企業は何社ありますか。たとえば、ソウルで4位に位置するライドシェア企業のプラス（Poolus）が持続可能なビジネスになる可能性はどのくらいでしょうか。

市場の競争力を知るためには、ネットワーク効果によってWTPが上昇するメカニズムを具体的に特定することが有効です。乗客の観点からは、間違いなく最も重要な便益は近接性です[8]。ドライバーの数が多いサービスは、待ち時間を短くすることができます（図8－3）。

待ち時間が短くなればなるほど、乗客にとってのメリットは徐々に小さくなっていきます。車が1分後に到着するか30秒後に到着するかを気にする人はほとんどいません。待ち時間で競争力を持たせるには、図８－３の破線で示した数のドライバーを確保する必要があります。ソウルの市場規模が十分に大きく、４社がそれぞれこの数のドライバーを集めることができれば、プラスは生き残ることができるでしょう。もし、１社だけしかこのドライバーの数を集めることができなければ、ローカル市場は勝者総取りとなります。

これには反論があるかもしれません。もちろん、そのとおりです。私がいま言ったことはまったく正しくありません。少しややこしいのですが、市場にドライバー１人が追加されると、１つではなく３つの効果があるのです。乗客の待ち時間が短くなると、より多くの乗客がライドシェアサービスを利用するようになります。一方、乗客の数が一定であれば、ドライバーはより長く待たなければならなくなります。後者の効果が支配的であれば、待ち時間が長くなるとドライバーが退出してしまうため、市場は図８－３に示した乗客のＷＴＰの最大値に達することはありません。

さらに複雑なのは、ライドシェア企業は通常、ドライバーを従業員ではなく、独立した契約者として扱っていることです。これはコスト削減につながりますが、ドライバーは複数のライドシェア企業で働くこともできます。つまり、新規参入企業は、新たにドライバーを確保する必要がないのです。既存のドライバーを「借りる」だけでいいのです。これにより、このライドシェア企業の競争力は格段に向上します。ウーバーのような企業が黒字化を達成するのが非常に難しいことに驚かれたのではないでしょうか。

ライドシェアは重要な教訓を教えてくれます。ネットワーク効果によってビジネスが利益を得ていることを知ることは素晴らしいことです。しかし、顧客数がＷＴＰにどのように影響するかを十分に

図 8-4　eコマースにおける競争

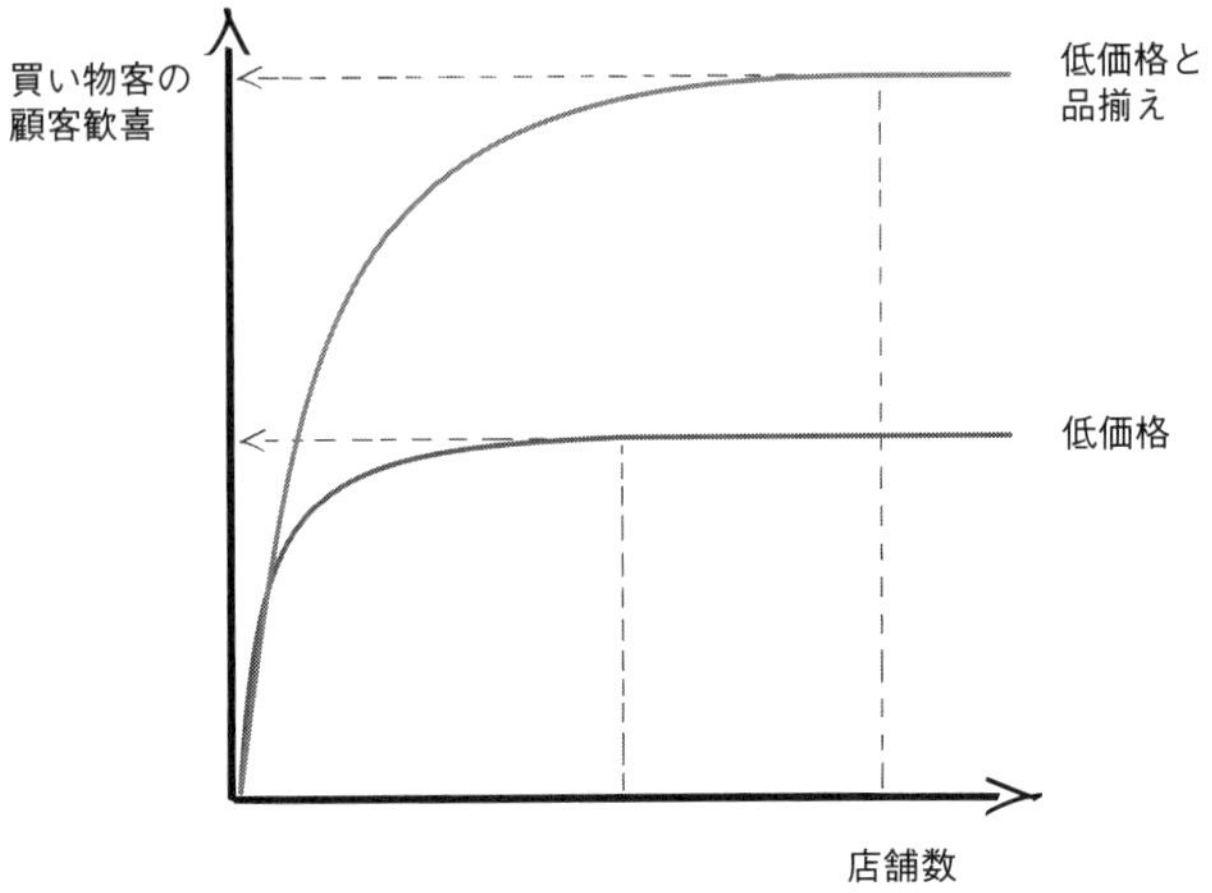

理解することはさらに重要です。採用数の増加がWTPを上げるメカニズムを知ることは、市場の競争力を評価するのに役立ちます。

もう1つの例として、eコマース・プラットフォームを見てみましょう。明らかに、人々はオンラインショッピングが好きです。少しの作業で、いつでもお得な商品を見つけることができます。価格の安さが顧客の心をつかむのであれば、eコマースは高い競争力を持つことになります。図8－4で、「低価格」というラベルの付いた線は、eコマース事業がベンダーを増やすと、顧客歓喜がどのように変化するかを示しています。最初は価格競争が激しくなるため、顧客満足度は上昇します。しかし、その効果はすぐに失われます。価格競争力を高めるには、ほんの一握りのベンダーがあればよいのです。

幸いなことに、顧客は価格の安さだけにこだわっているわけではありません。多くの人は、品揃えの良さにも関心を持っています。アマゾンやタオバオ

（Taobao）がそれぞれの市場をリードしているのは、前例のない品揃えを提供していることも大きな理由です。

顧客がワンストップショッピングという考えを好むため、品揃えが重要であるとすれば、ECサイトが顧客歓喜で競争力を持つためには、はるかに多くのショップ数が必要となります。そのため、勝者総取りの結果になる可能性が高くなります。米国ではアマゾンのeコマースにおけるシェアは50％を超えています。中国におけるテンマオ（Tmall）のシェアはさらに大きくなっています。

似たようなダイナミクスは、幅広いサービス範囲で激しい競争を繰り広げているコロンビアの宅配サービスの新興企業、ラッピ（Rappi）にも見られます。ラッピの配達人は食事や食料品の配達だけでなく、現金の宅配（ATMから現金を引き出して届ける）、犬の散歩、サッカーの試合で11番目の選手としての参加、コンサートのチケット購入、Zara.comで買ったサイズオーバーのシャツの直接交換など、さまざまなサービスを提供しています。ラッピのモデルは、ワーカー（仕事がないことを恐れる）と顧客（瞬時のサービス提供に大きな価値を見出す）に利益をもたらすネットワーク効果を構築しています。

これらすべての例において、プラットフォームサービスの範囲を拡大することで、顧客歓喜とサプライヤー余剰利益が増加するかどうかに着目することが大切です。現在の規模でも、本当に自社のネットワーク効果を高めることができるのかどうか考えてみてください。

排他性の代償

それは、いままでで一番記憶に残る歓迎会になるはずでした。１９９７年の夏、アップル（Apple）のヒーロー、スティーブ・ジョブズの復帰を祝うために、何千人ものアップル信奉者がボストンのマックワールドに足を運びました。

１９８５年に共同創業した会社を辞めさせられたジョブズは、その年の初めにアップルに復帰し、会社が荒れ果てているのを目の当たりにしました。現金が不足し、将来のビジョンもなく、倒産の危機に瀕していました。[9]モルガン・スタンレー（Morgan Stanley）のアナリストであったメアリー・ミーカーとジリアン・マンソンは、当時のアップルの見通しをこうまとめています。

「私たちの見るところ、アップルは深刻な問題を抱えた企業であり、過去６四半期の売上はいずれも前年同期比で15％から32％減少しています……医学で譬えると、この患者は死亡しています[10]」

新聞や雑誌はこの凋落を熱心にフォローし、世界的に有名な企業の破綻を広く予想しました。ボストンのコンベンションセンターには、期待に満ちた人々が集まっていました。ジョブズはどんな発表をするのだろう。どんなサプライズを用意しているのだろうか。

ジョブズは期待を裏切りませんでした。実際、かれが与えたサプライズは聴衆が予想していたよりも大きく、深遠なものでした。「アップルはエコシステムのなかで生きており、パートナーの助けを必要としています」とジョブズは説明しました。「今日、最初のパートナーシップの1つを発表したいと思います。とても意味のあるもので、それは……」

ジョブズの背後のスクリーンが光り、唖然とする観客が見たのは、ビル・ゲイツでした！　ジョブズは、アップルの最大のライバルであり、軽蔑すべき存在であり、明らかに格好悪い（そして邪悪な成功を収めた）宿敵であるマイクロソフト（Microsoft）とのコラボレーションを発表したのです[11]。

なぜ、こんなことになってしまったのでしょうか。１９８０年代、最も収益性の高いコンピュータ企業であったアップルは、どうしてこんなにも低迷したのでしょうか。直接および間接ネットワーク効果は、このストーリーの重要な部分です。１９９０年代を通じて、マイクロソフトのWindows OSの顧客のＷＴＰは、ＰＣの低価格化に後押しされてその採用が急速に拡大したため、上昇しました。Windows ユーザーの数が増えたおかげで、ドキュメントの交換や厄介なソフトウェアに関するヘルプを求めることが容易になりました。この直接的なネットワーク効果よりもさらに重要なのは、間接的な効果です。Windows 用に書かれたソフトウェアを開発、保守、および更新するインセンティブを高めたのです。

コンピュータの初期の歴史において、アップルは無視できない存在でした。１９８０年の世界市場シェアは16％でしたが、その後、Windows のソフトウェアとインテル（Intel）のマイクロプロセッサを搭載した圧倒的に安価なパソコンが猛威を振るうようになると、その状況は一変します。１９９６年にジョブズが復帰したときには、その規模の差は驚くほどになっていました。この年、インテルは７６００万個のプロセッサを出荷し、マイクロソフトのインストールベースは3億５０００万台近くに達していました。一方、アップルの出荷台数は５００万台に満たず、そのインストールベースはマイクロソフトのわずか10％にすぎなかったのです。[12]

仮に、あなたが斬新なソフトウェアの素晴らしいアイデアを持った開発者だとしましょう。あなたはそれをWindows用に書きますか、それともアップル用に書きますか。１９９６年にジョブズが説明したように、「重要なのは、革新的な新しいソフトウェア製品の開発者に、その製品が自分のオペレーティングシステム上で最適に動く、あるいはこのオペレーティングシステム上でのみ動作させることができると納得させる」ことです。[13]１９９７年の夏までに、アップルはこの能力を失いました。

アップルとマイクロソフトのコラボレーションの重要な要素は、人気のあるオフィススイートであるOfficeの開発を、Macプラットフォーム向けに継続するというゲイツの約束でした。これまで、マイクロソフトのMac版Officeのリリースは散発的で、多くのMacユーザーがWindowsに乗り換えました。ゲイツは、「タイムリーなリリース、PCとMacのOfficeのバージョン数を同じにすること、さらに、アップルのOSの独自の機能を活用した機能を提供すること」を約束したのです。[14]

アップルの倒産危機は、プレミアム価格の持つ二重の役割を示しています。プレミアム価格は、排他性と羨望の的となるマージンを生み出すと同時に、顧客の数を制限します。このようなニッチ戦略は、たとえばポルシェやエルメスのように、長期的に大きな成功を収め、持続可能なものとなりえます。しかし、間接ネットワーク効果が強い市場では、プレミアム価格は、ビジネスの成功に必要な要素である補完製品を提供するインセンティブを低下させます。このような環境では、プレミアム価格を維持することは困難です。実際、アップルはパーソナルコンピュータのリーディングカンパニーになるチャンスを失ってしまったのです。*2

言うまでもなく、アップルの苦境は、魅力的なソフトウェアの不足以上のものを反映しています。1995年の製品不足、お粗末なライセンス・プログラム、混乱を招いたマーケティング機能の再編成、間違った在庫管理。これらすべてが同社を弱体化させる要因になりました。(15)しかも、そこに強力なネットワーク効果を持つ競合他社が加わり、同社は深刻な事態に陥っていたのです。

ジョブズは、アップルの元CEO、ギル・アメリオの口癖「アップルは底に穴が開いていて水が漏れている船のようだ」を思い出しました。(16)残念なことに、アメリオは、自分の仕事は「船を正しい方向に向けること」だと思っていました。どうして、その穴を塞がないままにしておいたのでしょうか。

1997年の教訓

1997年の教訓を現在のアップルの状況に当てはめてみると、興味深いことがわかります。図8－5は、モバイルOSにおける同社の市場シェアを示しています。(17)アップルはまたもや窮地に陥ったのでしょうか。

それと同じシナリオが容易に見て取れます。同社は高価な携帯電話を販売し、貴重な排他性を生み

*2　現在でも、PCの出荷台数におけるアップルのシェアは12％程度で推移しています。

図 8-5　モバイル OS の世界市場シェア

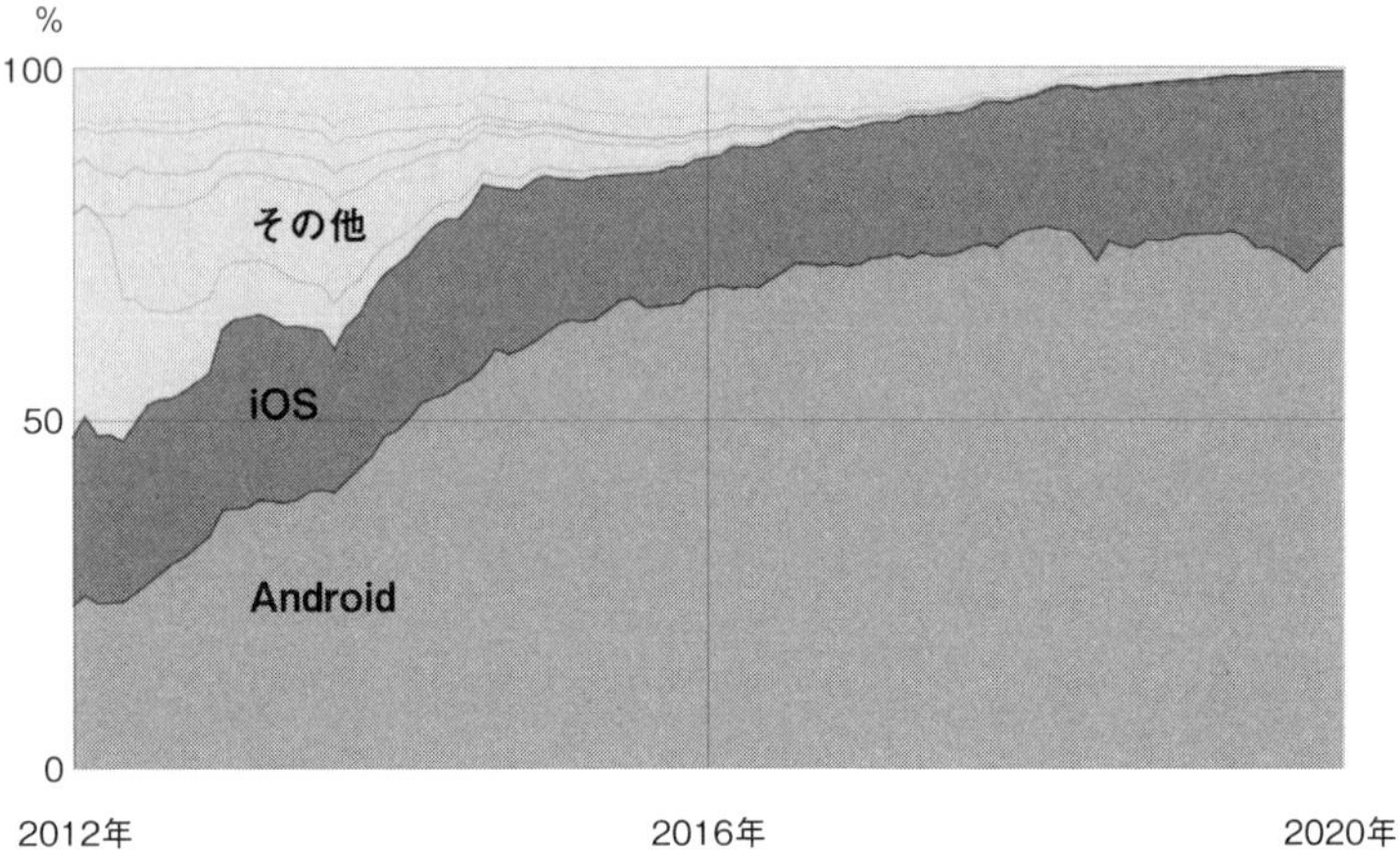

出しています。一方、競合するプラットフォームであるグーグルの Android は、グローバル市場を席巻する安価な端末のデフォルトOSとなっています。これは、1980年代と1990年代の再現ではないでしょうか。Android は新しい Windows なのでしょうか。

確かに似ているところがあります。ユーザー数の少ないOSは持続不可能です。たとえば、Windows Phone は流行らず、マイクロソフトは2020年に携帯電話プラットフォームを放棄しました。しかし、マイクロソフトが携帯電話で失敗したのは、ネットワーク効果によるものではありません。携帯電話のOSに関係なく、ユーザー同士が簡単につながることができるため、この市場ではネットワーク効果は大きな役割を果たしていません。

さらに、携帯電話のアプリの開発は、PC用の機能豊富なソフトウェア開発よりもはるかに安価になる傾向があるため、どのプラットフォームでも同じものが利用可能です。[18] わずかなシェアのマイクロソフトでさえ、50万以上の製品を誇るアプリストアを有していました。[19]

アップルにとって重要なのは、市場シェアが20％のOSに対して補完業者が製品やサービスを開発し続けるかどうかという点にあります。補完製品の生産コストがそれほど高くなければ、答えはイエスであり、アップルは成功するでしょう。しかし、補完製品に多額の、おそらくは対象となる国に特殊な投資を必要とする場合、市場シェアが６％未満に落ち込んだインドネシアのようにアップルはプレッシャーにさらされることでしょう。

テクノロジーが進化し、携帯電話と補完製品の高価な統合が可能になれば（金融サービス、輸送、および健康におけるアプリケーションを考えてみてください）、開発者は再び、ユーザー数の多いOS（この例ではAndroid）を優先するでしょう。テクノロジーの軌跡はだれにもわかりません。しかし、補完製品の開発コストによってネットワーク効果の重要性がどのように変化するかを理解することは、ストラテジストにとって必要不可欠なスキルとなります。

事情に通じたストラテジスト——想像力と警戒心

ネットワーク効果が強い環境下でのマネジメントは、フィードバックループが変化を加速化するため、困難なものになります。一瞬にして現金が消え、エンターテイメントアプリのTikTokやeコマース事業のピンドゥドゥ（Pinduoduo）のようなプラットフォームは、ほとんど一晩で数億人のユーザーを獲得します。あるいは、ネットワーク効果は変化を妨げ、何十年にもわたって業界を支配する安定したプラットフォームを生み出すケースもあります。

ネットワーク効果は乱気流と強権を生み出し、変化のための膨大な機会とほぼ不変の競争結果を生み出します。このような環境では、どのような考え方をすればよいのでしょうか。私は、想像力と警戒心が最も重要な特性であると考えます。

想像力

一般的に、業界はネットワーク効果を持つか持たないかのどちらかであると考えられています。この考え方は視野が狭すぎます。多くの企業は、ネットワーク効果が存在しないところに、ネットワーク効果を生み出すことで優位性を獲得しています。また、既存の効果をより強力なものにすることで成功する企業もあります。アップルのFaceTimeサービスは、iPhoneやiPadを所有する顧客に対して新たなネットワーク効果をもたらしました。UberPool（ウーバープール）は、同じような目的地に移動したい乗客の間にネットワーク効果を追加しました。

ネットワーク効果を利用して顧客のWTPを引き上げる方法を考えるとき、業界の現状に注目してはいけません。現時点では、自社がネットワーク効果の恩恵を受けているかどうかに注意を払うべきではありません。それに代わり、自社製品を所有している人のことを考えてみてください。同じ製品を他の人が採用したら、その人はどのような利益を得られるでしょうか。想像力を働かせてください。

警戒心

自社にネットワーク効果を生み出す機会がなくても、他社がネットワーク効果の構築に成功している可能性があります。ネットワーク効果は先行者利益をもたらすので、新興のネットワークや有望なプラットフォームを早期に発見することが重要です。また、ライバル企業だけでなく、サプライヤーにも注意を払う必要があります。

後者は、最近のビジネスの歴史が示すように、特に強力になる可能性があります。オンラインプラットフォームは、多くのサプライチェーンにとって、かなり最近の現象です。しかし、ひとたび定着すれば、その勢いを止めることは難しく、利益のかなりの部分を独占する可能性があります。米国の大手レストラン予約サービスであるオープンテーブル（OpenTable）は、その好例です。このプラットフォームは、レストランに固定の月額料金と予約ごとの手数料を請求します[20]。利益率が5％を下回ることが多いこの業界では、オープンテーブルの予約は、レストランにとって純利益の40％にも相当するコストとなります[21]*3。

＊3　これは、成功しているプラットフォームではめずらしいことではありません。たとえば、オンライン旅行代理店は、ホテルに15％の手数料を課しており、これは純利益の35％に相当します。

しかし、レストランに選択肢はほとんどありません。多くの食事客にとって、オープンテーブルに掲載されていないレストランは存在しないに等しいものです。レイシー（Resy）、リザーブ（Reserve）、トック（Tock）などの競合するプラットフォームは、２０００年代初頭に市場に参入しましたが、ほとんど成功していません。ダラスのレストラン経営者であるブルックス・アンダーソンは、「レイシーを利用しているレストランが他に10軒しかない場合、そのうちの1軒になり、収益を失う可能性は避けたいものです」と述べています。「オープンテーブルは、コカ・コーラと同じくらいどこにでもあります……他所に移るのは怖いです[22]」

レストラン経営者たちは、厳しい教訓を学びました。個々にとって合理的なこと（つまり、だれもが最大のプラットフォームを望んでいます）は、業界全体に大きな課題をもたらすということです。1つのプラットフォームが支配的になることを許すのは、戦略的に重大な誤りなのです。

私たちがどれだけ多くのネットワーク効果を当然のことと考えているかを見るのは興味深いことです。情報を探すのに図書館に行く必要があった頃を覚えていますか。高校の同級生を見つけるには、卒業記念アルバムや電話帳に目を通さなければなりませんでした。渋滞予測は、分析で

はなくアートでした。買いたい商品を探すために店から店へと歩き回りました。

ネットワーク効果は、今日の私たちの生活や仕事のやり方に大きな影響を与えたビジネスの多くを支えています。テクノロジーはこれらの進歩を実現可能にしました。しかし、ネットワーク効果こそが、これらのビジネスが実際に構築され、人材や資本を集め、大規模なサービスを提供できるようになった理由なのです。

ネットワーク効果について考えるとき、いくつかの際立った洞察に注意を払う必要があります。

▼ネットワーク効果は、補完製品またはプラットフォームを介してユーザーを直接結びつけることでWTPを高めます。ネットワーク効果を構築した企業は、WTPを高めると同時に、競争を制限します。

▼市場シェアは、収益性の予測指標としては不適切です。戦略目標として使用すべきではありません。しかし、ネットワーク効果を持つ市場は例外です。より多くのユーザーと市場シェアを持つ企業に利益を生み出します。

▼Facebook スタイルの勝者総取りの結果はまれです。興味深いことに、地理的な要因は、ネットワーク効果の戦略的価値を制限すると同時に、それを強化します。ネットワーク効果がローカル特有なものであれば、さまざまな企業が多様な市場で勝利を収めます。しかし、市

場が十分に小さい場合、市場が一転して単一の勝者を生み出す可能性が高くなります。最終的な結果は、ローカル・チャンピオンのパッチワークです。

ネットワーク効果のダークサイドは、競争を制限する点にあります。メタ、グーグル、アリババなどの企業が「大きくなりすぎた」かどうかという問題は、論争の的になっています。[23] この問題を解決するためには、ネットワーク効果によってもたらされる顧客歓喜と、競争の制限によるコストとを比較検討する必要があります。もちろん、これは新しい問題ではありません。鉄道や公益事業など、だれも競争できないほど規模からの利益を得ている自然独占企業の規制にも、同様のトレードオフが含まれます。

しかし、重要な違いが1つあります。かつての独占企業は、市場支配力を利用して価格を上げ、顧客歓喜を低下させていましたが、現在ではその逆がより一般的になっています。低価格は、ネットワーク効果の直接的な利益の一部を放棄したほうがよいほど、競争とイノベーションを制限しているでしょうか。私たちにはその答えがわかりません。

第9章 弱者のための戦略

ネットワーク効果は、大企業とその顧客に利益をもたらします。先に規模を拡大したほうが、実質的な優位に立つことができるのです。ネットワーク効果ビジネスの構築は、猛烈な勢いで進んでいます。しかし、取り残された企業はどうなるのでしょうか。中小企業はどうでしょうか。顧客の数がかぎられている企業にとって、有効な戦略はあるのでしょうか。

答えはイエスです！　ネットワーク効果の恩恵を受ける大企業とうまく競争し、時にはそれを駆逐している中小企業の例はたくさんあります。規模の小さな企業のなかには、規模を反映しない顧客歓喜を生み出すことで成功する企業もあります。また、プラットフォーム上で1つのグループを優先することで成功を収める企業もあります。少数の顧客にサービスを提供することで、優れたパフォーマンスにつながることもあります。このような3つの戦略について、いくつかの例を見ていきましょう。

図 9-1　ネットワーク効果と競争優位

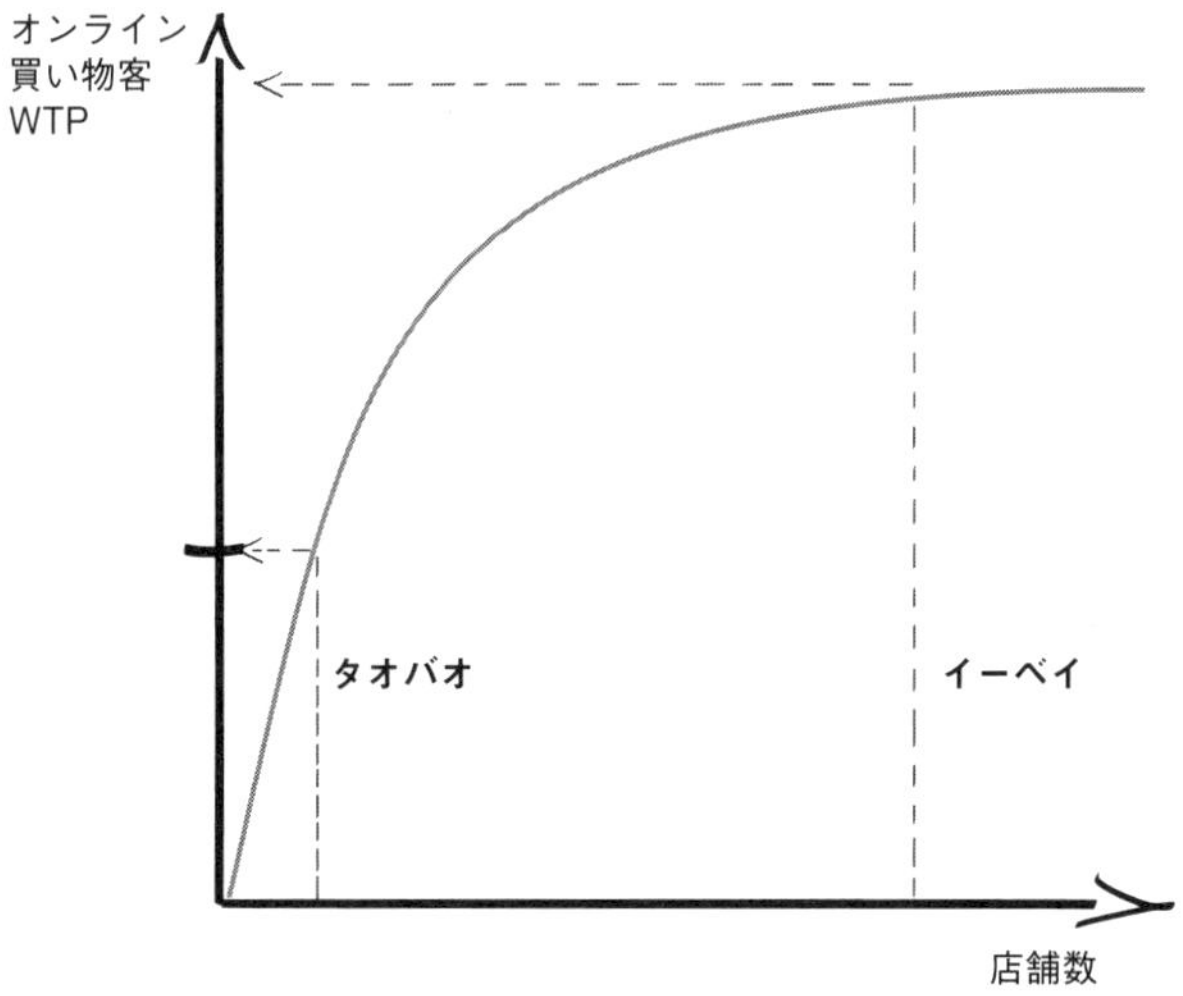

規模に左右されない顧客歓喜の創出

私たちは、この戦略にすでに遭遇しています。かつて小さな新興企業だったタオバオ（Taobao）が、当時中国市場で85%のシェアを持つ圧倒的なプラットフォームであったイーベイ（eBay）とどのように戦ったかを覚えているでしょうか。イーベイのようなプラットフォームはネットワーク効果から利益を得ているので、タオバオの成功は大変驚くべきことです。実際、イーベイの当時のCEOであったメグ・ホイットマンが、中国で勝つと確信したのは、このネットワーク効果によるものでした。

タオバオから見れば、この競争状況は厳しいものだったでしょう（図9-1）。先発したイーベイは、より多くの顧客を獲得し、その結果、数多くの店舗がイーベイのプラットフォームにアクセスするようになりました。これは典型的なネットワーク効果です。タオバオはどうすれば追いつくことができるでしょうか。

それは、支払意思額（WTP）を高める他の方法を見つけることによって実現しました！　アリペイやアリワンワンのようなサービスの助けを借り、優れたウェブサイトのデザインと両サイドの評価によって、タオバオは顧客歓喜を高め、最終的にはイーベイに匹敵するほどになりました。同社は、規模に影響を受けない群衆を喜ばせる機能を開発することで、イーベイに追いつき、ついには追い越したのです。

ネットワーク効果は強力ですが、最終的に重要なのはWTPと顧客歓喜であることを覚えておくことが重要です。この意味で、ネットワーク効果には何の不思議もありません。(1) ネットワーク効果から生じるWTPの上昇は、優れたアイデア、より快適な顧客体験、またはより安価な補完製品を反映したWTPの上昇よりも価値があるわけではありません。

プラットフォームで1つのグループを優遇する

2015年10月8日は、ハンドメイド品の有名なオンラインマーケットプレイスであるエッツィー（Etsy）にとって暗黒の日でした。その日、アマゾン（Amazon）がエッツィーのビジネスと直接競合するハンドメイド（Handmade）を立ち上げたのです。「アマゾンがエッツィーキラーを立ち上げる」と『USAトゥデイ』は記事にし、エッツィーの株価は6％下落しました[2]。

アマゾンの優位性は一目瞭然でした。「エッツィーは……心配する理由があります」とCNBCのキャサリン・クリフォードは説明します。「同社はすでに職人気質のメーカームーブメントと大きなブランド関係を築いていますが、アマゾンの顧客ベース（およびメーカーの潜在的な露出）ははるかに大きくなっています。アマゾンには推定2億8500万人のアクティブな顧客がいますが、エッツィーには2200万人弱しかいません[3]」

プラットフォーム競争では、規模が勝ります。しかし、本当にそうでしょうか。アマゾンが参入してからの5年間で、エッツィーの売上は3倍以上になり、株価も10倍になりました。エッツィーとアマゾンのハンドメイドが共存できる理由の1つは、両社のプラットフォームが異なるグループを支持していることです。

アマゾンは、真正面から顧客の立場に立ち、ビジネスのあらゆる要素が顧客を意識して設計されています。それに対して、エッツィーは職人をサポートし、クラフトムーブメントに貢献するために設立されました。この方向性の違いは、さまざまな形で現れています。エッツィーでは出品者の手数料が低く、支払いは即座に行われるのに対し、アマゾンは出品者の資金を預かっています。エッツィーには長年にわたり、出品者の教育やコミュニティ支援に取り組み、メーカームーブメントを支援してきた歴史があります。2015年の上場時には、出品者にIPO前出資プログラムを提供しました。

アマゾンは、出品者と顧客との間のコミュニケーションと相互のやりとりを管理することにこだわっていますが、エッツィーの職人は、顧客の連絡先を収集し、出荷の際に販促資料を加えることができます[4]。エッツィーの出品者であるレラ・バーカーは、その基本的な違いをこう説明します。「最終的には、エッツィーが経験豊富な作り手の世代を育て、アマゾンがそれを収益化できるようになったということです。これはアマゾンにとって素晴らしいビジネス上の動きですが、作り手のコミュニティにとっては必ずしもそうではありません……ハンドメイド品の売り手は、アマゾンにとってドル記号にすぎないのではないかと心配しています[5]」

ロビン・ロマンは、ペット愛好家向けの奇抜な服やアクセサリーを両方のプラットフォームで販売していますが、「アマゾンは常に顧客の側に立つため、ハンドメイド品の販売者は、特にカスタマイズされた商品で危険にさらされることがあります」と付け加えています[6]。

プラットフォームは、複数の顧客グループにサービスを提供し、多くの場合、すべてのグループに価値を提供します。しかし、場合によっては、この主要な方向性を裏切る選択をすることもあります。たとえば、利益率でホテルを分類する旅行サイトは、主に宿泊業界を対象としています。一方、カスタマーレビューで並べ替えるサイトの方向性は逆です。

買い手中心のプラットフォームと売り手主体のプラットフォームの違いは、B2Bでは特に顕著です。極端な例では、調達プラットフォームは購買を効率化することで買い手に貢献します。一方、売り手主体のプラットフォームは、多くの場合、ビジネスディレクトリに似ています。一部のプラットフォームは時間とともに進化します。たとえば、アリババ（Alibaba）は最初は売り手志向でしたが、時間の経過とともにより買い手志向になりました[7]。

買い手志向のプラットフォームと売り手志向のプラットフォームが競合する市場では、どちらも相手の主要な顧客グループを完全に無視することはできません。[8] ハンドメイドと競合することで、エッツィーは売り手重視の姿勢が弱まりました。現在では、アマゾンを真似た決定をいくつか行っています。たとえば、送料無料を提供しています。しかし、両社は似ているようで、実は大きな違いがあります。

規模の小さな企業が大規模プラットフォームと対峙している場合、競合から冷遇されているグループのWTPに注目し、差別化することができないかどうか絶えず検討することが大切です。エッツィーは、まさにこの方法で出品者の成功に焦点を当て、アマゾンというスーパーパワーと戦って成功を収めたのです。

少数の顧客に奉仕する

おそらくこれは、ネットワーク効果の恩恵を受けるより大きなライバルと競争する際に、プラットフォームがとる最も直観に反する動きです。小さくても大きな相手に勝つにはどうすればよいのでしょうか。恋愛・結婚マッチングサイトを例にとって考えてみましょう。

マッチドットコム（Match.com）は、毎月3500万人の訪問者を持つ米国を代表するマッチングサイトで、イーハーモニー（eHarmony）などの競合他社を圧倒しています。[9] それでもイーハーモニーは繁栄しています。同社は、他社に比べてはるかに数の少ない候補者にアクセスするために、割高

図 9-2　セイムサイドネットワーク効果と
クロスサイドネットワーク効果

Ⓐ **クロスサイドネットワーク効果**：マッチング相手が増えるとWTPが増加
Ⓑ **セイムサイドネットワーク効果**：ライバルとの競争が増えるとWTPは減少

な料金を課しているほどです[10]。これは、イーハーモニーが基本的なサービスを欠いているためで、たとえば、サイトには検索機能がありません。そのため、ユーザーが1日に見ることのできる候補者数も制限されているのです。これがどうして成功のレシピになるのでしょうか。

イーハーモニーを理解するために、マッチングサイトがより多くの会員を獲得し始めたらどうなるかを考えてみましょう。会員数が増えるにつれて、WTPは反対方向に引っ張られます[11]。女性とデートしたい男性にとって、より多くの女性がサイトに参加すればするほど、WTPは上昇します。これは典型的なネットワーク効果です。プラットフォーム上の異なるグループ間のつながりを表すため、〝クロスサイドネットワーク効果〟（cross-side network effect）と呼ばれることもあります（図9－2）。これに対して、女性とデートしたい男性のWTPは、より多くの男性がサイトに参加するにつれて減少します。このように、〝セイムサイドネットワーク効果〟（same-side network effect）はマイナスとなります。

マッチドットコムのような巨大なサイトでは、何百万もの選択肢があり、競争は熾烈です。一方、イーハーモニーのような小規模なサイトでは、どちらの影響も緩やかです。選択肢と競争のバランスは好みのサイトを選択するのに役立ちます。

恋愛相手を見つけることがとても大切な人を考えてみましょう。この人は、献身的な関係性が築ければ最も幸せで、ふられることは特に苦痛です。この人にとっては、あまりライバルを寄せ付けないイーハーモニーがより良い選択となります。というのも、このサイトには検索機能がなく、毎日かぎられた相手としかマッチングしないからです。

では、交際してもしなくても、同じように幸せな人を思い浮かべてみてください。ふられることはまだ不快ですが、それほど重大なことではありません。このような人は、イーハーモニーを見て、「選択肢が少ないのにどうして高いお金を払わなければならないのだろう」と思うことでしょう。イーハーモニーの価格ポリシーが、好みのマッチングサイトを選ぶ際のポイントになっているのです。

献身的な関係を求めている人はイーハーモニーに群がり、サイトでの体験価値がさらに向上します。アンジェラGの説明は典型的なものです。

「私はイーハーモニーが大好きです。マッチドットコムや魚のプレンティ（Plenty of Fish）のような他のサイトでは成功しなかったのに、イーハーモニーでは……本当に結果が出たのです。このサイトは本当にぴったりの相手を探してくれます(12)」

ここでの重要な洞察は、すべての大規模なプラットフォームがさまざまなタイプの顧客にサービスを提供しているということです。ただし、かれらが互いに感じる魅力は、タイプによって異なります。お互いを高く評価し合う個人のための小さなプラットフォームを構築することは有望な戦略になるのです。
プラットフォーム参加者の互いの魅力の違いに注意を払わないと、重大な結果を招きかねません。Facebookより先に登場したフレンドスター（Friendster）というSNSを覚えているでしょうか。フレンドスターは非常に人気がありました。実際、あまりの人気ぶりに、登録を希望するすべての人にサービスを提供することができませんでした。というのも、ユーザー数の増加に対応するための技術的・資金的な余裕がなかったからです。「フレンドスターは、技術的な問題を抱えていました」と創業者のジョナサン・エイブラムスは振り返ります。「2年間、ウェブサイトにほとんどログインできませんでした[13]」

この苦境に対処するため、フレンドスターは新規ユーザーの登録を先着順とすることを決定しましたが、ユーザーが地理的に分散していたことを考えると、これは大きな間違いでした。フレンドスターは北米に多くのファンがいましたが、インドネシアでも人気がありました。インドネシア人をネットワークに加えたところで、ほとんどの米国人のWTPは上昇しませんでした。かれらにはインドネシア人の友人がいなかったからです。米国人ユーザーを増やすことは、インドネシア人の多くにとって無意味でした。

フレンドスターは、新規ユーザーを先着順で受け入れることで、ネットワーク効果を希薄化し、競争上の問題をさらに悪化させました。フレンドスターとFacebookを比較してみましょう。後者は、最初は1つの大学に、その後いくつかの大学に焦点を当てることで、強力なネットワーク効果を構築しました。Facebookが世界を席巻することになったのは、まさに初期の段階でその成長を制限し、メンバー同士がつながることを高く評価する小さなコミュニティを作り上げたからです。

インドのSNSであるシェアチャット（ShareChat）は、14の現地語でサービスを提供することで、同じ戦略を適用しています。「インドのネットユーザーにとって、現地語のコンテンツで情報を検索することは非常に困難です」と、共同設立者兼CEOのアンクシ・サクデワは説明します。「クオーラ（Quora）やレディット（Reddit）のようなプラットフォームは、英語圏のユーザーにはそれを解決してくれますが、インドの言語で整理された形式で利用できるものはありませんでした[14]」

小規模な現地言語とコンテンツに焦点を当て、Twitterが支援するシェアチャットは、1億6000万の月間アクティブユーザーを集め、インドではInstagramと同じくらいの人気を得ています[15]。

少数の顧客グループの相互の魅力を強化するために、サービスを巧みにセグメント化する企業もあります。たとえば、イスタンブールのマックアスレチッククラブ（MAC Athletic Club）は、3種類のクラブを提供しています。トップクラスのメンバーは、フィットネスのWTPが最も高く、特に魅力的な施設を利用するため、プレミアム料金が請求されます。また、MACは、同社のトップクラスの顧客と仕事をしたいと考えるパーソナルトレーナーに対してもプレミアム料金を課しています。フィットネスを非常に重視するメンバーとパーソナルトレーナーのマッチングは、双方にとって魅力的です。

ネットワーク効果の恩恵を受けるビジネスを構築しようとする場合、「かぎられた顧客にターゲットを絞る」というのは、最も直感的なアドバイスとは言えません。それにもかかわらず、これは良いアドバイスです。互いにつながることで最も恩恵を受ける、選ばれたユーザーグループにサービスを提供することで、はるかに大きなプラットフォームと互角以上に戦うことができる可能性が生じるのです。

ネットワーク効果の恩恵を受ける企業を研究し始めた当初、多くの投資家は、これらの企業が市場を支配する態勢を整えていると考えていました。そして、収益性を考慮せずに迅速に規模を拡大することが信条となりました。[16] このアプローチには、２つの理由から大きな欠陥があります。第８章では、ネットワーク効果が地理的な要因によって制限を受けることが多いことを説明しました。本章では、ネットワーク効果のある市場において、小規模なプレイヤーが生き残る方法を見つけ、競争力を維持していることを見てきました。

▼弱者は、規模に依存しない方法でＷＴＰを引き上げます。ネットワーク効果はＷＴＰを引き上げる１つの方法ですが、他にも多くの方法があります。これらの代替手段が多額の投資を必要としないかぎり、小規模な組織がそれらを利用するうえで不利になることはありません。

▼**弱者は無視されたグループに奉仕します。**ほとんどのプラットフォームは、特定のグループ（顧客またはベンダー）を優遇しています。冷遇されたグループにサービスを提供することで、意味のある差別化が可能になります。

▼**弱者は、互いのつながりを重視する少数の顧客グループに焦点を当てます。**ネットワーク効果の強さを表す一般的な指標であるユーザー数は、常に欠陥のある指標です。実際には、顧客はさまざまなグループとのつながりに対し、異なる価値を見出しています。支配的なプラットフォームは、最大のユーザー数を誇っています。しかし、小規模な企業でも、価値の高いつながりを重視したビジネスを構築することができます。

第3部

人材とサプライヤーの価値

——WTSを低下させる戦略アプローチ

第10章　聴こえている感覚

より魅力的な製品、補完製品、ネットワーク効果など、企業が支払意思額（WTP）を高める主な方法をこれまで明らかにしてきました。この章では、企業が従業員やサプライヤーに価値を生み出すことによって財務パフォーマンスを改善する方法について検討します。そのため、バリュースティックの下限に注目することにしましょう。

まず、従業員を見てみましょう。サービスは先進国の経済を支配しており、米国のGDPの約80％を占めています。サービスのコストと顧客にとっての価値は、従業員のエンゲージメントに大きく影響されます。では、有能でモチベーションの高い従業員を惹きつけるにはどうすればよいのでしょうか。従業員が仕事から得られる喜びや満足度は、報酬と売却意思額（WTS）との差になります。企業が従業員を雇用し続けるために必要な最低限の報酬しか支払っていなければ、報酬はWTSと一致します。企業は、報酬を増やすか、仕事をより魅力的にすることで、より良い結果を得ることができ

図 10-1　従業員満足度を高めるためのレバー

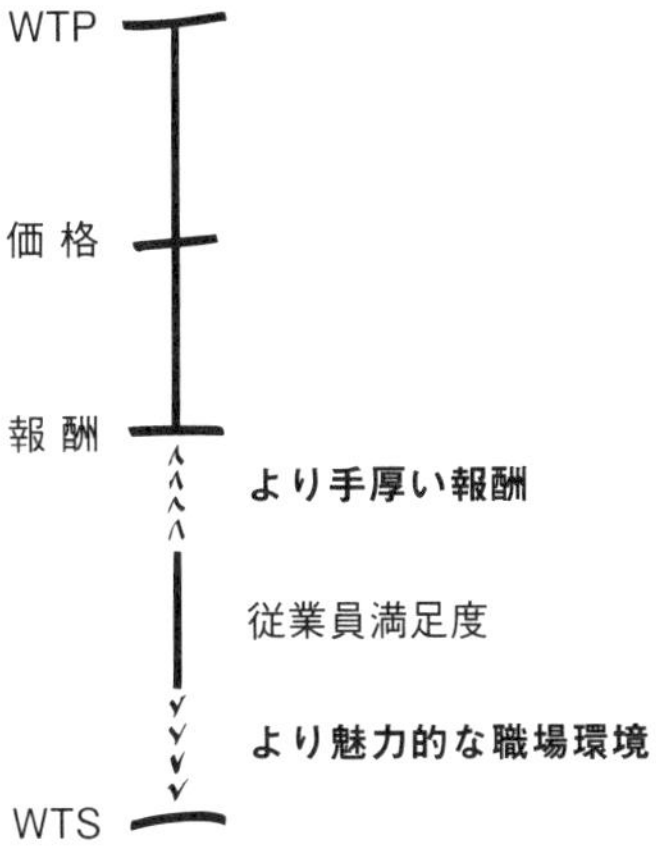

ます。

最初に、給与の引き上げと職場環境の改善は、どちらも同じ効果をもたらすように思われるかもしれません。つまり、従業員満足度の向上です。最終結果は同じかもしれませんが、2つの戦略には重要な違いがあります（図10－1）。報酬の増加は企業のマージンを低下させます。価値の創造はなく、再分配が行われるだけです。これに対して、より魅力的な職場環境は、その仕事に対して喜んで受け入れたいと思う最低限の報酬であるWTSを引き下げることで、「より多くの価値」を生み出します。

WTSを下げる方法を見つけた企業は、従業員満足度が高くなるだけでなく、その方法を特に高く評価する従業員を惹きつけることができます。たとえば、フロリダ州で病院と外来患者センターを運営するベイケア（BayCare）は、その研修のクオリティの高さで全国的に知られています[1]。その革新的なプログラムには、個別のラーニングマップやシニアリーダーとの定期的な交流が含まれています。ベイケアは、継続的なトレーニングや教育を重視する医療従事者にとって、特に魅力的な企業であることは言うまでもありません。

ウーバー（Uber）もまた、選択効果の恩恵を受けている企業の一例です。ウーバーは、乗客の身元を記録し、ドライバーが顧客を評価できるようにすることで、ドライバーの仕事をより安全なものにしました。その結果、ウーバーの女性ドライバーの数は、米国の一般的なタクシー会社の約2倍となっています。(2)

このような選択効果は、優秀な従業員を維持し、惹きつけるのに役立つのであれば、特に価値があります。ご存知のように、このような人材は決定的な違いを生み出すことができます。百貨店のノードストローム（Nordstrom）では、優秀な販売員は平均的な販売員の8倍もの売上をあげています。アップル（Apple）の優秀な開発者は、ハイテク業界の平均的なソフトウェアエンジニアの9倍の生産性を誇っています。(3)報酬の高さだけで優秀な人材を獲得している企業では、このような選択効果は弱くなります。なぜだと思いますか。それはみんなお金が好きだからです！

報酬重視の人材戦略では、それほど強力な選択効果をもたらしませんが、もちろん、お金の持つ普遍的な魅力が強みになることもあります。しかし、特に給与の高い従業員にとっての報酬アップの魅力は、過大評価されがちです。ドイツの鉄道会社であるドイツ鉄道（Deutsche Bahn）が、従業員に2・6%の賃上げ、1時間の勤務時間の短縮、年間6日の追加休暇のいずれかを選択させたところ、58%が1週間の追加休暇を選択しました。(4)時間とお金を交換する機会は、特に先進国や若い従業員の間で人気が高まっています。(5)＊1

職場環境の改善につながるすべてのイニシアチブが価値を生み出します。しかし、そのプログラムが高価なものであれば、企業がその価値を獲得することはより困難になります。なぜなら、WTSが低下するにつれてコストが増加するからです。この章では、企業が人材から価値を創造し、同時にそれを獲得するために採用しているメカニズムを探ります。

より良い職場環境を作る

マリアン・カマチョは、クエスト・ダイアグノスティクス（Quest Diagnostics）のコールセンターに初めて足を踏み入れたとき、大勢の人がただ待っていることにすぐに気づきました。[6]その日の遅くに、その緊張した面持ちの人たちは、50人ほどの新人カスタマーサービス担当者であると聞かされました。

臨床検査業界のリーディングカンパニーで、売上高80億ドル近いクエストの上級役員であるカマチョは、「400人いるコールセンターに50人もの新人担当者がいるのか」と困惑したのを覚えています。カマチョはすぐに、同社がスタッフの高い離職率に悩まされていることを知ります。60％の担当

＊1　貧困層の労働者の間では、依然として報酬が最優先事項です。たとえば、中国の移民労働者の80％が離職の理由として「低賃金」をあげています。

者が1年目で退職し、そのためクエストには年間5000万ドル以上の費用がかかっていました。さらに悪いことに、離職率が高いとサービスも悪くなり、顧客まで失ってしまうこともあったのです。

クエストのコールセンターで働くことは決して簡単なことではありません（2020年の世界的なパンデミックでさらに難しくなりました）。毎日、850人の担当者と50人のスーパーバイザーが約5万5000件の電話に対応しますが、そのほとんどが患者の検査結果に関連するものです。医師や病院との会話は専門的なものが多いため、担当者には検査手順とクエストの3000種類におよぶ診断テストに関する基本的な知識が求められます。新入社員には6週間の座学研修があり、研修後2週間はベテラン社員と机を並べて仕事をすることが義務付けられています。

カマチョがクエストに入社した2015年の初任給は時給13ドルで、当時は他のコールセンターと比較してわずかに高いものにすぎませんでした。当時、クエストでは、通話待ち時間や1時間当たりの通話完了数などの指標でパフォーマンスを測定していました。成績の良い担当者は、1年目から2・5%の昇給を受けることができました。このインセンティブにもかかわらず、通話のクオリティは依然として低く、医師や患者はしばしば不満を感じていました。

カマチョの役割を想像してみてください。このコールセンターをどう立て直すのでしょうか。コストを下げ、顧客のWTPを高めることで、クエストの競争優位を生み出すことができるでしょうか。実際には、このコールセンターは、カマチョのリーダーシップの下で大きな変革を遂げました。離職率は34%から16%に低下し、無断欠勤は12・4%から4・2%に下がりました。60秒以内に応答する電話の割合は50%から70%に上昇しました。初回電話応対率や時間当たりの通話数も増加しました。

この変革の要は、魅力的な労働環境にあることは言うまでもありません。より良い職場環境を作るために、カマチョとそのチームは、多くの組織で成功を収めているプロセスに従ったのです。(7)

クエストの変革

⦿悪循環を断ち切る

クエストは悪循環に陥っていました。コールセンターのパフォーマンスが悪いと離職率が高くなり、従業員に投資することも難しくなります。この悪循環を断ち切ることが、カマチョには必要でした。そこでカマチョは、社員の基本給を上げ、勤続年数や職務遂行能力に応じたインセンティブを導入しました。また、コールセンターの従業員には明確なキャリアパスを設定し、長期的な視野を持たせるようにしました。また、毎月の人事考課では、スーパーバイザーが担当者1人ひとりのパフォーマンスや個人的な目標、キャリアについて話し合いを始めました。

⦿高い期待

カマチョは、自分が高い期待を持っていることをはっきりと示しました。彼女はコールセンターの業績評価指標を拡大し、より厳格な出勤方針を制定しました。「このまま成績不振者を放置しておくわけにはいきません。チームにとっての癌になるからです」と彼女は説明しています。(8)

⊙仕事をより簡単にする

仕事をより簡単にするために、同社はセルフサービスのオプションを増やし、通話量を10％削減しました。また、各チームに専門家を配置することで、より深い技術的な専門知識を提供しました。

⊙能力開発

離職率の減少に伴い、研修はより有意義なものとなり、クエストはその焦点を顧客に合わせました。クエストの研修担当者は、「以前は、研修は仕事の機能に重点をおいていました」と言います。「いまは、仕事のやり方の背後にある『なぜ』を追求するトレーニングができています[9]」

従業員は、新しく設立されたクエストマネジメントシステム（QMS）チームのメンバーになることを申請することができます。このチームには、継続的改善手法の専門知識を持つメンバーが集まっており、この点に関して社内で中心的なリソースとなります。QMSへの応募には、7つのプロセス改善を提案する必要があります。

チームに受け入れられた場合、かれらはExcel、データ収集、根本原因の問題解決、ガントチャート、ミーティングや変革の管理方法などを教わることができます。コールセンターチームもプロセス改善の提案と実行を担当する〝モデルポッド〟(model pods）となります。

「スーパーバイザーの1人ひとりが投資とトレーニングに意欲的で、自分たちにもモデルポッドの仕事ができると信じ、私たちを驚かせました」とカマチョは振り返ります。「私のスタッフは涙を流しながら、『かれらが、こんなことができるなんて知らなかった。いま見たものは信じられません』と言っていました。私は、『機会さえ与えれば、人はやるときはやるものです』と応えました[10]」

⦿変革を現実のものにする

ＱＭＳチームとモデルポッドは、仕事をより簡単に、より効率的にする方法をすぐに発見しました。バイリンガルの担当者は、発信者の優先言語の事前通知を受け取り、各通話で約20秒節約できます。担当者は、中央に配置されたファックス機を使用するために席を立つのではなく、デスクトップからファックスを送信します。医師が呼び出されたときは、通知には患者ＩＤが含まれているため、電話をかけ直したときに関連する検査結果を簡単に引き出すことができます。モデルポッドで考案された優れたアイデアは、すぐにシステム全体に導入され、目に見える変化と勢いを生み出しました。

また、フロントライン・アイデア・カード（ＦＩＣ）からも貴重な提案があります。ゼイネップ・トン教授は、クエストの改革を研究した際、コールセンターの担当者にインタビューを行いましたが、その多くがこのカードに特に熱心でした。ある人は、一般的な反応について「ＦＩＣは最も重要な変化です……それは次のように言うことができます。『私たちを助けてくれるだれか、何かが必要です。ツールやプロセスを導入する必要があります』と。そして、私たちは、そのような変化の支援に関わることができるのです」と説明しています。別の担当者は、こう言います。「ＦＩＣ以前は、自分のアイデアが聞かれているとは感じませんでした。だれかに何かを言うことはできても、それはどこにも行きませんでした。いまは、経営陣が私たちのアイデアや気持ちを気にかけてくれているように感じます[11]」

◉オーナーシップの転換

クエストのボトムアップ・アプローチでは、継続的な変革の責任を個々の担当者やチームに意図的にシフトしています。モデルポッドは、毎日のハドル会議に集まります。チームのスーパーバイザーが選んだ担当者が主導する短い会議です。トン教授は次のように述べています。「当初、担当者は何をすべきかわからなかったが、時間が経つにつれて、ハドルはより構造化されたものになりました。メンバーは、業績指標、改善のためのアイデア、現在のプロジェクトについて話し合いました」[12]

◉進捗状況の認識

クエストでは並外れたパフォーマンスには、たとえば、6％のボーナスプールを設けるなど、金銭的な報酬を与えるだけでなく、より象徴的な方法で成果に報いています。顧客から賞賛された従業員には「WOWコール」が贈られます。また、100クラブのメンバー（モニタリングされた通話で完璧なパフォーマンスを達成した担当者）は、無料のスナックを受け取ります。インパクトのあるFIには、ささやかなプレゼントが贈られます。

クエストでの変革を研究しているトン教授は、彼女が「グッドジョブ戦略」と呼ぶものを同社が教科書的に適用していることを高く評価しています。「この戦略は、従業員への投資と、従業員の生産性、貢献、モチベーションを高める4つの業務上の選択を組み合わせることで、優れた価値を生み出しています。これらの選択は、集中と簡素化、標準化とエンパワーメント、クロストレーニング、余

裕のあるオペレーションです」(13)

WTSと生産性

クエストの変革について、特に興味深い点を2つあげることができます。第1に、どの変革も画期的で前代未聞のイノベーションでは決してないということです。サービスクオリティの研究者であればクエストが歩んできた道のりの多くを容易に理解することができるでしょう。この組織を変革するために必要だったのは、より魅力的な職場環境を作るための慎重かつ思慮深い試みであり、WTSを大幅に引き下げることを約束するアプローチでした。WTSを減らし、報酬を上げることで、従業員満足度を高め、その結果、離職率を著しく低下させることができたのです。

第2に、クエストの変革は、WTSの変化がコストの変化につながることを示しています。クエストは、コールセンターの担当者の生産性を向上させたことで、かれらの報酬を増やし、「同時に」支出を抑えることができました。[*2] クエストの財務データによると、1通話当たりのコストは変化していません。つまり、同社は生産性の向上で生み出された価値のすべてを、仕事を効率化する方法を考え

*2　バリュースティックは、アウトプット1単位（クエストの場合、1通話）に対して描かれます。生産性が上がれば（たとえば、通話時間が短くなれば）、1通話当たりのコストとWTSは減少します。直感的には、最低限必要な報酬であるWTSは、労働時間が短ければ短いほど低くなります。たとえば、20回の通話のために出勤してもらったとして、仕事が1日ではなく半日で終われば、WTSは低くなります。

図 10-2　生産性の向上は WTS を低下させ、WTP を増加させる

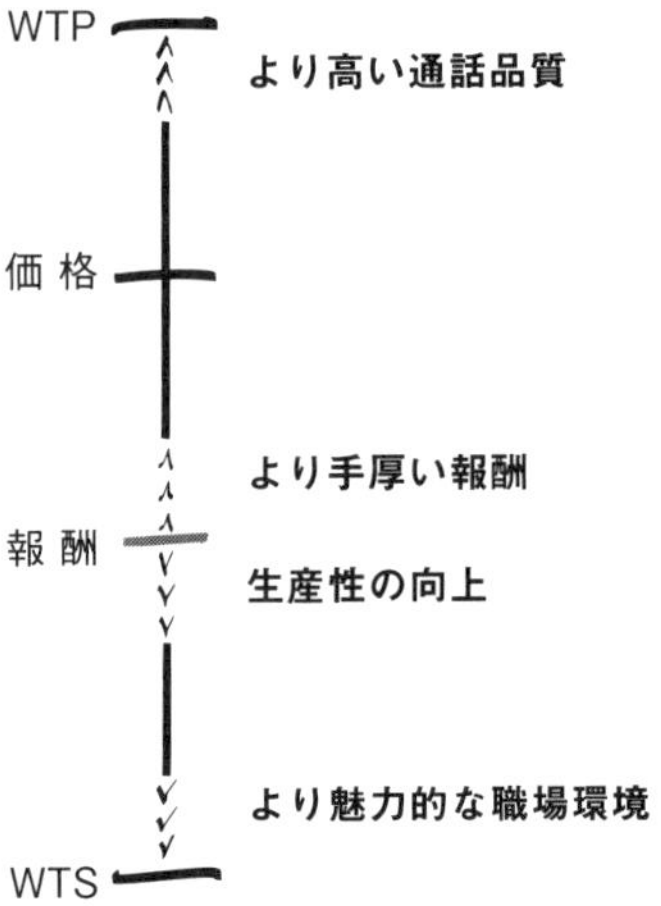

出した従業員に転嫁したのです（図10－2）。

多くのサービス業で見られるように、職場環境の改善はサービスのクオリティと顧客のWTPにも影響を及ぼしました。「私の営業チームから、『あなたのコールセンターがこの関係を台無しにして、私は100万ドルのビジネスを失ったばかりだ』という電話やメールが来ることは完全になくなりました」とカマチョの上司であるジム・デイビスは言います[14]。正確に測定することは難しいですが、通話クオリティの向上は、クエストの変革によって担当者の職場環境と給与が改善され、会社のパフォーマンスが向上し、あらゆる面で幸福を生み出したことを示唆しています。

知恵の女神ムーサよ、教えてください、さまざまな方法を……

WTSを減らす方法は無数にあります。このような機会を見出すためには、組織の業務、活動に精通し、従業員がそれらにどのような喜びや課題を感じているのか、ルーティンの変更にどのように反応するのかについて、ある程度詳細に理解することが必要です。

WTPを高める方法を見つけるには、顧客を深く理解する必要があるように、WTSを低くする方法を特定するためには、スタッフやそのワークライフに熟知していることが前提となります。第4章のWTPの考察で見たように、製品や売上に焦点を絞ることは、顧客体験全体を考慮に入れた場合と比べて役に立たないことがよくあります。同じことがWTSにも当てはまります。

仕事をより魅力的なものにすることは、プロセスを最適化することよりもはるかに幅広い取り組みです。なぜなら、仕事とは、私たちが毎日行っている狭い範囲での活動以上のものだからです。仕事には、フィードバックの口調、同僚との談笑、困難なタスクに直面したときに感じる不安、通勤、カフェテリアでのメニューの選択、朝、服を着るときの喜び（または恐怖）などが含まれます。そして、仕事のこれらの側面のいずれかを改善することができます。

13万5000人の従業員を抱え、その多くがパートである衣料品小売企業、ギャップ（Gap）について考えてみましょう[15]。スタッフの満足度を高めるには、通常、平均以上の給与を出し、研修を充実させ、店長がより効果的に従業員のやる気を引き出せるようにするのが普通です。しかし、ギャップは、小売業者があまり関心を払わない、しかし、パートの従業員にとっては非常に重要である「予測可能で一貫した勤務時間」という仕事の側面を改善しようとしたのです。

小売業では、パートタイム従業員の80％が、週ごとに勤務時間が変わると回答しています。しかも、その変動は非常に大きなものです。平均労働時間が40％も変動することはめずらしくありません。さらに、小売業の従業員の３分の１以上が、スケジュールを聞かされるのが１週間前かそれよりも直近になっており、事前に計画を立てることが難しくなっています。[16]

販売スタッフの生活を改善するために、ギャップは労務管理の専門家チームと協力しました。かれらはサンフランシスコとシカゴで無作為に選ばれた店長たちに、４つの変化を起こすよう求めました。すなわち、勤務シフトの開始時刻と終了時刻を標準化し（これらは予想される来店客数に応じて、日ごと、週ごとに変化していました）、毎週同じシフトで従業員をスケジュールし、中心となるスタッフには少なくとも20時間の勤務時間を確保し、特別に開発されたアプリ、シフトメッセンジャーを使用して、従業員同士が勤務シフトを交換できるようにしたのです。[17]

その結果はどうなったでしょうか。この10カ月間の実験に参加しなかった店舗と比較して、労働生産性は６・８％向上し、売上はほぼ３００万ドル増加しました。シフトメッセンジャーは特に役に立ちました。この実験の過程で、従業員の３分の２がそれを利用し、５０００件以上のシフトを交換しました。このアプリのおかげで、従業員が嫌がっていたシフトを店長が引き受け、従業員の収入に予想外の変化をもたらすことなく効果的に人員を削減することができました。[18] このギャップの施策は、労働生産性を向上させただけでなく、従業員からもウェルビーイングの向上と睡眠の質の改善が報告されました。[19]

ギャップの実験は、小売業以外の業界にも当てはまる重要な教訓を教えてくれます。ＷＴＳは、仕事に関連するすべての活動を反映しています。ワークライフを包括的に理解することで、従業員満足度を高める多くの機会が明らかになるでしょう。

相場の報酬を支払う

私は、企業が価格を設定するために使用するルールに強い関心を持っています。マーケティング担当役員と会話するとき、私はいつもその企業の価格設定ポリシーについて質問します。すると、「プレミアム価格」「価格リーダーシップ」「バリューベース価格」などという言葉が返ってきます。人事担当者に報酬ポリシーを尋ねると、必ずと言っていいほど「私たちは相場の報酬を支払います」という答えが返ってきます。

この対比は面白いものです。製品やサービスの価格を決めるとき、私たちは「違い」という観点から考えます。高級品にはプレミアム価格、中級品にはディスカウント価格、というのは常識的に理解できます。2つの製品がまったく同じであることはなく、価格にはその違いが反映されます。ネスレ(Nestle)がコモディティである水をプレミアム価格で売ることができるのなら、消費者の心のなかで差別化できない製品などほとんどないといっていいでしょう。

しかし、仕事は違うようです。人材獲得について考えるとき、私たちの出発点は、仕事はコモディティであり、どの企業でもほぼ同じであるということのようです。だから、「相場の報酬を支払う」、つまり、ほぼ同じ(と思われる)仕事に対して同じような報酬を提供することが必要なのです。なぜ、

図10-3　市場における同一職種の賃金の差

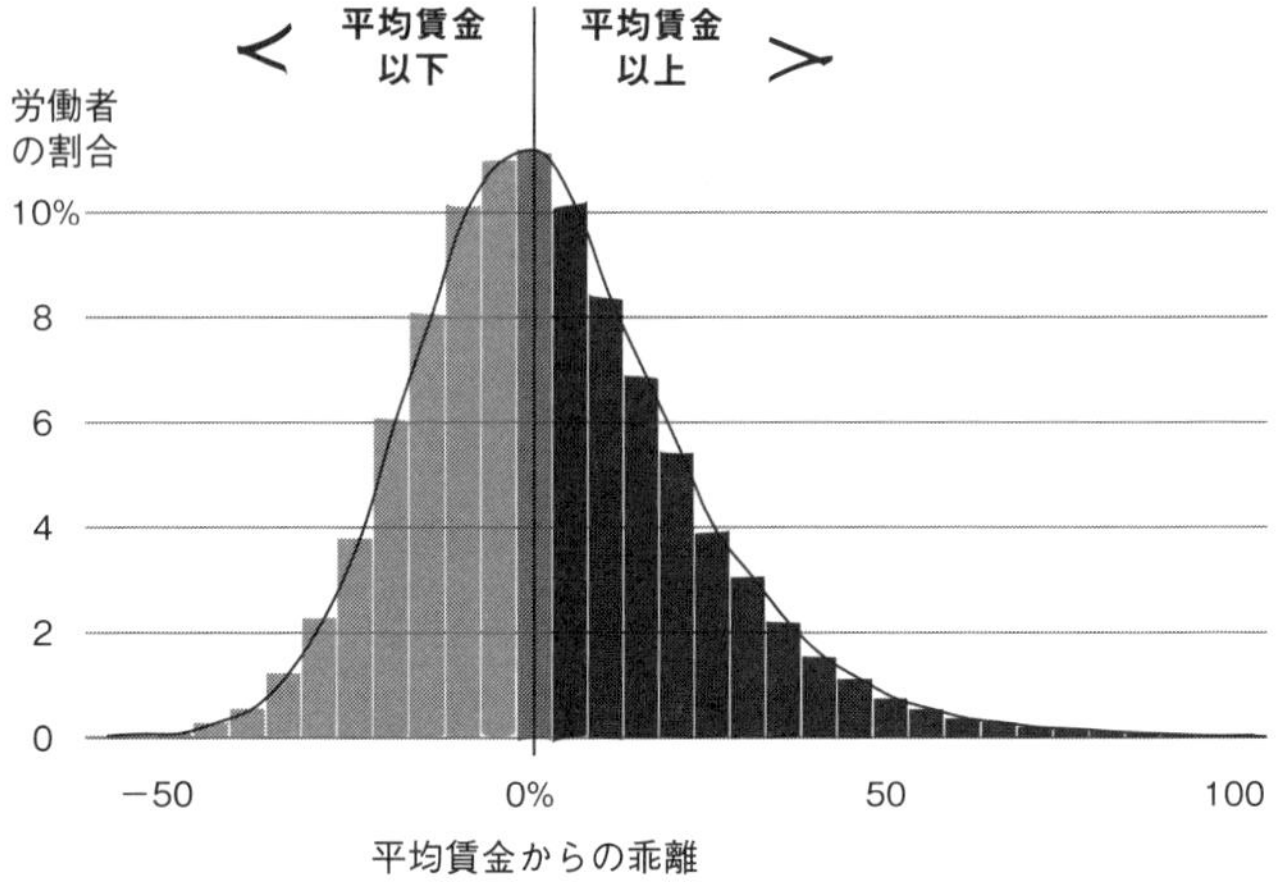

製品と仕事について、これほどまでに異なる見解を持っているのでしょうか。水を差別化できるのであれば、仕事や仕事の体験も差別化できるのではないでしょうか。そして、その違いは、報酬ポリシーにも反映されるべきではないでしょうか。

データは、そのような違いが存在することを示しています。米国の報酬パターンは、同じような仕事でも、企業が支払う給与が大きく異なることを明確にしています。図10－3は、同じ職種で、地域における平均よりも高い賃金と低い賃金を得ているワーカーの割合を示したものです[20]。

そのばらつきは非常に大きいことがわかります。図10－3が示すように、ゼロの線で示した平均賃金より20%高い企業もあれば20%低いところもめずらしくありません。もちろん、このような差の原因はさまざまです。同じ職種の従業員でも、教育水準や経験、仕事へのコミットメントなどは多種多様です。企業には、さまざまな経営のプラクティスや文化があります。さらに、企業によって、個人と職務要件とのマッチングのクオリティが大きく異なることがあります。

報酬の変動要因として、従業員の能力、企業の特性、両者のマッチングの3つを識別した研究によると、その変動の20％（米国）～30％（フランス、ブラジル）が企業の特性によるものであることがわかりました。[21]企業がライバルよりはるかに低い報酬しか支払っていないにもかかわらず、まったく同じクオリティの人材を惹きつけることができるのかという疑問に対し、このデータはそれが事実だと明確に示しています。どのようにそれができるのでしょうか。それは、従業員のWTSを低下させるようなイニシアチブに投資することによってです。

人材獲得市場で競争力を高めるために、企業は競合するオファーに〝マッチング〟する必要があります。しかし、マッチングとは、同じ報酬を支払うこと（「相場払い」）を意味するのではありません。マッチングとは、従業員に対して、競合他社と同じだけの価値（報酬とWTSの差）を創出することを意味します。

図10－4が示すように、価格を設定するロジックは、報酬を設定するロジックと同じです。バリュースティックの最上位にある企業は、WTPを高めるためにプレミアム製品を提供します。そして、プレミアム価格を設定することで、その余分な価値を分け合います。価格の上昇がWTPの上昇よりも小さいかぎり、顧客と企業の両者が得をします。バリュースティックの下限では、企業はより魅力的な職場環境を作り出し、WTSを引き下げます。そして、報酬を減らすことで、この価値を分け合います。WTSの減少が給与の減少よりも大きいかぎり、従業員と企業の両者がより良い状態になり

図10-4　価値を増やし、分け合うためのレバー

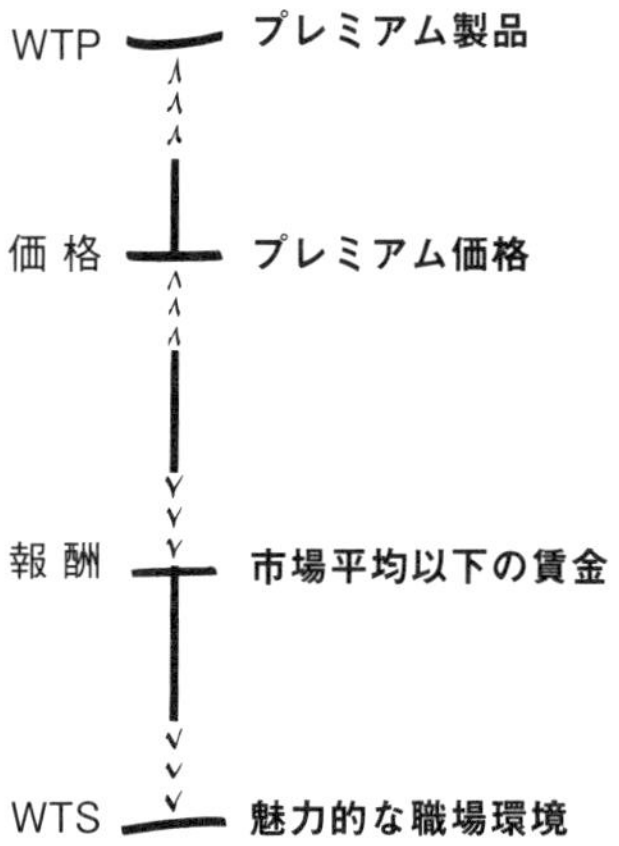

ます。

ここで興味深い疑問が残ります。価値創造と価値獲得のロジックがバリュースティックの両端において同一であるなら、プレミアム価格を奨励することと、報酬の減額を主張することとは、なぜそんなに違うように感じるのでしょうか。マーケティング担当者と人事担当者が価格設定ポリシー（実際にはかなり類似している）を、なぜこのように異なる用語で説明するのでしょうか。私には２つの推測があります。

▼パワー

従業員や顧客は、大きな価値創造（高いＷＴＰ、低いＷＴＳ）が、より限定的な価値獲得（プレミアム価格や報酬の削減など）に先行する場合、より良い結果を得ることができます。しかし、そうなる保証はありません。企業がＷＴＰを高めることなく価格を上げれば、顧客は不利益を被ります。職場環境が改善されないまま報酬が減額されれば、従業員は損害を受けます。企業が価値を高めることなく、価値を獲得しようとする場合、顧客と従業員に対する結果は大きく異なります。顧客には簡単な解決策があります。単に購入しなければよいのです。しかし、従業員にとっては、状況はより困難です。私たちの多くは仕事を必要としています。たとえ、仕事にやりがいを感じられないため離職したとしても、経済的な負担が大きく、精神的に辛いことが多いのです。

ウォルマート（Walmart）はその顕著な例です。政治家が同社に「飢餓賃金」を支払っていると非難するとき、かれらの感覚では、低賃金は企業の交渉力を反映しているということです。WTSを引き下げるコミットメントとして低賃金を捉えていないのです[22]。

▼**経験**

仕事に対する満足度は、時間の経過とともに変化したでしょうか。ほぼすべての人の答えは「イエス」です。WTSの多くの構成要素は経験に依存しており、新しい仕事と企業文化を学ぶには時間がかかります。初めて大きな失敗をしたら、どうなるのでしょうか。会社は、次の昇進の際にあなたを考慮するという約束を守ってくれるでしょうか。相場より低い報酬は、即座に確実に評価することができます。しかし、より魅力的な職場環境は、時間をかけて実感できるものであり、新しい仕事を受諾するかどうかを決定する際に評価するのは困難です。

WTSの削減によって人材を獲得することが、（有望であるにせよ）厳しい戦略である理由は、パワーと経験の2つです。この戦略を検討するのであれば、次の4つの提案があります。

◉具体的であること

より良い職場環境を提供することで人材を獲得しようとする場合、WTSを下げる方法を具体的に示してください。「当社には素晴らしい文化があります」というのは真実かもしれませんが、求職者がそれを確認するのは困難です。より確実な方法を考えましょう。応募者に1日出社してもらい、職場環境を体験してもらっていますか。現職の社員と個人的に話をさせることはできますか。元社員に相談することは可能でしょうか。

◉予測可能であること

予測可能な方法でWTSを低下させるイニシアチブに重点をおいてください。たとえば、フレックスタイムや在宅勤務はわかりやすいし、そのような福利厚生にコミットするのも簡単です。新型コロナウイルス以前の調査によると、リモートワークを選択した（そして許可された）社員は、当然のことながら、仕事に満足し、組織へのロイヤルティが高いことが示されています[23]。

◉創造的に分け合うこと

従業員と価値を分け合うためのさまざまな方法を検討してください。報酬の削減は、職場環境の改善から価値を得る多くの方法の1つにすぎません。たとえば、学費補助を提供している企業は、より高いスキルを持つ従業員を惹きつけることで、そのポリシーのメリットを享受しています。[24] クエストの事例では、同社は生産性の向上という形で価値を分け合いました。

◉既存のベネフィットを拡大すること

仕事の快適さを高めるか（たとえば、メンタリングの改善）、あるいは不快さを減らす（たとえば、騒音を減らす）ことによってWTSを下げることは、同じ効果があると思われるかもしれません。2つのイニシアチブが同様の価値を生み出す場合、それらは同じように望ましいものになるでしょうか。通常はそうではありません。従業員がどのように仕事を選んだかを考えてみましょう。

騒音の多い職場環境で仕事を引き受けた人は、騒音に敏感ではない可能性があります。したがって、騒音を減らすことは、その場合にはほとんど意味がありません。一方、いまのメンター制度がメンターシップに関心のある従業員を惹きつけている場合、その改善はより大きな可能性を秘めています。原則として、既存のベネフィットを拡大することのほうが、問題点を改善するよりも有効です。

私の経験では、バリュースティックを構成する4つの要素のなかで、WTSは最もわかりにく

いものです。しかし、この章の例が示すように、仕事をより魅力的にしてWTSを下げることは、従業員と企業に価値を生み出す強力な方法です。以下の考え方は特に重要です。

▼**仕事をより魅力的にすることは、ロケット工学のようなものである必要はありません。**従業員意識調査を参考にしてください。クエストのように、従業員は仕事を快適にするためのアイデアをたくさん持っていることがわかります。そのなかで、生産性を高めることができるものを選んでください。

▼**WTSを減少させるための魅力的な機会を見つけるには、仕事が従業員の生活にどのように関わっているかをよく理解する必要があります。**ラッシュアワーの時間帯を避けた快適な通勤は、業務プロセスの改善と同じくらい価値があるかもしれません。

▼**WTSを減少させるイニシアチブは、従業員の満足度を高めるだけでなく、強力な選択効果を生み出します。**人材獲得競争において、従業員が自社のWTSを引き下げる方策を評価している場合、有利な立場に立つことができます。

▼**WTSを減少させる方法を選択する際には、期待される選択効果が事業目標に貢献するものかどうか検討してください。**たとえば、グーグルが米軍のための儲かる仕事や中国向けの検

索エンジンの開発をあきらめたのは、それらのプロジェクトが、そもそもかれらをこの組織に惹きつけた価値観と矛盾していると同社の社員が抗議したからです[25]。同社が行動規範から「Don't be evil」（邪悪になるな）を削除して時間が経っていたにもかかわらず、従業員の選択効果は、軍事契約と従業員の熱意の継続のどちらかを選択するようグーグルに迫ったのです。後者のほうがより重要であることが証明されました。

▼**ＷＴＳの低下に成功した企業は、多様な形で生み出された価値を享受することができます。**ある企業は市場価格を下回る報酬を提供し、ある企業は高いロイヤルティとエンゲージメントを享受し、ほとんどの企業はより多くの求職者を獲得しています。

第11章　ギグと情熱

デジタル技術によって、企業は斬新な方法で人材を獲得することができるようになりました。特に、柔軟性の向上は、価値創造のための新たな道を開きます（図11‐1）。たとえば、多くの従業員は、希望する勤務時間で働くことができていません。最近の英国の調査では、男性の3分の1、女性の4分の1が勤務時間の短縮を希望しています。また、約6％の人が「もっと働きたい」と回答しています[1]。

デジタル技術は、このようなミスマッチを回避するのに役立ちます。極端な例では、ワーカーとタスクを組み合わせたデジタルプラットフォームが、完全な柔軟性を実現します。タスクラビット（TaskRabbit）のメンテナンス作業員、トップコーダー（Topcoder）のソフトウェアエンジニア、アマゾン・メカニカルターク（MTurk）のデータ入力担当者、イノセンティブ（InnoCentive）の科学者は、好きなときに自由に働くことができます。

図11-1　ギグと情熱

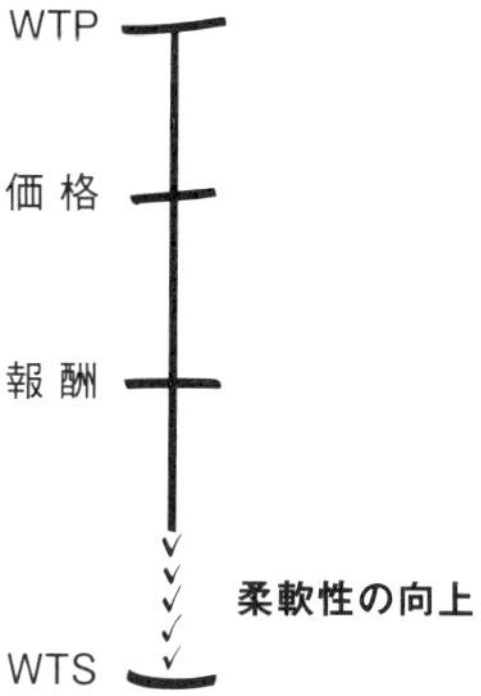

個人が時間を選択できるようになれば、どれだけの価値が生み出されるでしょうか。[2] ウーバー（Uber）が良い例です。ギグワークではよくあることですが、ドライバーはほとんど制限なくアプリに出入りできます。価格が特に高い、最も儲かる時間帯だけを選ぶ人もいます。また、本業の収入が少ないときに運転するドライバーもいます。[3]*1

M・キース・チェン教授とその共同研究者は、20万人のウーバー・ドライバーの売却意思額（WTS）を計算し、ドライバーと時間によって大きな違いがあることを発見しました。[4] 例として、図11－2は、フィラデルフィアの夜間の時間帯のドライバー100人のWTSを示しています。[5]

黒い点は、各ドライバーの平均的なWTSを表しています。縦線は、この人のWTSが時間とともにどの程度変化するかを示しています。図11－2の左端のドライバーを見てください。かれの平均WTSは1時間当たり70ドルを超えていますが、40ドル未満（10パーセンタイル）から100ドル超（90パーセンタイル）まで幅があります。図中の横線は、ドライバーがこれらの夜の時間帯に運転した場合の収入を表してい

図 11-2　フィラデルフィアのウーバー・ドライバー 100 人の WTS（夜間時間帯）

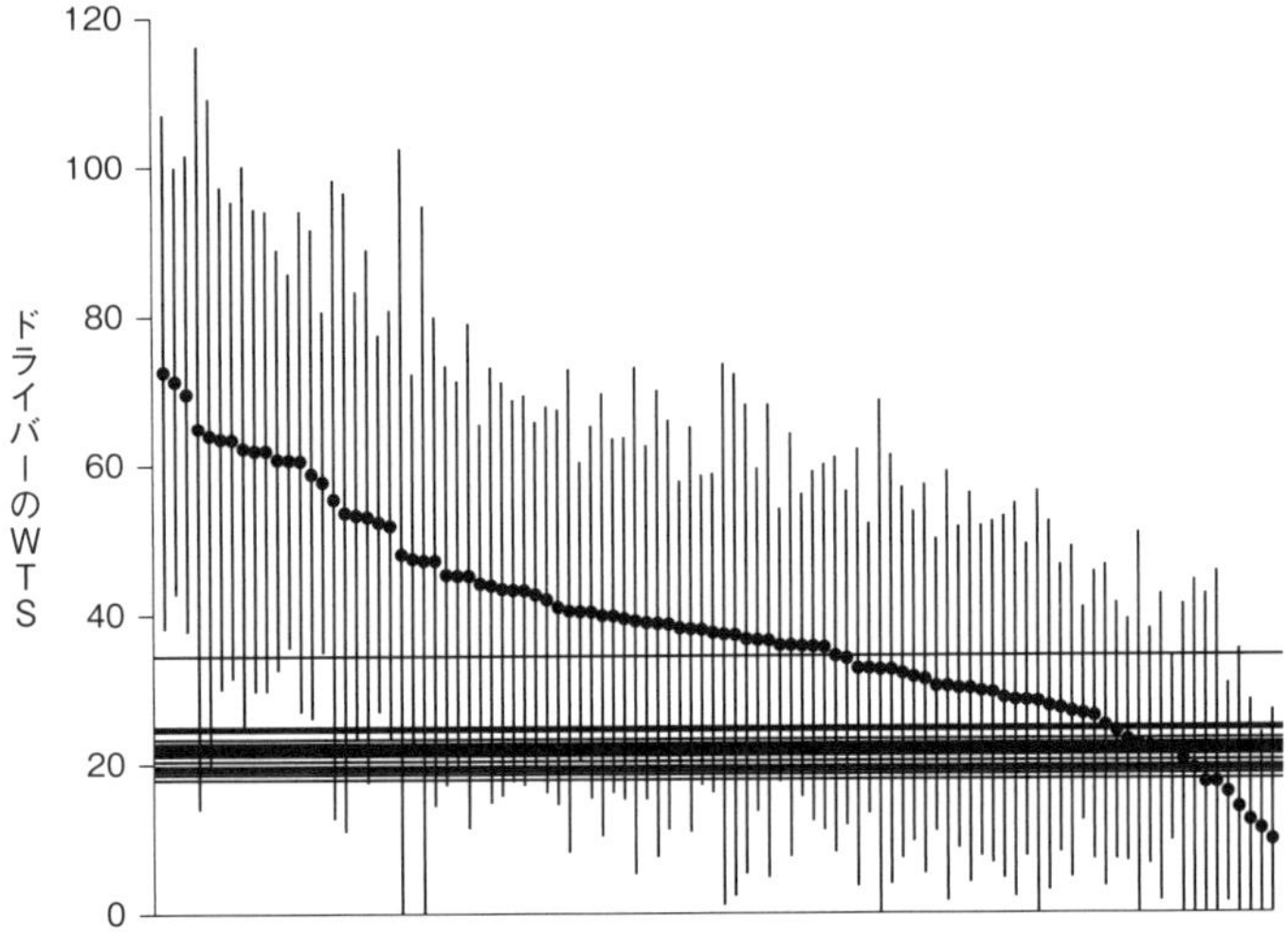

ます。ドライバーの収入は、1時間当たり20ドル前後で推移しています。*2

この場合、最初のドライバーは夜間に働くことはありません。かれのWTSは常に時給を上回っています。実際、この人は夜間に働きたくないという気持ちが強いようで、平均的な夜間では、時給70ドル以上なければ仕事をしてもらうことができません。子どもの世話をしたり、夜の身の安全を心配したり、配偶者が夜に自家用車を利用したりするかもしれません。夜間に仕事をするドライバーは、図11－2の右端に示されています。平均して、かれらのWTSは11・67ドルです。

縦線は、一般的なワーカーが労働時間を選択する能力をどの程度重視しているかをよく表しています。完全な柔軟性があれば、ドライバーはWTSが時給を下回るときだけ働きます。柔軟性のない仕事、たとえば、タクシーの運転手の固定シフトと比較してみましょう。このドライバーは、WTSが報酬よりも大きいときに働かなければならないことがあり、この場合、価値は失われています。また、WTSが時給を下回るときに運転できなければ、価値を生み出す機会を逃していることになります。

チェン教授とその同僚の計算によると、ウーバーと柔軟性のないタクシーとの差は、週当たり135ドルになります(6)。つまり、柔軟性は6・7時間運転するのと同じだけの価値を生み出しているのです。

オンデマンドのフレックスタイム

フレックスタイム制のメリットを認識しているのは、ウーバーのようなデジタルプラットフォームだけではありません。フレックスタイム制は多くの企業で導入されています。私たちはすでに、ギャップ（Gap）のシフトメッセンジャーがスタッフの勤務時間の交換を可能にした例を見てきました。その他のフレックスタイム制としては、タイムシフト、マイクロアジリティ（子どもの学校劇への出

＊1　米国では、ライドシェアのドライバーのうち、運転で収入の大半を得る人は3分の1にすぎません。
＊2　1時間当たり20ドルは、ドライバーの純利益ではありません。この20ドルから、ガソリン代などの営業経費を支払わなければなりません。

席など、一部の時間を自由に移動できる制度)、パートタイム勤務、時短勤務制度(フルタイム勤務だが日数は少ない)、最小出張期間、ジョブシェアリング、有給休暇やサバティカルなどの長期休暇、さらにはデロイト・トウシュ・トーマツ(Deloitte)のマスキャリア・カスタマイゼーション・プログラムのような自分のキャリアを「ダイヤルアップ」「ダイヤルダウン」できる制度があります[7]。

世界中の750社を対象とした最近の調査では、60%の企業が、一部の社員が勤務開始時刻と終了時刻を選択できるようにしていると回答しています。3分の1は時短勤務を導入していました[8]。世界的な新型コロナウイルスのパンデミックによって、このような柔軟な働き方へのシフトが加速化される可能性は高いと思われます。

企業は大きな進歩を遂げましたが、多くの企業で柔軟性を求める声に現状では応えきれていません。人事関連の新興企業であるワーク(Werk)の共同CEOであるアニー・ディーンとアンナ・アワーバックとがホワイトカラー専門職1500人に職場の柔軟性について尋ねたところ、その回答から企業のプログラムと専門職の希望との間に大きな隔たりがあることが明らかになりました[9](図11-3)。

さらに大きな課題は、フレックスタイム制が受け入れられるかどうかです。フレックスタイム制の導入は最初のステップですが、従業員が実際に利用するかどうかは別の話です。専門サービス企業がその好例です。ほぼすべての企業にフレックスタイム制がありますが、ほとんどの社員はそれを利用していません[10]。その主な理由は、コンサルタントや銀行員がフレックスタイム制を要求することは、自分のキャリアを傷つけると考えるためです。あるラインのマネジャーは次のように指摘します。

「この会社の文化は、自分の人生と魂を銀行に捧げるというものだからです。そうやって、トップの

図 11-3　職場における柔軟性のギャップ
（ホワイトカラー専門職の調査）

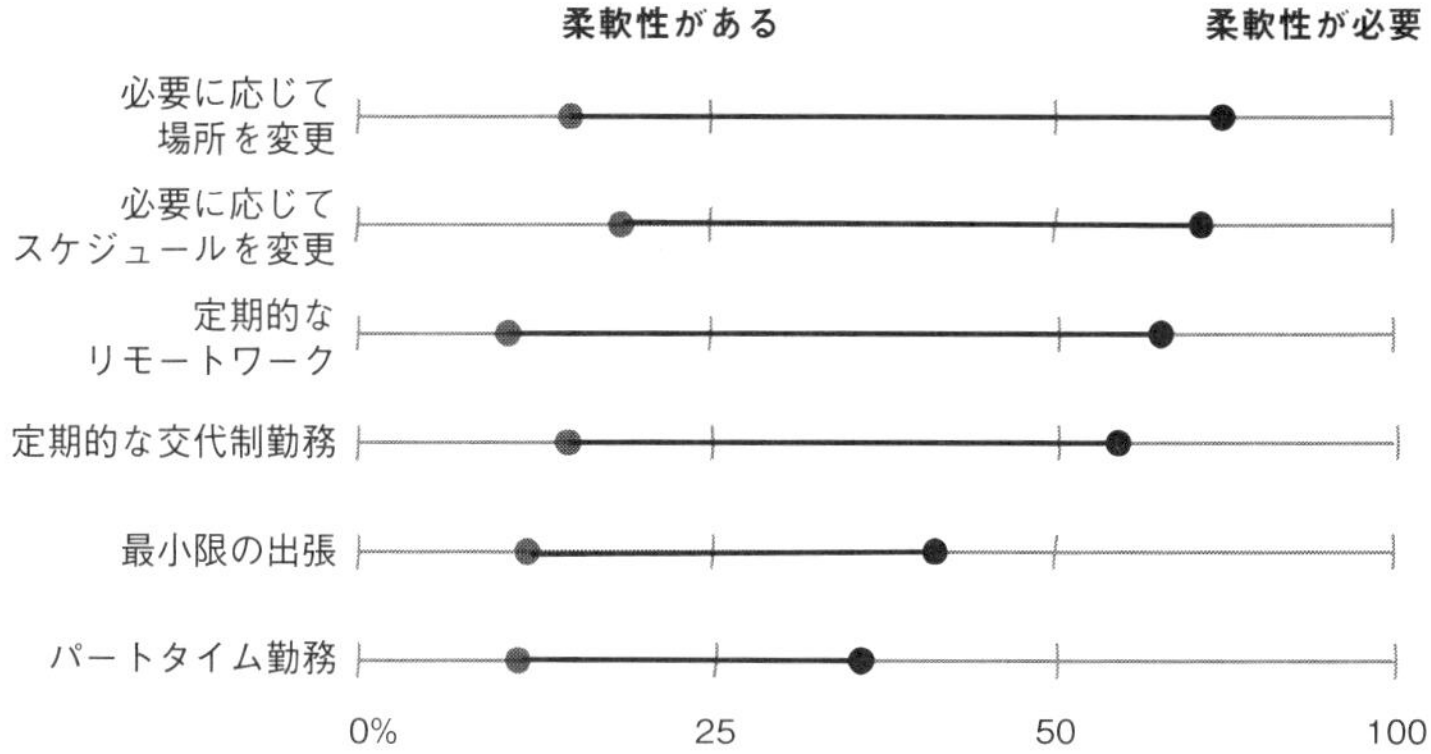

人たちは育ってきたのです……休暇やフレックスタイム制を要求すると、弱虫と思われます[11]」

特に、女性はフレックスタイム制を利用することで、キャリアアップの可能性が損なわれてしまうのです[12]。

柔軟な働き方によって、組織内の従業員に価値を生み出す方法を考える際には、以下の点に留意してください。

▼生産性を重視する

KPIが長時間労働ではなく、生産性を重視している場合、従業員はフレックスタイム制を活用する可能性が高くなります。たとえば、勤務時間で報酬が決まる文化では、フレックスタイム制を導入しても効果は期待できません。

▼ロールモデルを重視する

（一部の）シニアマネジャーがフレックスタイム制を利用していれば、組織全体でフレックスタイム制がよりポジティブに捉えられます[13]。

▼オープンな話題にする

調査によると、ほとんどの人は、フレックスタイム制を利用する人を、他の人が自分より否定的に見ていると信じています。正直な会話は、このような集団的偏見を減らすのに役立ちます。[14]

▼長時間労働の文化を称賛しない

価格比較サイト、マネースーパーマーケット・ドット・コム（Moneysupermarket.com）のHRビジネスパートナーであるケイト・ハンプは、「だれかが大きなプロジェクトを完了したり、社内表彰を受けたりしても、長時間労働を称賛しないように管理職にお願いしています」と説明しています。マネースーパーマーケット・ドット・コムは、分権的な意思決定（個人とチームがフレックスタイム・ポリシーの特定の指標を決定する）と契約条項ではなく上司とのインフォーマルなやりとりを重視したフレックスカルチャーを構築しています。[15]

情熱を入力する

柔軟性は、多くの場面で大きな価値を発揮します。しかし、個人の情熱と結びついたとき、それは真に大きな変化をもたらします。自分自身の興味について考えてみてください。好きな遊びは何ですか。ガーデニング、執筆、または映画鑑賞ですか。私たちの情熱は、WTSを力強く動かします。私たちは皆、純粋に楽しむために、報酬を必要としない活動をしています。WTSはゼロです（あるいは、高いお金を払ってでも好きな趣味に没頭したい場合はマイナスになることもあります）。

情熱はWTSを低下させますが、好きな活動に費やす時間はそれを打ち消す力を持っています。起きている間ずっとガーデニングをしていると想像してください。裕福な人でないかぎり、趣味を仕事に変える方法を見つけなければならないでしょう。趣味に時間をかければかけるほど、他の機会、特に収入を得る機会を失うことになるので、それを追求するコストがかかります。WTSは、このような時間の機会費用を反映します。このため、時間のかぎられた仕事と個人的な情熱を組み合わせることは、特に魅力的です。

歴史的に、人々の情熱を事業活動に結びつけることは困難でした。主な課題は2つあります。まず、特定の情熱を持つ人を見つけることが容易ではありませんでした。さらに重要なことは、情熱的な人であっても、何時間も仕事をするように言われれば、時間の機会費用（つまりWTS）が大きくなってしまうことです。インターネットの登場は、この2つの障害を大幅に軽減しました。特定の情熱を持つ人と出会うことが容易になり、情熱があれば機会費用を抑制し、WTSを低く保ちながらリラックスして娯楽を追求できます。

トラベルライター、市民ジャーナリスト、グラフィックデザイナー、書評家、フリーランスの写真家など、さまざまな職業で、情熱的な人々が自分の最も楽しいと思う活動を追求しています。料理好きな人のためのオンラインコミュニティのフード52（Food52）では、キッチンに関する疑問や質問

図11-4 プラズマを圧縮するために設計された一般的な核融合用ピストン配列

にリアルタイムで答える「キッチンホットライン」を運営しています。このホットラインには5万人のプロのシェフやキッチンマニアがスタッフとして参加しており、かれらの専門知識（およびレシピ）をフード52コミュニティの100万人のメンバーと自由に共有しています[16]。

もう1つの例は、商業的に競争力のある核融合発電の開発を目指すカナダのジェネラルフュージョン（General Fusion）です。同社のアプローチは、220ポンドのハンマーを球体にぶつけて、液体鉛を通して圧力波を発生させることです。図11－4は、ハンマーを格納するピストンを示しています[17]。同社のオープンイノベーションの責任者、ブレンダン・カシディは、ジェネラルフュージョンが科学者やエンジニアの情熱と専門知識をどのように活用したのかを説明しています。

「私たちが抱えていた問題は、ハンマーが当たる表面のアンビルが、容器内の溶融金属を密閉し、アンビルの外側を真空にする必要があることでした……これは、『これはわれわれの専門外だ』というケースでした。このハンマーの製造については多くを学びましたが、密閉するための最良の方法については、おそらく経験豊富な人がいるはずです[18]」

他の人の経験を活用するために、ジェネラルフュージョンは、企業を約40万人の専門家のネットワークに接続するオンラインプラットフォーム、イノセンティブに目を向けました。229人のエンジニアがジェネラルフュージョンの技術概要にアクセスし、64人が解決策を提出し、同社はMIT出身のエンジニア、カービー・ミーチャムの提案に2万ドルを授与することになりました。

簡単な料理のレシピから高度な技術的アドバイスまで、ビジネスを構築し、イノベーションを加速するために、外部のクリエイターや専門家に日常的に頼っている企業が増えています。もちろん、これらの専門家が提供するサービスのリストに、本質的に興味深く、知的な刺激を与える活動が多く含まれているのは偶然ではありません。コミュニティベースのビジネス（フード52）やオープンイノベーション（イノセンティブ）の経済性は、情熱と短期間の仕事を組み合わせることで発揮されるのです（ギグエコノミーの〝ギグ〟は1920年代に生まれたジャズミュージシャンのスラングで、短期間の契約を意味します）。

情熱と短期間の仕事を一緒にすれば、最高のクオリティと妥当な報酬が得られる可能性があります。フード52では、「今月の貢献者」として25ドルを授与しています。イノセンティブは、BP、NASA、ルー・ゲーリック病のバイオマーカーを発見することを目指す非営利団体、プライズ4ライフ（Prize4Life）など、さまざまな組織の複雑な技術的課題の解決を支援しています。すべてのコンテストで、イノセンティブのチャレンジに参加することの期待値は125ドルです[19]。

グラフィックデザインサービスのオンラインマーケットプレイスであるクラウドスプリング（Crowdspring）は、企業と外部の人材を結びつけるプラットフォームの到達点を示す良い例です。クラウドスプリングが得意とするのは、ロゴデザインコンテストです。このコンテストでは、ブランドマネジャーが希望するロゴのイメージを伝え、20万人以上のフリーランサーのネットワークからデザイナーがプロポーザルを提出します。典型的なコンテストでは、約35名のデザイナーが参加し、15点のデザインが寄せられます[20]。企業はフィードバックを行い、デザイナーは作品を改善することができます。プロジェクトの期間は7日間です。企業は、優勝したデザイナーに賞金（通常300ドル程度）を支払います。その代わり、ブランドは著作権を所有します。

私の同僚であるダニエル・グロス教授は、フィードバックがどのようにクオリティを向上させるのか（大きな正の効果がある）、また他の人が受け取ったフィードバックを見ることが継続的な参加に影響するのか（最も弱いデザイナーは早期にあきらめる）を確かめるために、これらのデザインコンテストを400以上調査しました。さらにグロス教授は巧妙な研究デザインで、クラウドスプリングのデザインコンテストに参加することで得られるメリットとコストを計算しました。その結果は図11－5のとおりです[21]。

全体として、デザイナーは、賞金よりもはるかに大きな費用を負担しています。デザイナーが自分の勝率を十分に理解していれば、総費用と賞金のバランスがとれ、図11－5にあるコンテストの費用と賞金の比率が1を超えることはありません。しかし実際には、あまりにも多くのデザイナーがあま

図 11-5　ロゴデザインコンテスト

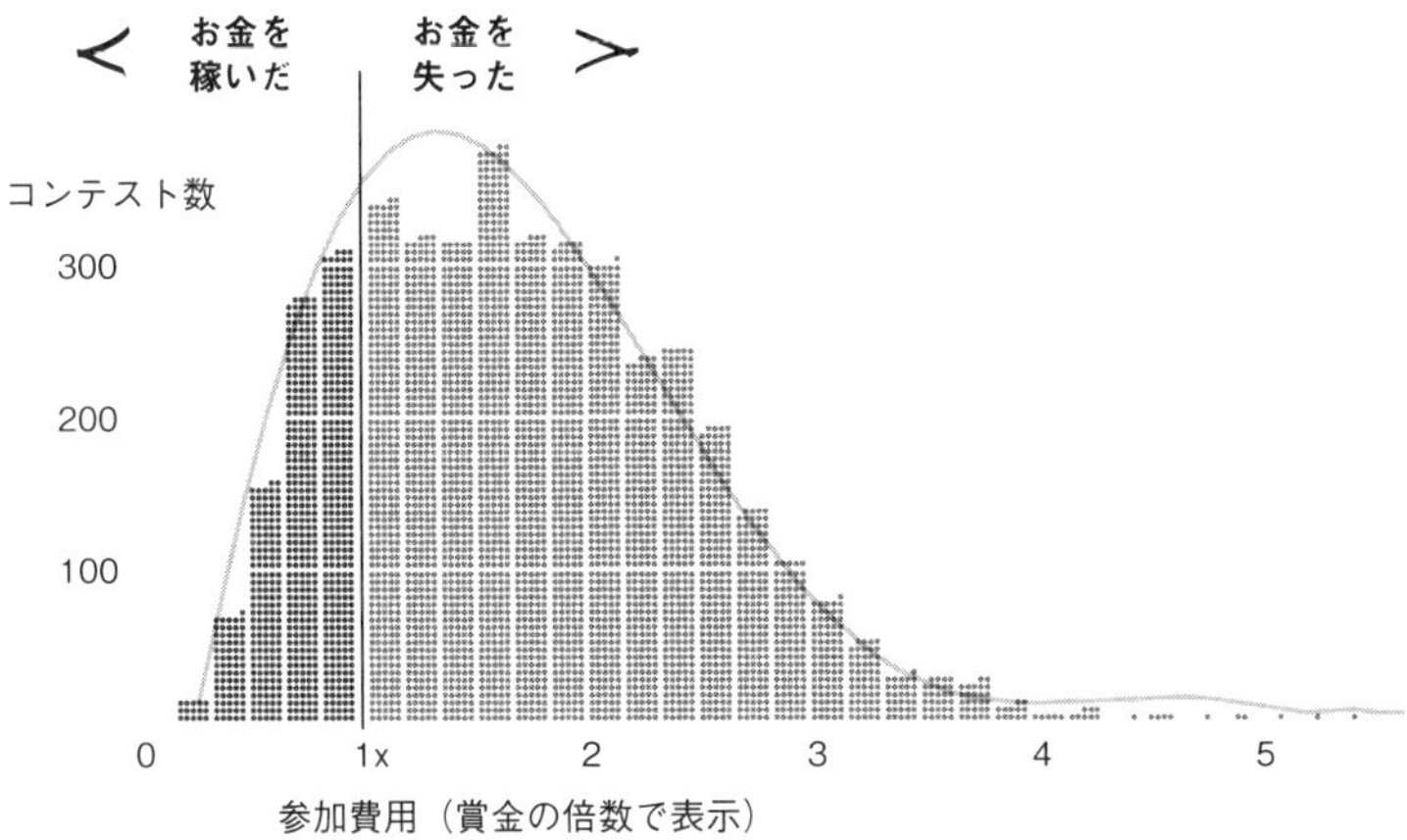

りにも少ないお金で働いていることがわかります。

ギグエコノミーのプラットフォームが約束する「高いクオリティかつ低価格」は幻想なのでしょうか。ギグワークのベネフィットは、（ほとんどが絶望的な）フリーランサーを犠牲にしてもたらされるというのは本当でしょうか。正しいことをしたいと願うビジネスパーソンとして、わずかな報酬と引き換えで高いクオリティの仕事を提供しようとする人にノーと言うべきでしょうか。このような疑問は、ギグエコノミー・プラットフォームとこれらのビジネスを規制する必要性についての議論のまさに核心となるものです。

ここでは、価値創造の原則をモラルの羅針盤として、これらの問題を検討してみましょう。一般にビジネスの慣行は、従業員や独立請負業者の利益を向上させるかぎり、擁護できます。フリーランサーが少ない報酬で働くことは、それ自体、搾取されていることを示すものではありません。しかし、これは警告のサインであり、さらに調査する必要があります。次のような質問をしていただければ幸いです。

⦿WTSが低いことは、もっともな話なのか？

本質的に魅力的でない仕事の場合、答えはおそらく「ノー」です。覚えておいてください。WTSを低下させるのは情熱です。また、仕事が主な収入源となっている請負業者の場合、WTSが低いとは考えにくいものです。たとえば、家の掃除を専業とする人との仕事の取り決めは、WTSが低いことを前提にしてはいけません。

⦿仕事の取り決めは金銭的な報酬以外の価値を生み出すのか？

クラウドスプリングのデザイナーの何人かがわずかな賞金で働くのは、お金以外のベネフィットを期待するからです。ある人は、企業のフィードバックから学ぶことを望みます。また、評判を高めようとする人もいます。場合によっては、企業が（より報酬の高い）追加作業を依頼することもあります。たとえば、ジェネラルフュージョンはカービー・ミーチャムのアイデアをさらに発展させるため、かれと契約しました。ロゴデザイナーは、会社のウェブサイトのデザインも続けて行うことがあります。

⦿長期的なベネフィットに対する期待は妥当なものか？

ギグワーカーの長期的なベネフィットの価値を見積もることは容易ではありません。報酬の低いフリーランサーが追加の仕事を獲得する可能性はどのくらいでしょうか。無報酬の契約が正社員への扉を開く可能性はどの程度あるのでしょうか。多くの場合、企業はフリーランサーよりも長期的な見通しについてより良い情報を持っています。この情報優位性を利用して搾取しないことが肝要です。たとえば、ウーバーのドライバーの3分の2は、6カ月後にこのプラットフォームを放棄しています。[22] 1つの解釈は、ドライバーは困ったときだけウーバーで働くというものです。もう1つは、ウーバーがドライバーの期待をうまく汲み取れていないということです。

◉低いWTSに対して低報酬で応じることは自社の事業にとって最善の利益になるのか？

米国のニュース・オピニオンサイトであるハフポスト（HuffPost）は、いち早く市民ジャーナリストやライター志望者に頼ってきました。2018年までに10万人以上の寄稿者が、ハフポストに無料でコンテンツを提供しました。しかし、その年の初めに、すべては終わりを迎えました。ハフポストは寄稿者プラットフォームを閉鎖し、より少数の有償ジャーナリストによる「スマートで本物の、タイムリーで厳密な論説」を作成するようになったのです。[23]

フォーブス（Forbes）やハースト（Hearst）など、大規模な寄稿者コミュニティを持つ他の出版社もそれに続きました。[24] コンテンツに対価を払わないことで、クオリティにばらつきのある膨大なストーリーの津波が発生したのです。「メディア企業はよりクオリティの高いコンテンツに飛び込んでいます」と、コンテンツマーケティングのスタートアップであるオラピック（Olapic）の共同創業者、パウ・サブライアは説明します。「他の形式のメディアと競合している以上、読者に悪い経験をさせるわけにはいきません[25]」

もちろん、この章の冒頭からこの効果については述べてきました。報酬を提供することで強力な選択効果を誘発します。WTSが本当に低い場合でも、従業員やフリーランサーとより多くの価値を分け合うことは、仕事のクオリティに大きな影響を与える可能性があります。

柔軟な勤務形態やギグエコノミーのビジネスモデルを見ていると、多くの洞察を得ることができます。

▼**企業と情熱的なワーカーをつなぐデジタルプラットフォームは、企業の境界を変えるのに役立ちます。**これまで企業内にとどまっていた活動を外部に移したり、ギグワーカーや独立した請負業者の努力を斬新な方法で組み合わせたりすることができます。その結果、優れたクオリティと適正なコストが実現されることが多いのです。米国では現在、労働人口の約10％がこの代替的な労働形態に従事しています[26]。もしあなたが、コスト優位性を得るために自社の境界を変える方法を考えなければ、競合他社が考えているでしょう。

▼**2020年になっても職場の柔軟性は不足しており、柔軟性はWTSを低下させる有効な手段です。**

▼**フレックスワークのルールを策定することは、最初の一歩にすぎません。**従業員にフレックス制を活用するよう奨励するには、多くの場合、より広範な企業文化の変革が必要です。組織のリーダーの行動は、ロールモデルとしての役割を果たすつもりであるかどうかに関係なく、多くの人に影響を与えることになります。

▼**人々の情熱を自社のビジネス目的に結びつけることは、価値創造へのエキサイティングな手段です。**これは、プロジェクトや活動が本質的に興味深いものであり、かぎられた時間のコミットメントを必要とする場合に最適です。

▼**情熱的な個人を巻き込むには、かれらの期待を慎重に考慮する必要があります。**ギグワークはワーカーにとって大きな価値を生み出すことができますが、同時にワーカーを搾取するリスクもあります。優れた企業は、ギグワーカーが合理的な期待を持ち、生み出された価値を分け合うことができるよう、しっかりとしたガイドラインとプラクティスを策定しています。

第12章　サプライチェーンも人である

２０１６年６月、プレヴェント（Prevent）の子会社であるカー・トリム（Car Trim）のCEO、ヴァヒディン・フェリッツは、不吉なファックスを受け取りました。その知らせは厳しいものでした。カー・トリムの主要顧客の１つであるフォルクスワーゲン（Volkswagen）が、カー・トリムのレザーシートに品質上の欠陥があるとして、５億ユーロの共同開発プロジェクトを中止するとフェリッツに通告してきたのです。フォルクスワーゲンは、最近のディーゼル車の排ガススキャンダルで大きな財務的プレッシャーを受けており、わずか2日前に通告してきました(1)。

カー・トリムは訴訟を起こしました。フォルクスワーゲンが損害賠償の支払いを拒否したため、カー・トリムと同じくプレヴェントの子会社であるESガスはすべての供給を停止し、フォルクスワーゲンは6工場の生産を中断し、３万人近い従業員を休ませることを余儀なくされました。

その報いは2年後に来ました。プレヴェントが値上げをしようとすると、フォルクスワーゲンはプ

図 12-1　既存の価値をめぐる企業とサプライヤーの闘い

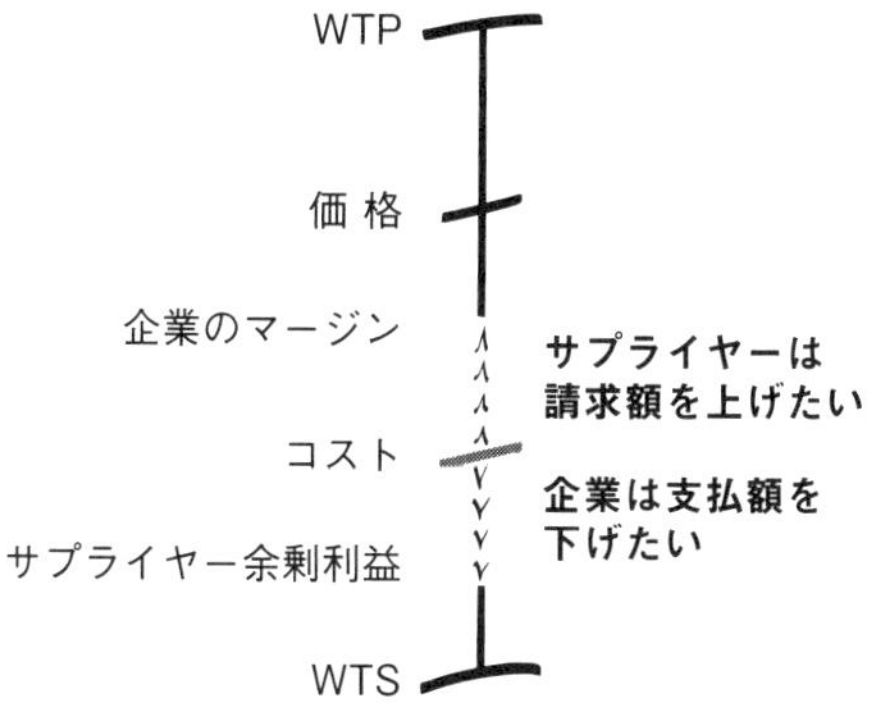

レヴェントとの契約をすべて打ち切ったのです。今度は操業縮小に追い込まれたのはプレヴェントのほうでした。そして、同社の子会社1社が破産を宣言しました。２０２０年現在、裁判はまだ続いています。

　プレヴェントとフォルクスワーゲンの闘いは極端な例ですが、買い手とサプライヤーの緊張した関係はよくあることです。たとえば、アマゾン（Amazon）はeコマースにおける圧倒的な地位を利用して、マーケットプレイスのベンダーに厳しい支払い条件を課しています。同社が顧客から収益を回収するのに22日かかりますが、ベンダーへの支払いは80日後です。マーケットプレイスのベンダーは、アマゾンの銀行として、アマゾンの成長を支えているのです[2]。実店舗の小売業でも同様の事例があります。小売業がプライベートブランド商品を導入すると、利益が大幅に増加します。その重要な利点の1つは、ブランド品メーカーから利益を搾り取ることができるということです[3]。

　図12−1は、そのような緊張関係を示しています。企業は、サプライヤーへの支払いを少なくすることで、マージンを増

やしたいと考えています。予想どおり、サプライヤーは反発します。かれらは、自分たちの余剰利益、つまり、売却意思額（WTS）とコストとの差を拡大しようとします。このような努力は何の価値も生み出しません。一方の当事者が得るものは、他方の当事者の懐から出ることになるからです。

もちろん、収益性向上への別の道があります。自社とサプライヤーは、より良い関係を築くことができれば、より多くの価値が生まれます。サプライヤーのWTSを減少させることができるのです。サプライヤーのWTSとは、サプライヤーが受け入れ可能な最低価格のことです。図12－1に示すように、WTS以上の価格を支払えば、サプライヤーはWTSに組み込まれた収益性よりも大きなマージン、つまり余剰利益を得ることになります。

WTSは、買い手とサプライヤーのペアによって異なります。それは、両者の関係性によって決定されます。たとえば、サプライヤーが有名な企業に製品を提供することで得意になっている場合、そのWTSは低くなります。もし、買い手が頭痛の種になっているなら、買い手はWTSの高いサプライヤーに直面することになるでしょう。

このような買い手特有の考慮事項はさておき、実際にサプライヤーのWTSを下げるにはどうしたらよいのでしょうか。それは、買い手に販売する際の費用対効果を高めることです。サプライヤーの生活を楽にする取り組みや、サプライヤーの生産性を上げるための投資は、サプライヤーのWTSを下げ、より大きな価値を生み出すことになります。(4)

印刷サービスのB2Bマーケットプレイスであるラクスルを考えてみましょう。ラクスルは、日本全国に2万5000社ある印刷会社のなかから、顧客が価格を比較できるようにしたプラットフォームです。成功はすぐに訪れましたが、創業者の松本恭攝は不満を持っていました。毎朝、鏡を見ては「今日が人生最後の日だったら、今日やろうとしていることをやりたいだろうか」と問いかけていました。[5] 松本は、ラクスルのリスティングサービスについて考えたとき、答えは「ノー」だと判断しました。

かれははるかに多くの価値を生み出すことができました。松本の指揮の下、ラクスルは、顧客の注文を、その仕事に必要な種類の印刷機の遊休設備を持つサプライヤーに厳選して送信するという、非常に効率的なマッチングサービスを構築しました。このとき松本は、「印刷機に余裕があり、設備が整っているところは、特にWTSが低い」と認識しました。さらに、トヨタの元技術者を採用し、印刷現場のオペレーションを改善することで、WTSをさらに引き下げました。その結果、同社は価格を引き下げることができ、顧客と価値を分け合うだけでなく、このような取り組みを通じて印刷会社も価値を享受できるようにしたのです。

ラクスルは、サプライヤーを慎重に選定することと、経営ノウハウを移転することの2つのメカニズムによって、サプライヤーが低いWTSの恩恵を受けられるようにした良い例です。この章では、リーディングカンパニーがどのようにこの2つの手法を採用しているかを見ていきます。

サプライヤーへの教育

ほとんどの企業は、包括的な契約書やサービスレベル同意書のなかで、サプライヤーの義務について詳しく説明しています。また、サプライヤーの行動に対する期待事項を記した行動規範を策定している企業も少なくありません。2000年初めに、ナイキ（Nike）はベンダーとより密接な協力関係を築こうと、リーン生産方式を教えることにしました。[6] トヨタ生産方式としても知られるリーン生産は、新しいアプローチではありませんでしたが、ナイキのサプライヤーには採用されていなかったのです。[7] グローバル調達・製造担当副社長のゲリー・ロジャーズは次のように説明しています。

「世界中から適切な能力を持つサプライヤーを見出す能力は、特に分業が大きく進展しているこの業界では、実はかなり限定されています。取引だけして問題が起きたらすぐに立ち去るというのは、だれの利益にもなりません。企業が成長するにつれ、新たな障害に直面することになりますが、ベストプラクティスの能力を構築したり協力したりすることで、実際に支援することができます」[8]

リーン生産方式は、ナイキの約400の靴と衣料品のサプライヤーに、大きな変化を求めました。たとえば、従来のアパレル工場では、縫製、アイロン、梱包の各作業が分離されており、各工程の間に高い在庫バッファーを抱えていました。リーン生産方式を採用している工場では、機械と作業者を1つの生産ラインに集め、工程のサイクルタイム（1着を仕上げるのにかかる時間）とタクトタイム

（顧客の需要に合わせて設定された、1着を仕上げてから次の1着を作るまでの時間）のバランスを取っています。

リーン生産方式として認定されるために、ナイキはサプライヤーに8つの変更を求めました。そのなかには、作業員が生産上の問題をすばやく察知してラインを停止させることができるアンドンシステムの導入、不良品の流出を防ぐための現場での品質検査、無駄を省いて生産性を高めるための5Sの実践などが含まれています[9]。

サプライヤーに準備をさせるため、ナイキはスリランカの現役工場にトレーニングセンターを開設しました。アジア全域から集まったベンダーは8週間のプログラムに参加し、リーンの理論を学び、実践の方法を観察し、ナイキのマネジャーと一緒に自社の工場でシステムを展開するための戦略を練りました。生産性と収益性における初期の成功を見たナイキは、自働化と従業員エンゲージメントを促進するプログラムであるリーン2・0への取り組みをさらに強化しました。

小規模なパイロットプログラムでも、優れた自働化を進めることで大きな可能性があることが証明されました。ある工場では、生産性が19％、品質が7％向上し、従業員はより大切にされていると感じたと述べています[10]。2018年まで、ナイキの生産の83％は、リーン2・0にもとづいて運営されている工場からのものでした。

同じ頃、ナイキはカリフォルニア大学バークレー校の研究者であるニクラス・ロロとダラ・オルークと共同で、ベンダー工場の作業者報酬とリーン生産方式を適切に調整するための研究を始めました[11]。ナイキは衣料品の価格を設定するために、工学にもとづく製造時間の尺度である標準許容分数

図12-2　ナイキのベンダー工場での報酬実験

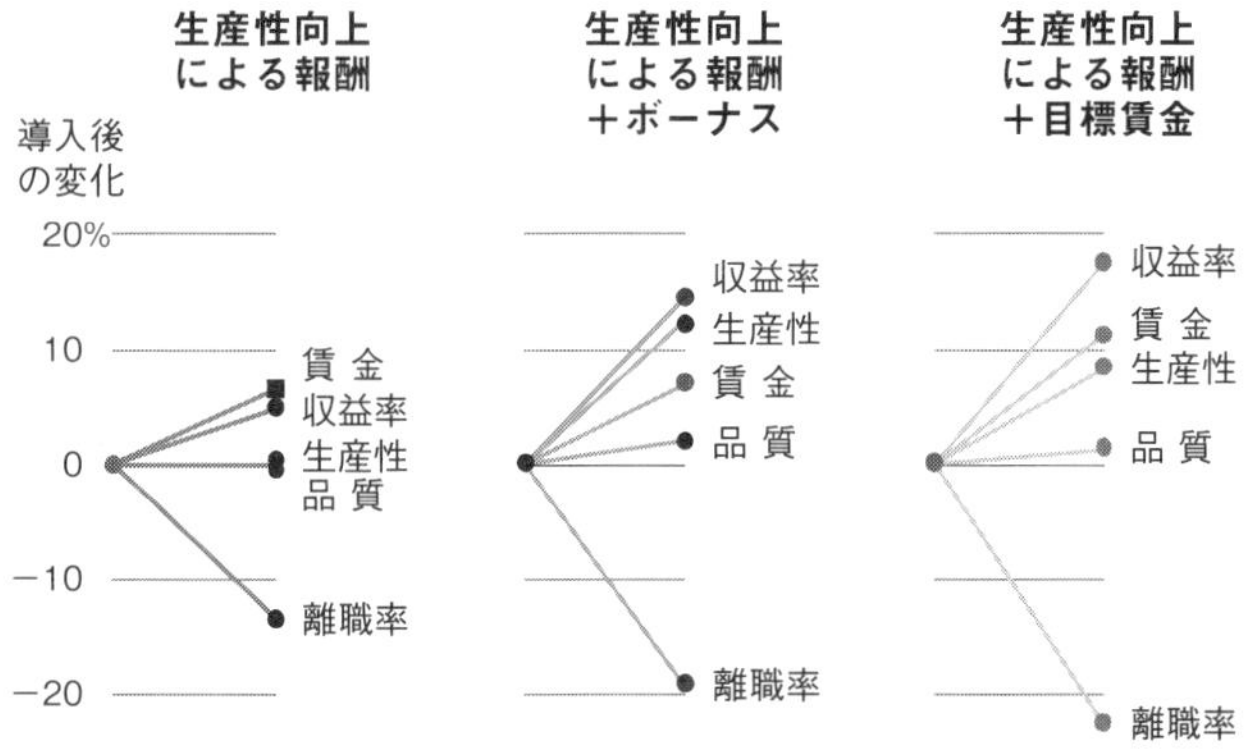

（SAM：Standard Allowable Minutes）についてサプライヤーと交渉しています。工場はSAMを使用して作業者の賃金率を決定し、作業者はSAMを打ち負かすことで、より多くの利益を得ようとします。SAMは衣服ごとに決まっているため、作業者は自分が慣れ親しんだ生産しやすいスタイルを好みます。見慣れないデザインではSAMに勝つことは難しいので、作業者は代わりに残業代に注目します。

このアプローチは、リーン生産の目標の多くと相反します。SAMにもとづく報酬では、品質の向上、在庫の削減、無駄の排除、ジャストインタイム能力の構築に対するインセンティブがほとんど働かないからです。

バークレーのチームは、リーン2・0の認証を取得しているタイの工場で、「生産性向上による報酬」「生産性向上による報酬＋コスト削減や品質向上によるボーナス」「生産性向上による報酬＋目標賃金[*1]」の3つの報酬体系を実験しました。実験に参加した作業者は、実験前と同額以上の賃金を得ることが保証されました。また、各生産ラインに液晶パネルを設置し、賃金と生産性を表示しました（世界の衣料品作業者のうち、実作業時間数が記載された給与明細を受け取っているのは50％以下です）[12]。図12－2は、報酬調査に参加しなかった生産ラインと比較して、パフォーマンスがどのように変化したかを示しています[13]。

この調査は、ベンダーとナイキの双方に豊かな洞察をもたらしました。たとえば、目標賃金は、650バーツの目標を達成後、帰宅するチームがいなかったにもかかわらず、報酬と収益性の向上に特に効果的であることが証明されました。

フォーカスグループでは、作業者は、生産が順調に進んだときに追加収入を得ることのほうが重要であると述べています。3つの介入策すべてにおいて、作業者はより多くの収入を得て、ベンダーの利益は増加しました。これは、各生産ラインで生産性が6％以上向上したためで、作業者の離職率が大幅に低下したこともこの成果に反映されています。また、当初から高かった品質も、ボーナスや目標賃金によってさらに向上しました。

しかし、生産性による報酬しか受けなかったあるラインは例外でした。このラインでは、従業員がスキル不足についてお互いを批判し、監督者がコミュニケーション不足を、そして経営陣が生産物の品質が不十分であることを非難し、次第に機能不全に陥っていきました。そして、作業者の7割が辞

＊1　生産性目標値の90％に達したラインの出来高に1・06を乗じます。生産性が5ポイント上昇するごとに0・06ずつ上昇し、上限は1・48となります。目標賃金が設定されたラインの作業者は、10時間で1人当たり最低650バーツを稼いだ時点で、その日のうちに退社することを決めることができました。チームの過去の平均は440バーツから530バーツでした。

めていったのです（同じインセンティブの別の生産ラインはうまくいきました）。

このメルトダウンは、高いインセンティブがもたらすストレスの大きさを改めて認識させるものでした。しかし、工場の経営者たちは、決してあきらめようとはしませんでした。実験が終わると、生産性にもとづく報酬体系が工場全体に導入されたのです。

サプライヤーの生産性を高めるように指導することは、WTSを下げ、より大きな価値を生み出す有効な方法です。ナイキの工場は典型的な例です。一般に、ローカルなベンダーは多国籍企業との取引を開始すると、大きな飛躍を遂げます。グローバル企業との関係以外でも、生産性の向上、雇用の増加、販売の成功が見られます[14]。多国籍企業も同様に利益を得ています。たとえば、ナイキは、ベンダーの生産性の向上を利用し、長期的にSAMを引き下げています[15]。WTSの重視は、ローカル企業と多国籍企業の双方に価値をもたらすのです。

価値獲得の影

価値創造を重視する買い手とサプライヤーの関係においても、価値獲得の影は常に存在します。サプライヤーは、新しく導入された生産能力を見た買い手が、不当に低い価格を要求し、投資がペイしなくなることに不安を感じています。一方、買い手は、サプライヤー1社への依存度を高めれば、その緊密な関係を悪用されるのではないかと恐れています[16]。そのため、双方とも、自らを守るためにコストのかかる行動を取ります。

買い手は、本当は1社としか取引しないほうが有利なのに、複数のサプライヤーから調達しようとします。[17] サプライヤーは、信頼できない買い手との取引を拒否します。たとえば、現在スマートフォンのトップメーカーであるシャオミ（Xiaomi）は、創業当初、100社以上の大手部品メーカーに声をかけましたが、そのうち85社が創業間もない同社との取引を拒否しました。[18] 価値創造は、だれもが創出に貢献した価値の一部を獲得できるかどうか不安を抱えている場合、困難なものとなります。

では、先進企業はどのようにそれを実現しているのでしょうか。サプライヤーのWTSを下げ、自社とサプライヤーに長期的な価値をもたらすことに成功したサプライチェーンの経営者と話すと、次のようなアドバイスをよく耳にします。

◉選択的であること

サプライヤーと親密な関係を築き、維持することは、困難で時間のかかることです。投資するサプライヤー関係の数を制限してください。

私が推奨するのは、3つの基準（図12－3）を使って適切なパートナーを選択することです。第1に、価値のポテンシャルです。WTS、コスト、支払意思額（WTP）を動かすポテンシャルがある場合、緊密な協力関係は特に価値があるものです。たとえば、安価な部品のサプライヤーは、その品質が顧客からほとんど評価されないため、緊密なパートナーシップの候補にはなりません。

第2に、特殊性です。サプライヤーに専用設備への投資や、主に自社に利益をもたらす斬新なプロ

図 12-3　パートナーとなるサプライヤーの選定基準

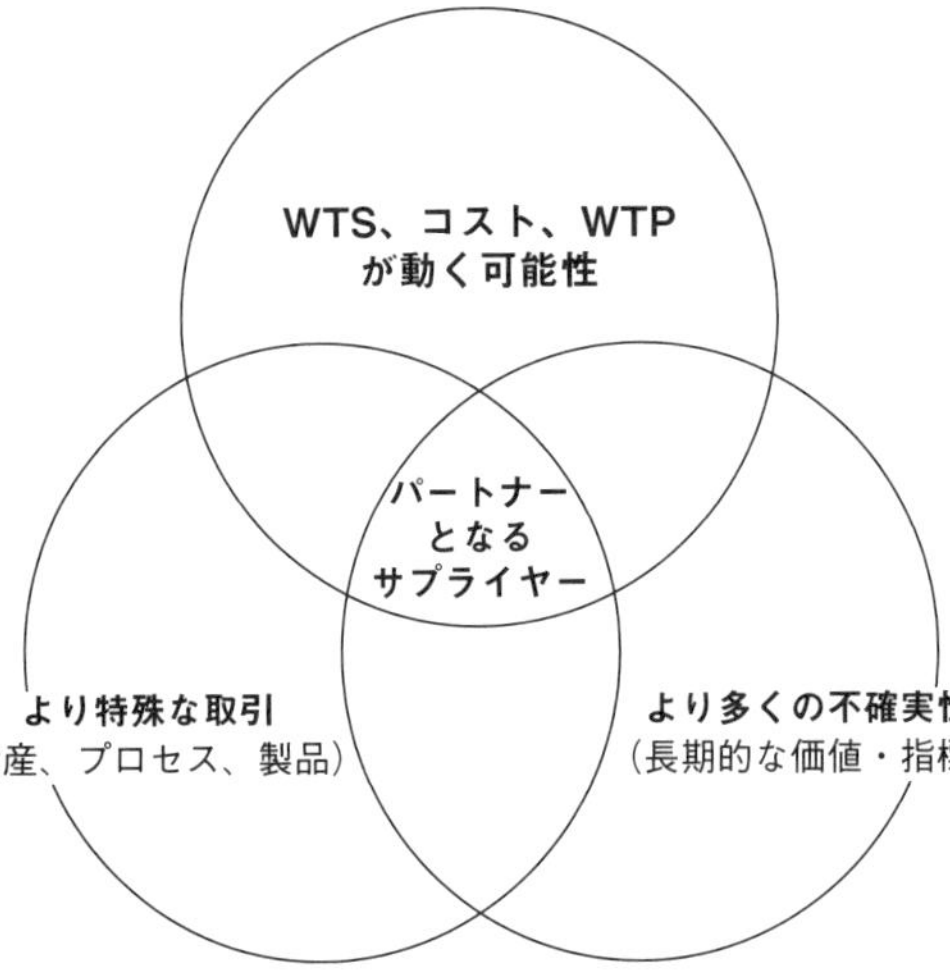

セスの開発を求めるのかどうか。取引内容が具体的であればあるほど、緊密な連携と信頼の醸成に役立ちます。それができなければ、サプライヤーは投資を控えるか、まったく投資しなくなる可能性が高くなります。

第3に、完備性です。サプライヤーに期待することを契約書に記述することは、どの程度困難でしょうか。大半の不測事態を列挙することは可能でしょうか。また、契約期間中にサプライヤーへの期待がどのように変化していくのか、本当に理解していますか。契約が不完備で、サプライヤーに期待することを記述し、測定することが困難な場合、緊密な関係が特に有利になります。

⦿サプライヤーを知ること

サプライヤーとの関係をコストというプリズムだけで捉えがちですが、それはあまりに狭いレンズです。ある成功した経営者は、「サプライチェーンも人である」と私に思い出させてくれました。

サプライヤーのWTSには、多くの考慮事項があります。顧客のために価値を生み出すには、顧客とある程度親密になる必要があるように、サプライヤーとの距離が近くなることで、サプライヤーの余剰利益を増やすような取り組みに気づくことができます。ラクスルの経営者、松本恭攝を覚えていますか。かれは、パートナーシップを築くことを決定する前に、個人的に各サプライヤーを訪問しています。

◉請求コードではなく、結果に注目すること

WTSを削減する大きなチャンスは、多くの場合、「あなたの行動」の変化から生まれます。多くの買い手は、サプライヤーに対して、何をどのように行うべきかを細かく指定し、過度に拘束的な要求をしています。もちろん、技術的に正確でなければならないこともありますが、あまりに詳細な仕様には、「少し余裕を持たせておくと、サプライヤーが有利になるのではないか」という不信感や、「他社と同じように競争させたい」という気持ちが込められていることが少なくありません。

しかし、過度に拘束的であることは、代償を払うことになります。それは、サプライヤーが新しいプロセスを採用し、革新的な製品やサービスを導入する機会を奪ってしまうことです。このような緊張が、多くの買い手とサプライヤーの関係の核心にあるのです。私たちがサプライヤーと仕事をするのは、サプライヤーが専門的な知識や優れた技術を持っているからでしょう。それなのに、なぜサプライヤーを束縛するような細かいガイドラインを課すのでしょうか。

タタ・モーターズ（Tata Motors）は、世界で最も低コストの自動車「タタ・ナノ」（Tata Nano）の製造に着手した際、ボッシュ（Bosch Automotive）にエンジンの設計を依頼しました。当時、ボッシュの会長だったベルント・ボーアは、この異例のコラボレーションについて次のように説明しています。

「タタは、大きなルールブックや仕様書を持ってきたわけではありません。ただ、車重がどれくらいか、2気筒のエンジンが必要であること、そして、ユーロ4排出ガス規制を達成しなければならないことを教えてくれたのです。加えて、当然ながら走行も必要です。そこが、他の自動車プロジェクトと違うところでした。プロセスの初期段階から、すでにわれわれのチームが新しいアイデアを出していることが見て取れました……たとえば、一般的なエンジンでは、各シリンダーに1つずつ噴射バルブがありますが、当社のエンジニアは、2つのシリンダーに対して1つの噴射バルブを用意し、噴射口を2つ設けて、2つのシリンダーをカバーすることを思いつきました[19]」

タタ・ナノは、タタが期待したほどの経済的成功には至りませんでしたが、ボッシュの技術ブレークスルーは他の多くのエンジンに採用されました[20]。ボッシュの成功の鍵は、結果（この場合はコスト目標）に焦点を当て、そこに到達するための方法には焦点を当てない買い手にありました。

フェデックス・サプライチェーン（FedEx Supply Chain）もデル（Dell）との関係で同様の経験をしました。デルがサプライチェーンを変革しようとしたとき、特定サービスの長いリスト（数百の請求コード）を、最も重要な華々しい成果へと置き換えたのです。たとえば、デルはリバース・ロジスティクス業務において、製品を廃棄するためにフェデックスに固定料金を支払っていましたが、返品されたコンピュータから生じるデル全体の損失を最小限に抑えるようフェデックスに依頼するようになりました。2つの企業は密接に連携し、機器の再生、部品の回収、製品の廃棄という3つのチャネルを作り上げました。[21] デルのゼネラルマネジャー、ジョン・コールマンは、このシフトを次のように説明しています。

「（従来）デルは返品された製品はすべて小売基準で販売していました。小売りの基準を満たさない製品は廃棄されていたのです。私は何年も前から、追加のオプションとして卸売りを利用するシステムを考えてほしいと社内で検討を依頼していました。良いアイデアではありましたが、デル社内でプロジェクトへ投資するまでには至りませんでした。フェデックスには、アイデアを提供する以外に投資する理由がなかったのです。しかし、（コスト最小化という幅広い目標に合意した後）フェデックスは再生品の卸売りを可能にしました……（かれらは）アイデアを実現するために投資したのです[22]」

3つのチャネルと卸売りの代替手段を導入したことで、デルとフェデックスは廃棄物を3分の2に減らし、デルのリバース・ロジスティクス業務のコストをわずか2年で42％削減しました。[23]

◉外部と内部のインセンティブを調整すること

上位の目標が定まれば、その目標に沿った指標を定義し、それを金銭的なインセンティブに結びつけることができます。たとえば、デルのリバース・ロジスティクス業務のコストが下がれば、フェデックスは財務的な利益を得ます。

強力な外部連携に加えて、買い手の組織メンバーがサプライヤーとの関係について同じ見解を共有していることを確認することも、同様に重要です。購買部門は、サプライチェーン・マネジャーがサプライヤーの1社と協力関係を築いていることを知っていますか。もし、購買部門のインセンティブが、可能なかぎり低いコストを達成することだけにあるとしたら、そのマネジャーは失敗する運命にあります。

◉オープンな心を持つこと

深い関係がもたらすダークサイドは、関係の深さから来ます。一度信頼関係を築けば、他の業者を探すインセンティブはかぎられます。当時ウォートンの博士課程に在籍していたビクター・カラノグと私は、フィラデルフィアの596人の配管工すべてに電話をかけ、エラストマー素材の革新的な床ドレンに関するパンフレットとその無料サンプルの提供を提案しました。しかし、いまのサプライヤーを信頼している配管工は、パンフレットやサンプルを受け入れることはほとんどありませんでした。

最初の電話から1年後、この新しい排水管の購入台数はさらに減っていました[24]。一部のサプライヤーと長期的な信頼関係を築くことに成功した場合でも、その関係を見直すことで、さらに低いWTSとコストを達成するための新たな機会が見つかるかもしれません。

サプライチェーンにおけるコラボレーションは、もちろん新しいアイデアではありません。しかし、バリューベースの考え方に伴う視点の転換は、それでも有益なものです。以下は、重要な洞察の一部です。

▼サプライヤーのコスト削減を支援し、自社への販売を容易にすることで、最終的には自社自身を助けることになります。サプライヤーがあなたのために何をしてくれるかを尋ねないでください……

▼価値獲得のロジックは、多くの買い手とサプライヤーの関係を支配しています。価値創造に方向転換することで、情報の共有、インセンティブの調整、魅力的なビジネスチャンスの発見が容易になります。

▼価値創造を買い手・サプライヤー関係の中心におくことは大変な作業であり、このような関係を構築するサプライヤーの選択には注意が必要です。最も有望なパートナーを選ぶ際には、価値のポテンシャル（WTSをどれだけ動かせるか）、投資の特殊性（要求がどれだけ特殊なものか）、契約上の不完備性（相手に対する期待をどれだけ契約書に記載することができるか）を考慮する必要があります。

第4部

トップ企業の生産性
――コストとWTSを同時に低下させる戦略アプローチ

第13章　ビッグ・イズ・ビューティフル

生産性のデータを見るたびに、同じ産業でも企業によって大きな違いがあることに驚かされます。*1 平均して、生産性の90パーセンタイルに位置する米国企業は、10パーセンタイルの企業よりも、同じインプットを使って2倍の生産高を生み出しているのです(1)。中国やインドではさらに顕著で、同様の比較は5倍の違いとなります(2)。これらは束の間の違いではありません。生産性の格差は長期にわたって継続する傾向にあります(3)。

生産性の向上は、コストと売却意思額（WTS）を同時に低下させます（図13－1）。バリュースティックは、特定の製品やサービスの1単位について描かれていることを思い出してください。企業がより効率的になれば、調達するインプットが少なくなり、コストと同時にWTSも低下します。

第4部では、生産性を決定する3つの力、すなわち〝規模〟（第13章）、〝学習〟（第14章）、〝オペレーション効率〟（第15章）について考察していきます。

規模の経済の恩恵

2007年2月、住宅ローンの流通を担う米国政府系金融機関である連邦住宅金融抵当公庫（Freddie Mac）が、最もリスクの高いサブプライムローンの買取を中止すると発表しました。世界経済を1930年代以来の深刻な危機に陥れ、米国だけでも約900万人の雇用を奪った2007年から2009年にかけての大不況が始まったのです[4]。

銀行はこの危機において中心的な役割を果たしました。経済を安定させるため、政府は最終的に6000億ドル近くをかけて1000社近くの米国金融機関を支援しました[5]。危機の最中、政府は4兆4000億ドルの金融資産を保証しました[6]。元FRB議長のアラン・グリーンスパンは、次のようにコメントしています。

「(銀行が）大きすぎて潰せないのなら、大きすぎるのです。1911年、われわれはスタンダード・オイルを解散させたが、何が起こったでしょうか。個々の部分が、全体よりも価値が高くなった

＊1　本調査における〝同業種〟とは、4桁のSIC（Standard Industrial Classification）コードを共有する企業を指します。SICは、米国政府によって作成された事業分類システムのことです。たとえば、木製のオフィス家具を生産している企業のSICコードは2521、木以外の材料でオフィス家具を生産している企業のSICコードは2522となります。

図 13-1　生産性向上によるコスト・WTS の低下

のです。もしかしたら、それが（最大手銀行に対して）必要なことかもしれません[7]」

政策立案者は金融機関の解体には踏み切りませんでしたが、資本金や流動性の要件を高めるなどして、銀行のリスクを軽減するための措置を講じました[8]。危機後に導入された規制は意図したとおりの効果を発揮しました。多くの点で、銀行システムは現在、はるかに安全になっています[9]。

では、最大手銀行の規模はどうなったのでしょうか。それらは、さらに大きくなったのです！　ウェルズ・ファーゴ（Wells Fargo）は4倍、JPモルガン・チェース（JPMorgan Chase）は2倍、バンク・オブ・アメリカ（BofA）は3分の2の規模の分だけ拡大しました。最大手銀行のなかで、シティバンク（Citibank）だけがわずかに縮小しました[10]。

なぜ銀行はどんどん大きくなっていくのでしょうか。重要な理由の1つは、〝規模の経済〟の恩恵を受けること、つまり、事業が拡大するにつれて平均

図13-2　銀行業における規模の経済

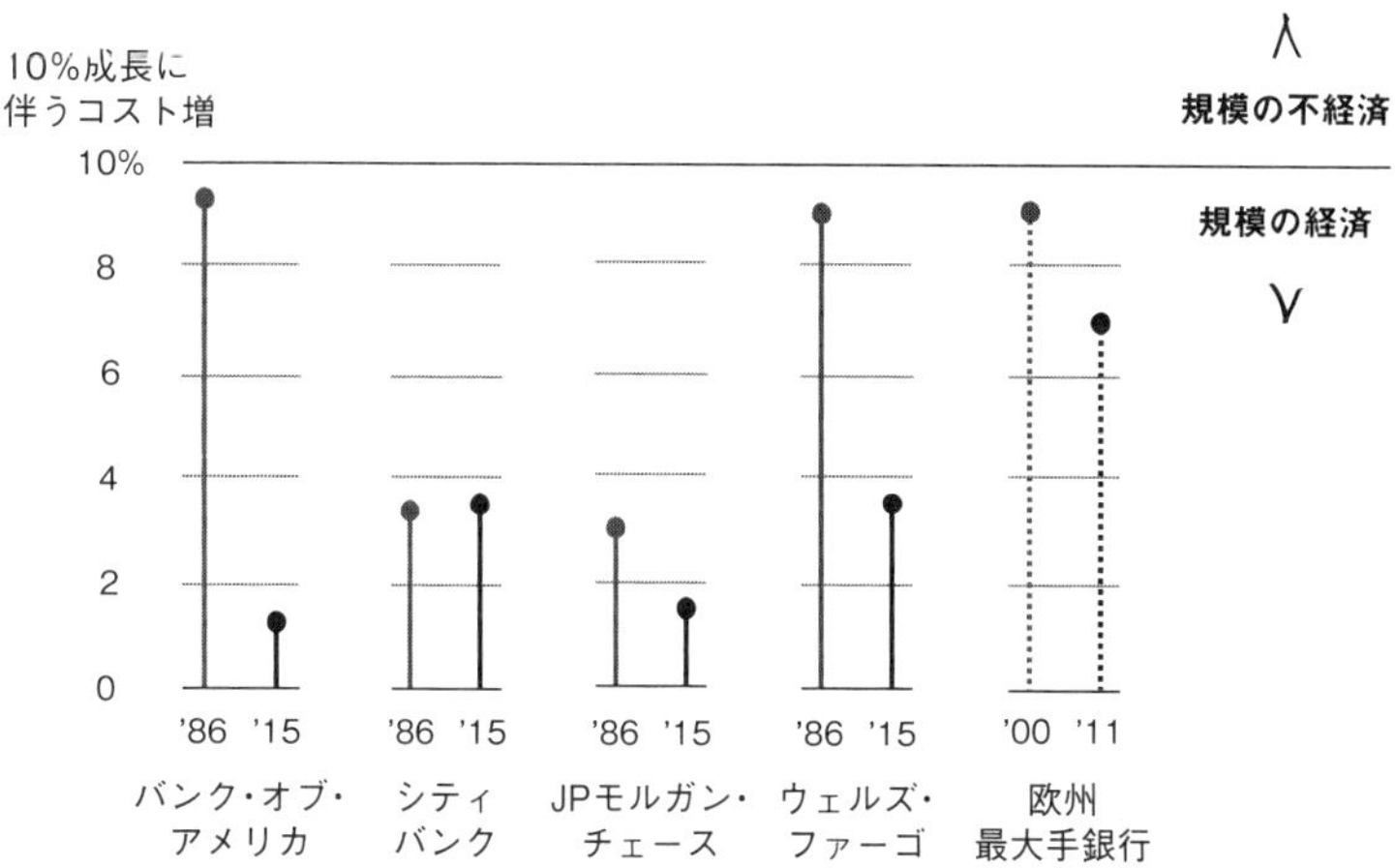

費用が低下することです。図13－2は、米国と欧州の最大手銀行が10%成長した場合に発生するコスト増を示したものです[11]。10%の値（図13－2の上部の水平線参照）より小さな場合は、規模の経済を示しています。10%より大きい値は、〝規模の不経済〟、つまり、コストが事業よりも急速に拡大していることを意味しています。

1986年、バンク・オブ・アメリカは適度な規模の経済の恩恵を受けていました。当時、事業が10%成長したときに、コストは9・3%増加していました。2015年には、銀行の規模の経済ははるかに大きくなり、業務が10%増加しても、コストの増加はわずか1・4%でした。1980年代でも高効率だったシティバンクを除き、欧米の大手銀行はすべて、1986年と比較して2015年にはより大きな規模の経済が発生していたのです。

図13－2に示した規模の経済は、ある種の固定費の存在を反映しています。銀行業では、テクノロジ

図13-3　トレーディングにおける規模の経済

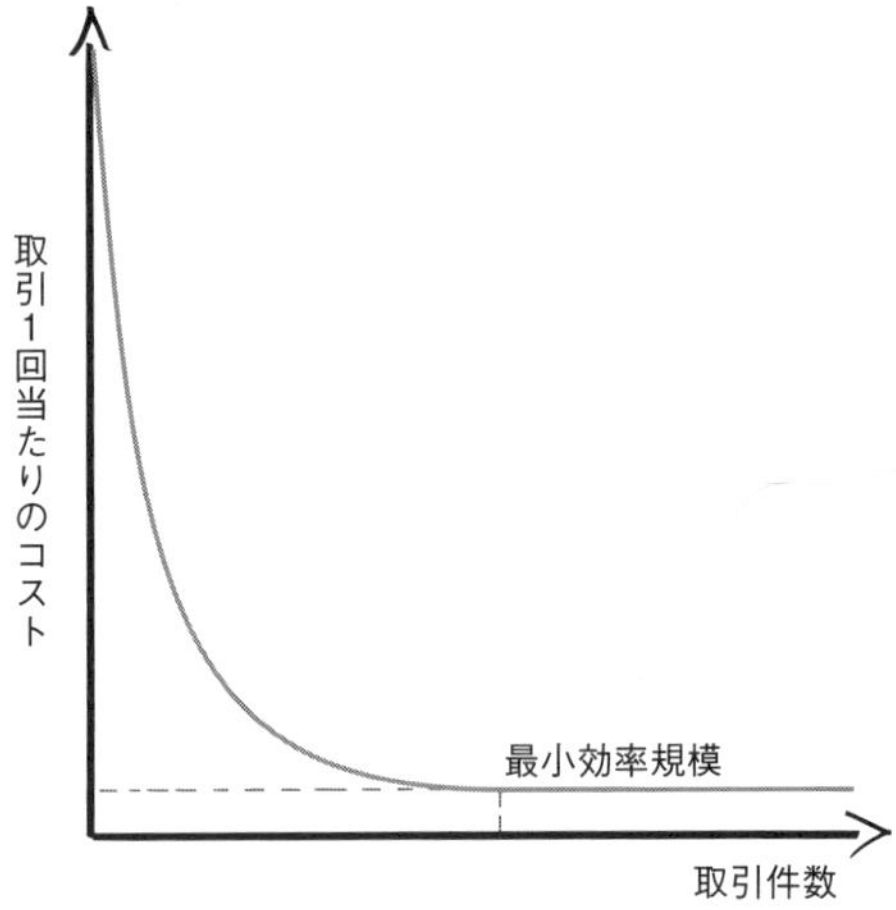

ーへの投資が固定費の重要な例です（金融サービス業界は、ヘルスケアやテクノロジー企業の2倍、製造業の3倍もの金額をITに費やしています）[12]。

固定費が規模の経済を生み出すことを理解するために、1日に1回しか取引を行わないトレーダーがいるトレーディングルームを想像してみてください。この取引は非常にコストがかかります。なぜなら、取引インフラの全コストは、この1つの取引に割り当てられるからです。取引件数が増えるにつれて、固定費はより多くの取引に分散され、平均費用は低下していきます（図13－3）。しかし、同じ固定費を分散することによるコスト節約効果は、取引量が増えるにつれて小さくなっていきます。

最小効率規模

〝最小効率規模〟（MES：Minimum Efficiency Scale）

をご存知でしょうか。これは、コスト競争力を維持するために必要な生産量で、すべてのビジネスパーソンが知っておくべき数字です。*2 MESより小さいと、大きなライバルにコストで勝てません。一方、MESを達成した後は、それ以上の継続的な成長はもはやコスト優位につながりません。実際、企業によっては、大規模な組織の運営は複雑であるため、平均費用が増加する可能性があります。規模の経済をもたらす固定費は、IT投資だけではありません。マーケティングもその好例です。

1970年代半ばにコカ・コーラ（Coca-Cola）とペプシ（Pepsi）が広告費を増大させたとき、清涼飲料水のコマーシャルは米国のテレビで定期的に放送されるようになりました。この2社の広告合戦は、何十年にもわたって繰り広げられました。どちらが勝ったでしょうか。

これらの企業の市場シェアは、驚くべきことを物語っています。両社はともに勝利を収めたのです。コカ・コーラとペプシを合わせた清涼飲料市場のシェアは、1970年の54・4％から1995年には73・2％に増加しました。(13) 両社は、広告の固定費を大量に投入できない小規模な競合他社を犠牲にして成長したのです。テレビ画面での存在感が薄れたことで、数百社あった清涼飲料メーカーの多く

*2 MESは戦略的に重要であるにもかかわらず、標準的な財務報告書には記載されていません。自社のMESを見つけるには、会社が10％成長した場合にコストがどのように変化するかを判断します。どの費用項目を固定費（成長しても変わらない）とし、どの項目を変動費として扱うかに細心の注意を払います。最後に、現在の生産水準と、より高い生産水準での平均費用を比較します。平均費用が成長とともに低下するなら、規模が小さすぎて、大規模なライバル企業に対してコスト競争力を持つことができません。平均費用がほぼ横ばいであれば、MESの水準かそれ以上であると言えます。

は、大企業に買収されるか、廃業に追い込まれました。

固定費というと、大きな投資判断を迫られ、景気循環の浮き沈みのなかで調整することが難しいため、好ましくないというイメージがあります。しかし、企業の固定費がライバルより大きければ、有利になる可能性があります。たとえば、コカ・コーラとペプシは、マーケティング費用を増やすことで、最小効率規模に満たない競合他社を犠牲にして成長することができたのです[14]。

参入障壁としての規模

最も強力な規模の経済は、完全に競争のない市場を生み出すことができます。ウォルマート（Walmart）は長年にわたり、この優位性を享受してきました。ウォルマートの店舗の大半は、郊外や人口密度の低い場所にあります。このような市場にサービスを提供するために、同社は大規模な物流センターのハブ&スポークシステムを構築し、各センターは半径150マイル以内にある約100のサテライト店舗に商品を供給しています[15]。

この体制は、ウォルマートに3種類のベネフィットをもたらしています。店舗を物流センターから車で1日以内の場所に配置することで、中央倉庫の固定費を大量の売上に分散させ、規模の経済を生み出しています。

また、店舗が互いに比較的近いため、配送トラックが迅速に供給でき、規模の経済の特殊なタイプである〝密度の経済〟が生まれます。店舗と配送センターの距離が1マイル近づくごとに、ウォルマートの利益は年間3500ドル増加します[16]。米国内だけでも5000以上の店舗があり、密度の経済が同社の最終利益に大きく寄与しているのです。店舗は、迅速に商品を補充することができるため、在庫のためのスペースは節約されています。実質的に、インチ単位の距離が、商品の販売に寄与しているのです[17]。

ウォルマートの第3の優位性は、市場規模と固定費の関連性を浮き彫りにしています。市場規模が小さいと、固定費を大量に投下することができません。その結果、最大のシェアを持つウォルマートは、コスト面で明らかに優位に立ちます。仮に、別の企業が参入し、ウォルマートと同等のインフラを構築し、大きなシェアを獲得したとしても、両社とも大きな固定費を抱えているため、収益性が低下してしまいます。このような事態が予測できるため、そもそも参入しようとする企業は出てきません。小規模な市場の多くでは、ウォルマートはまさにこのような理由でほとんど競合に直面しなかったのです。競合のない市場では、同社は6%もの値上げを実施しました[18]。

ウォルマートは、競合のない市場での成長戦略を追求することで、売上高で世界最大の企業に成長しました。しかし、ウォルマートといえども、その核となる優位性（規模の経済を反映した低コスト）を発揮できるのはここまでで、現在は3つの面で逆風にさらされています。

都市部では、ターゲット（Target）のような総合スーパーやクローガー（Kroger）など食料品に特化した競合との激しい競争にさらされ、同社はほとんど成功していません。人口密度の高い都市部では、市場規模に対する固定費の割合が十分でないため、競争を緩和することができず、ウォルマートが圧倒的な地位を獲得することはより困難です。

一方、ウォルマートのグローバルな展開は、さまざまな成功を収めています。メキシコやイギリスでは、国内の大手小売業者を買収し、自国市場で享受していた規模の経済を再現することができ、業績は好調に推移しています。しかし、ウォルマートが独自の店舗網を構築しようとした市場や、弱小小売チェーンを買収した市場（日本）では、失敗したり（韓国、ドイツ）、失速したりしました（アルゼンチン、ブラジル）[19]。

最後の課題は、eコマースの台頭です。オンライン小売業者は、店舗インフラの固定費を負担することなく、ウォルマートの中核市場への参入に成功しました[20]。特にアマゾン（Amazon）は、ウォルマートの利益率の高い日用品・生活雑貨セグメントにターゲットを絞りました。これに対して、利益率の低い食料品事業（米国におけるウォルマートの売上高の56％）は、適切に防御されているように思われます。なぜなら、米国の消費者は食料品を店舗で買うか（売上の97％）、実店舗の小売店で受け取ることを好むからで、何千もの店舗を持つウォルマートのような企業にとっては有利なのです[21]。

ウォルマートの話は、規模の経済が同社の成功と苦戦の両方を説明しているため、特に興味深いものです。第8章の支払意思額（WTP）の議論では、ネットワーク効果によって、市場に参入して利益を得ることができる企業の数がどのように制限されるかを見てきました。バリュースティックのWTS側では、規模の経済は同様の効果をもたらします。

米国の都市におけるレストランと新聞社の市場規模と競合状況を見ると、都市が大きくなるにつれ、レストランの数も比例して増加しています[22]。最も人口の多い都市部では、想像を絶する数のレストランがあり、そのクオリティもさまざまです。レストランが潰れても、すぐに別のレストランに取って代わられるのが普通です。新聞社は違います。都市の規模は新聞社の数にほとんど影響を及ぼすことがなく、ニューヨークのような大都市でも数社しかありません。全米では、都市の規模にかかわらず、有力紙のシェアが50%を下回ることはありません。

何が違うのでしょうか。レストランと新聞社では、コスト構造が大きく異なります[23]。レストランの経営には、変動費となる活動が多く含まれます。閑散期には、シェフは食材の仕入れを減らし、オーナーはスタッフの数を減らします。固定費で参入を阻止できないため、この業界は競争が激しくなっています。新聞を発行する費用は、ほぼ固定費です。たとえば、ニューヨーク・タイムズ（New York Times）は、１６００人以上のジャーナリストを雇用し、小規模な競合他社が太刀打ちできないようなクオリティの高いジャーナリズムを生み出しています。

ニュースビジネスでは、クオリティは固定費です。レストランでは変動費です。その結果、競争の様相が大きく異なるのです。

デジタル化以前の経済では、新しい市場の競争力を把握するために、まず固定費に注目します。

インターネット時代には、ネットワーク効果が固定費と同じぐらい影響力を持ち、競争できる企業の数を決定することがよくあります。しかし、経済の多くの分野では、規模の経済が依然として重要です。以下のポイントが特に重要です。

▼**すべてのストラテジストは、自社の最小効率規模を知る必要があります。**企業がコスト競争力を維持するために必要な規模を持っているかどうかを知らずに、戦略的な方向性を決定するのは無責任です。

▼**最小効率規模は時間とともに変化します。**これらの変化の一部は、テクノロジーと消費者の嗜好の傾向を反映しています。また、優れた戦略的意思決定が反映される場合もあります。固定費の増加は、競争相手の数を制限するための強力な手段となりえます[24]。

▼**クオリティで勝負している企業であれば、固定費や変動費の力を借りてWTPを高めるベネフィットを必ず比較してください。**2つの投資モードが短期的には同じような財務的リターンをもたらしたとしても、将来直面する競争相手の数には異なる影響を与える可能性があります。

第14章　学習効果

ヘンリー・フォードが有名なT型フォードの製造を1909年に始めたとき、1台当たりの生産コストは1300ドルでした[1]。1926年には、フォード（Ford）の賃金は3倍に跳ね上がりましたが、自動車の生産コストは840ドルにまで下がりました[2]。フォードの秘密は〝学習曲線〟にあります[3]。企業が累積生産量を増やすと、従業員が製品や工程に慣れ、生産性を向上させる新しい方法を見つけるため、多くの場合、コストが低下します（図14－1）。1926年にフォードが1000万台の自動車を生産するまでに、学習効果だけでコストは3分の1以上削減されました。

現代の自動車工場にも同様の効果が見られます。図14－2は、ライン組み立てからチームベースの生産に切り替えた企業で起こったことを示しています[4]。見てのとおり、作業員が協力の仕方を理解するのは簡単ではありませんでした。切り替え直後は、1台の自動車を組み立てるのに400時間以上かかっていました。しかし、その進歩には目を見張るものがあります。わずか10週間後には、100

図14-1　累積生産量増加による学習がコストとWTSを下げる

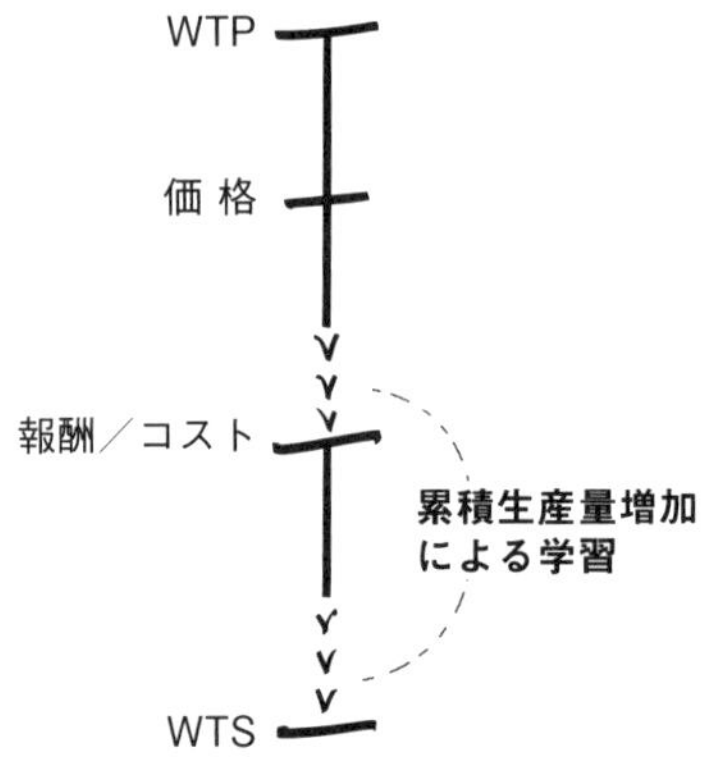

時間を切るまでになったのです。

学習効果で勝負する企業にとって重要なのは、従業員から従業員へ、既存の工場から新しい工場へと学習を移転できるかどうかということです。このような進歩を定着化することはできるのでしょうか。それとも、生産能力を拡大するたびに、プロセスを学び直さなければならないのでしょうか。図14－2は、学習効果の移転がうまく機能したケースです。この企業では、8週目に2番目のシフトを追加したとき、新しいチームは、先駆者が達成したすべての進歩をすぐに取り入れました。

学習は生産性を向上させるだけでなく、多くのコンテクストで支払意思額（WTP）を高めます。たとえば、医療分野では、外科医が同じ処置を頻繁に行えば、手術にかかる時間は短くなります。インドの病院グループであるアポロ・ホスピタルズ（Apollo Hospitals）とナラヤナ・ヘルス（Narayana Health）は、学習曲線を利用して複雑な手術を驚くほど低い費用で提供し、

図 14-2　自動車の組み立てにおける学習効果

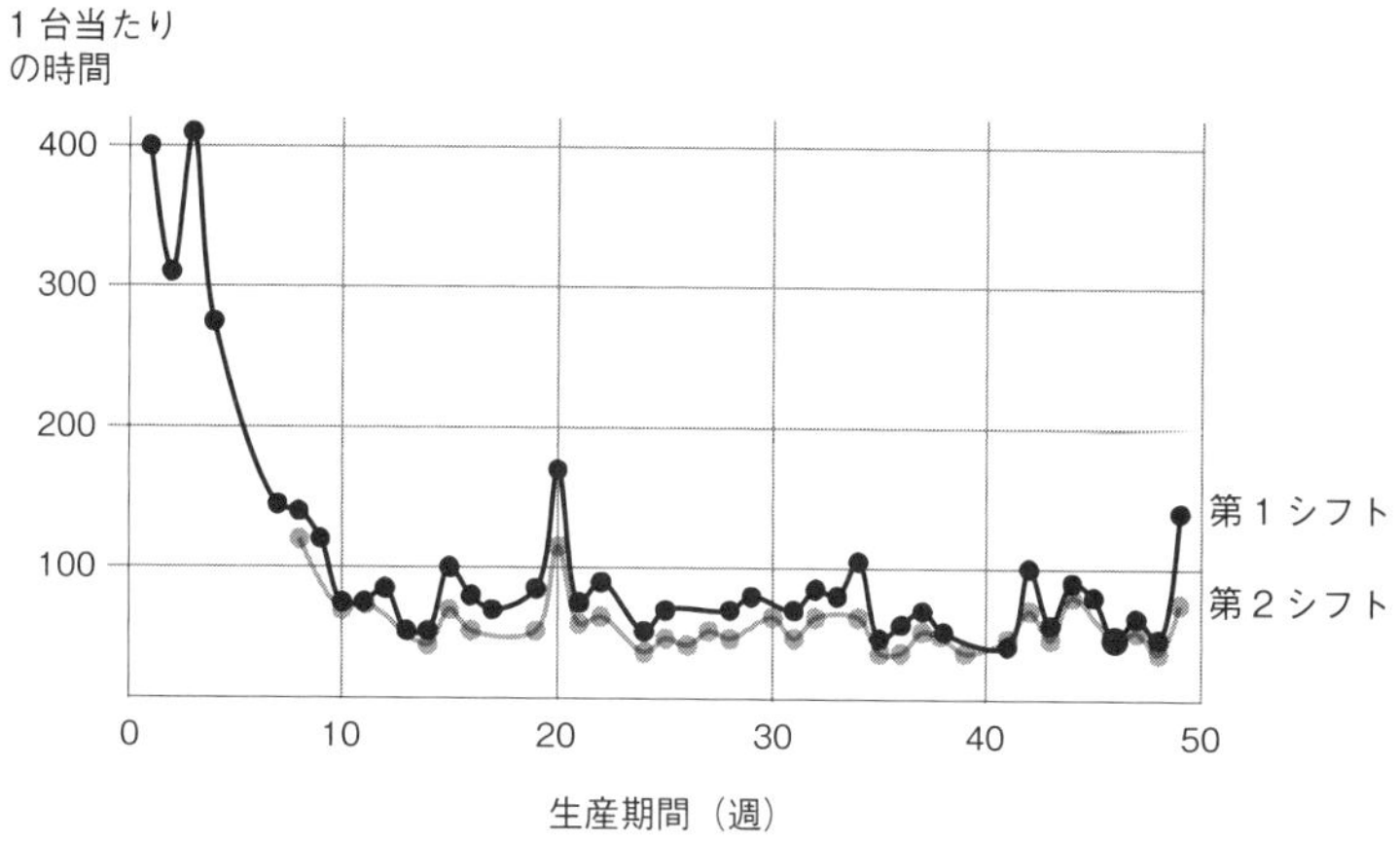

裕福でない家庭にも手が届くようにしています。(5) ナラヤナ・ヘルスの外科医は、年間200件の心臓切開手術を行っており、これはクリーブランド・クリニック（Cleveland Clinic）の医師の2倍の件数に相当します。大量生産により、コストが削減されるだけでなく、クオリティも向上します。アポロとナラヤナ・ヘルスは、欧米の最高水準にある病院に匹敵する手術の成功率を誇っています。

本章の例が示すように、学習にはさまざまな形態があります。特に最近の人工知能と機械学習の進歩は、競争優位の源泉としての学習に対する企業の関心を新たにしています。数ある例のうちの1つにすぎませんが、現在、異常検出アルゴリズムは、多様な業界のさまざまな用途のなかでコスト削減に役立っています。製造ではAIが不良部品の混入を防止し、金融サービスでは、アルゴリズムが不正の発見に役立ち、ヘルスケアでは、機械学習が生理学的な測定値の異常を特定しています。

多くの学習形態は、利用可能なデータの量と累積的なアウトプットに関連しています。しかし、心をオープンにしておくことは良いことです。インテル（Intel）の経営陣は長年、学習効果があるとして、メモリ製品の大量生産を大いに評価していましたが、学習が全体の数量に直接依存しないことを発見しました。インテルのメモリ開発グループを率いたサンリン・チョウは次のように説明します。「力技で数量を増やしても、学習スピードは上がりません。ウエハーを調べて学習する必要があります。学習は、観察し分析したウエハーの数、実行された効果的な是正措置の数にもとづいています。たとえ１０００枚のウエハーを処理したとしても、技術的な学習は、おそらく分析した10枚のウエハーからしか得られません[6]」

当時の副社長で後にインテルのCEOとなるクレイグ・バレットは、「私たちは、学習には量をこなす必要はないという事実に目覚めるのが遅すぎました。知的になる方法は、他にもあるのです」と述べています[7]。

学習効果を強みとして競争する機会を検討する際には、以下の点に留意してください。

図14-3　いかに学習がイノベーションを阻害するのか

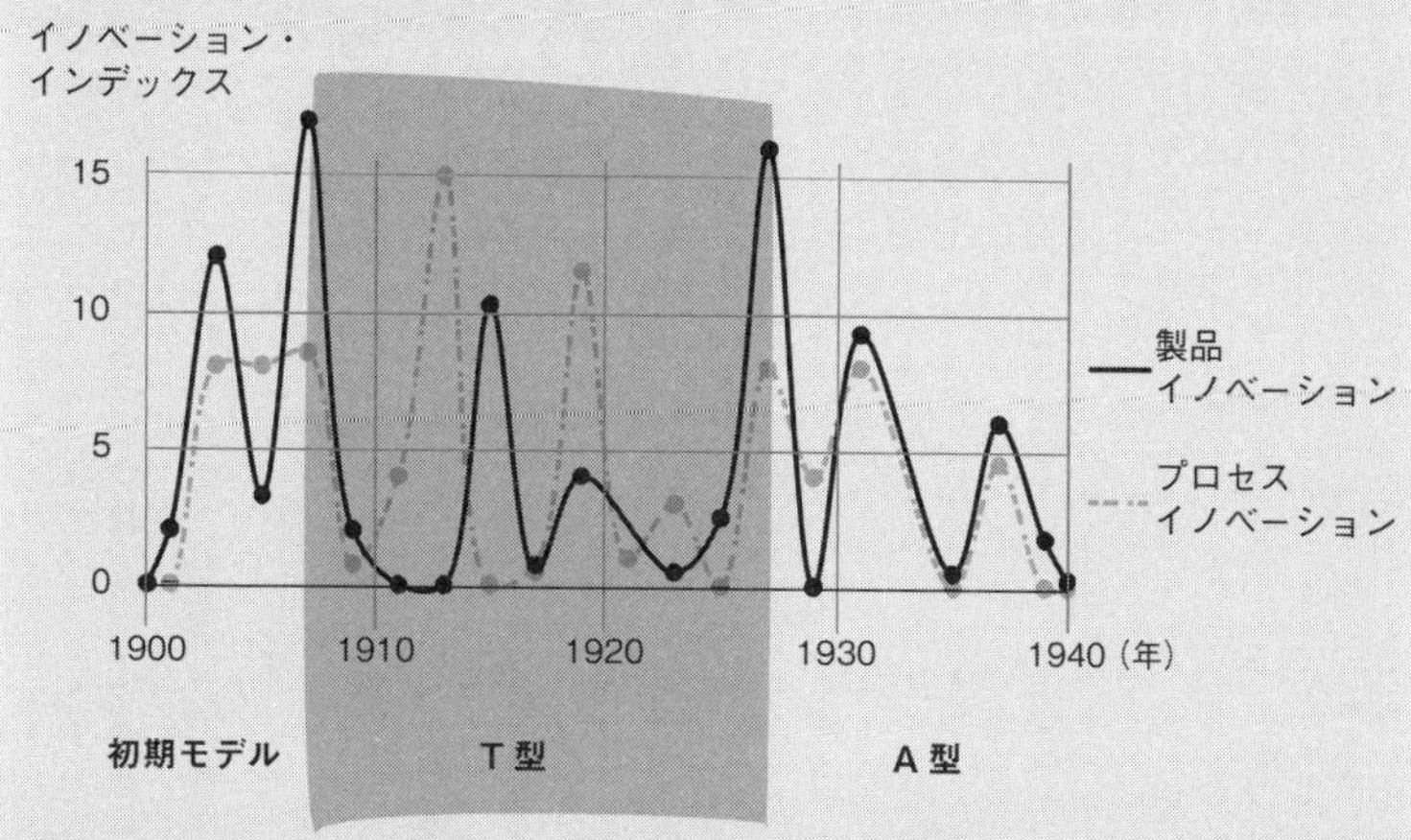

▼**十分に早いスタートを切れば、学習効果によって競合企業の市場参入を阻止することができます。**しかし、スタートが遅ければ、学習効果によって競合他社はより攻撃的になり、できるかぎり迅速に生産を立ち上げようとします[8]。

▼**コスト削減のスピードが中程度の場合、学習効果は最も強力です。**コスト削減のスピードが非常に速い場合（図14－2の自動車の例）や、非常に遅い場合は、競合他社よりも多く生産していることのメリットはほとんどありません[9]。

▼**同業他社が学習しているのを見ると、追いつくために価格を下げたくなるものです。**しかし、企業は、自社の経験や同業他社を観察することで学ぶことができます。他社から学ぶことが容易であれば、値下げで対抗するのは控えるべきです[10]。

▼**学習がもたらすダークサイドに注意してください**。同じプロセスを何度も実行することでメリットが得られるため、学習は組織を固定化し、イノベーションを抑制する可能性がありま す。T型フォードが、その好例です。同社は、自動車をより低コストで生産する方法を学ぶ過程で、多くの斬新な工程を生み出しました[11]（図14－3）。やがて製品と工程は密接に関連するようになりました。フォードの高度な生産システムでは、T型フォードに変更を加えようとすると、多くの工程変更を余儀なくされ、コストがかかりました。そのため、フォードはマイナーな改良に終始することになったのです。重要な製品イノベーションがフォードに戻ってきたのは、A型フォードが導入されたときだけでした。

第15章 嘲笑する理由はない

マイケル・ポーター教授は、オペレーション効率と戦略の区別を一般化しました。ポーターは、「戦略的な行動は、持続的な競争優位をもたらす」と説明しています。オペレーション効率は重要ですが、企業の成功にとって十分ではありません。[1] 結局のところ、どの企業もオペレーション効率を高めようと努力しています。最新のマネジメント手法を採用しても、それが効果的であればどの企業も導入するため、持続的な優位性は得られないのです。優れた戦略的行動は、企業間の差異を生み出します。オペレーション効率化への投資は、類似性を強化します（図15－1）。

ウォーレン・バフェットは、ポーター教授の強力なアイデアを見事に表現したパレードの話を残しています。

「ある観客が、パレードを見ようと、つま先立ちをしました。最初はうまくいっていたのですが、他の人も同じようにします。何かを見るために、つま先で立ち続けるには大変な努力が必要になってき

図 15-1　戦略とオペレーション効率の比較

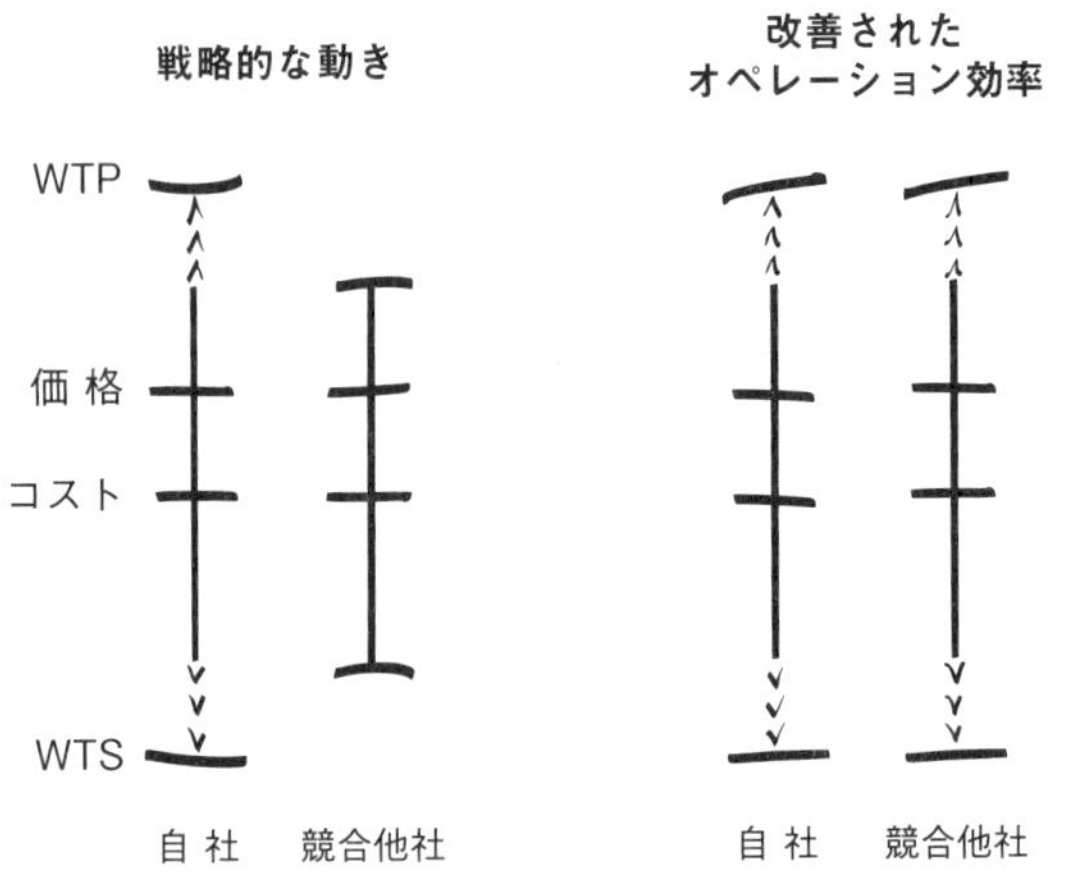

ます。いまでは優位性はなくなり、最初の頃より悪い状態になるのです(2)」

バフェットの話は、2つの前提のうえに成り立っています。第1に、つま先立ちという方法はすぐに広まるということです。最初の優位性は束の間です。第2に、つま先立ちの効果はだれにとっても同じようなものだということです。観客の身長はみな数インチ高くなりますが、身長差はほぼ同じです。オペレーション効率化のための投資は、本当につま先立ちのようなものなのでしょうか。それを検証してみましょう。まず、マネジメント手法の普及のスピードについて説明します。

普及のスピード

最新のマネジメント手法を採用しても、生産性を持続的に向上させることはできないという見方は単純すぎることが判明しました[3]。10年以上前、ニコラス・ブルーム教授とジョン・ヴァン・リーネン教授は、マネジメント手法の普及を体系的に研究するために研究グループを結成しました。30カ国以上の企業で1万2000回以上のインタビューを行った結果、結論が出ました[4]。私の同僚で、この研究グループの主要メンバーであるラファエラ・サドゥン教授は、重要な発見をこう説明しています。

「私たちのデータを見れば、主要なマネジメント手法が決して当たり前のものではないことは明らかです。目標設定や業績管理といった基本的な業務でさえ、マネジャーの実行力には大きな差があります。そして、この違いは重要です。より良い経営を行っている企業には、長期的な優位性があります。かれらは、より生産的で、より収益性が高く、より速いペースで成長しているのです[5]」

図15-2は、マネジメントのクオリティの違いの一部を示しています[6]。左側の列は、企業が定期的に業績を把握しているかどうかを、1（KPIを設定していない）から5（KPIが頻繁に測定され、組織全体で共有されている）までの尺度で示したものです[7]。

米国では、約18%の企業が5の評価を受けています。ブラジルでは、トップランクの企業はわずか5%です。このような国際的な違い以上に興味深いのは、国内でのばらつきの大きさです[8]。ドイツでは、KPIを設定していない企業はわずか2%ですが、44%は3以下の評価を受けており、業績管理のベストプラクティスにはまだ大きく及ばないことを意味しています。しかし、ドイツ企業の18%はクラス最高水準にあります。

エクセレンスと凡庸さが共存するこのパターンは、何十ものマネジメント手法で繰り返されています。図15-2の真ん中の列はストレッチ目標設定のばらつきを、その右側は従業員のモチベーション

図 15-2　マネジメントプラクティスの普及

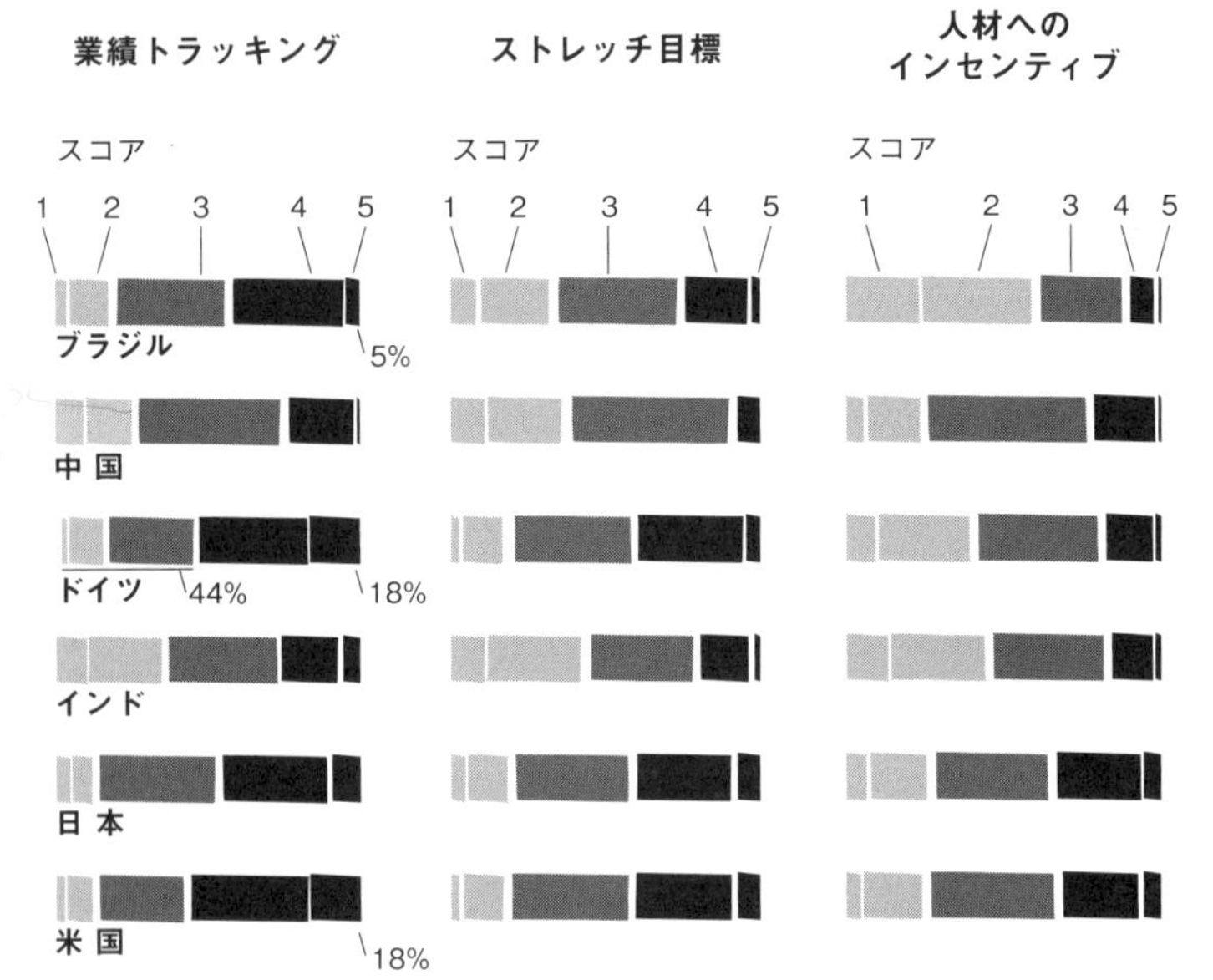

を高めるために評価とインセンティブをどの程度使っているかを示しています。[*1]結果は常に同じです。同じような競争環境でも、優秀な企業もあれば、明らかに中途半端な企業もあります。同じ企業に属する工場でも、最新のマネジメント手法の採用には大きな差が見られます。優れたマネジメントの普及は自動的なものではなく、迅速に進展するわけでもありません。

重要な問題は、これらのマネジメント手法がどこにでも適用できるかどうかです。金銭的インセンティブの有効性は、仕事の種類によって異なるのでしょうか。金銭的インセンティブは、たとえば、アングロサクソン文化圏では、より広く受け入れられるのでしょうか。最新のマネジメント手法を採用した場合の業績への影響は、企業によって異なることに疑いの余地はありません。(9) それでも、良いマネジメントがもたらす効果は顕著であり、外的環境や企業文化によって簡単に押し流されるものではありません。

次のケースを考えてみましょう。マネジメントが最も劣った下位10%から、それが最も優れた上位10%へと企業が移行すれば、生産性は75%向上します。(10) このような優れたマネジメントのベネフィットは、国や文化を超えて驚くほど似ています。生産性向上の効果が非常に大きいことから、大多数の企業が優れたマネジメントから恩恵を受けていると考えられます。

なぜ、多くの企業が、これほど大きな見返りがあるにもかかわらず、主要なマネジメント手法を採用できないのか、不思議に思われるかもしれません。特に、3つの障壁が重要であるように思われます。

▼自社のマネジメントのクオリティを評価できない

多くのマネジャーは、自社のマネジメントのクオリティを評価することが難しいと感じています。サドゥン教授は、「各社との対話の最後に、私たちは必ず経営者に『自社の経営状態』について1から10までの尺度で評価するように依頼しました。評価の平均は10点満点で7点とかなり

＊1　〝ストレッチ目標〟は、達成するのが適度に困難なストレッチ・ターゲットを設定しているかどうかを測定するものです。〝人材へのインセンティブ〟は、定期的に人材の業績を評価し、金銭的・非金銭的なインセンティブによって高い成果を支援しているかどうかを示すものです。質問と測定基準の完全なセットは、World Management Survey のサイト（https://worldmanagementsurvey.org/survey-data/methodology/）でご覧いただけます。

高いのですが、この回答と最新のマネジメント手法の実際の採用とは相関がありません。多くの経営者は、自らのマネジメントのクオリティについて無知であるように思われます」と説明しています[11]。

▼経営者が現場に関与しすぎる

経営者のなかには、頻繁に工場を訪れ、従業員やサプライヤーと1対1で業務に取り組む、ハンズオン・マネジメントのスタイルを好む人もいます。また、経営幹部とのコラボレーションに重点をおく経営者もいます。どちらのスタイルを採用しても、一般的な業績上の優位性はありません。しかし、ハンズオン型の経営者は、プロセス志向のマネジメント手法が自らの関与型マネジメントを代替するのではないかと脅威に感じる傾向があります。その結果、こうした経営者は、自動化された業績トラッキングシステムや金銭的インセンティブなど、最も効果的なツールのいくつかを採用できないことが多いのです[12]。

▼良いマネジメントがもたらす業績の結果が見えない

これは、企業が必要な投資を行ううえでの最後のハードルになります。データによると、ほとんどの企業では、実行力の向上は、多くの経営者が考えている以上に価値があります。その結果、マネジメントがうまくいっていない企業とうまくいっている企業の間の溝は、時間とともに拡大する可能性があります。たとえば、インセンティブを信じない経営者は、インセンティブを導入する可能性が低く、実績あるマネジメント手法の採用の妨げになっています。

戦略へのスプリングボード

パレードでつま先立ちをしても、すぐに真似をされるだけでなく、結果に違いが生じないため、それは意図に反する結果になります。オペレーション効率化に投資する企業も同じような運命を辿るのでしょうか。他社と同じになってしまうのでしょうか。

インテル（Intel）は興味深い事例を提供しています。シリコンバレーの黎明期にメモリチップのトップメーカーであったインテルは、1980年代半ばになると、日本の競合他社に遅れをとることになります。日本の経営者は、1970年代にTQM（総合的品質管理）や継続的改善などの手法を導入し、より高い品質と低いコストでインテルに対抗していました[13]。設備稼働率、歩留まり、信頼性、コスト、生産性など、あらゆる生産指標において、インテルの業績は日本のライバル企業と比べて惨憺たるものでした。当時、インテルの製造責任者であり、後にCEOとなるクレイグ・バレットは、「われわれは予測不可能な存在でした。コスト競争力もなく、製造での競争力もなく、もっと違ったやり方をしなければいけないと思ったのです」と言っています[14]。

インテルは、1985年に50％、翌年にはさらに50％のコスト削減を目指しました。この野心的な目標を達成するために、インテルは最も効率の悪い生産工場を閉鎖し、5000人近くを解雇しました。残った製造施設のマネジャーは、日本のモデルを真似て、製造方法を大幅に改善するように求められました。このアジアの競合他社と同様、インテルも設備やサプライチェーンから汚染源を排除し、生産設備のメンテナンスの責任を設備供給者に移し、その製造ユニット（ファブ）を自動化しました。

インテルが事業を再構築するのに約10年、何十億ドルもの投資を必要としました。1990年代初頭には、生産性は1980年代の4倍、稼働率は20%から60%、歩留まりは50%から80%以上へ向上しました。インテルは、高効率で低コストの製造企業として台頭してきたのです[15]。

インテルの取り組みの多くは、つま先立ちに似ています。もちろん、非効率な工場を閉鎖したり、先進的な製造技術を真似たりすることは、企業の財務パフォーマンスを向上させます。しかし、ポーター教授やバフェットが強調するように、これらのイニシアチブでは、長期的な競争優位の基盤となる差別化を生み出すことはできません[16]。

しかし、インテルにとって、日本のやり方を真似ることは第1幕にすぎませんでした。同社は当時の最先端のマネジメント手法を模倣しようと試み、その過程で、コスト削減、スピードアップ、品質向上などの新しい方法を発見していったのです。

インテルの課題の1つは、開発担当者が製造現場で直接、製造スタッフと一緒になって新しい工程を作り上げていくことでした。このアプローチは、開発から製造への迅速な移行をもたらしました。これは、大容量のメモリチップをいち早く市場に投入してきたインテルにとって、大きな利点でした[17]。しかし、この共同開発プロセスにも重大な欠点がありました。開発チームと生産チームが頻繁に設備利用をめぐって競合したため稼働率が低下し、生産が未熟で予測不可能になったのです。

インテルは、日本の競争相手と肩を並べるために、開発と生産を分離するようになりました。たとえば、1ミクロンのマイクロプロセッサ、Intel386は、ポートランドで開発され、生産はアルバカーキで行われました[18]。時とともに、開発から生産へ、そして工場から工場への技術移転は、世界でもトップクラスとなりました[19]。品質を犠牲にすることなく、生産量を増加させることができたのです。この能力をどのように活用すればよいのでしょうか。

インテルは、2つの画期的な戦略的決断をしました。1つは、それまで採算がとれず、わずかなシェアを誇っていたメモリチップの市場を、日本の競合他社に譲り渡すことです。1980年代半ばには、メモリ製品に初期の頃は重要であったスピードは求められないと判断したのです。代わりに、インテルは優れた設計力と製造技術が重要な役割を果たすマイクロプロセッサ市場に集中します[20]。

次に、1985年のIntel386を皮切りに、インテルはマイクロプロセッサをシングルソース化することを決定し、顧客の不信を買いました[21]。これは、半導体業界では前代未聞のことでした。これまで各社は、ライバル企業に自社の設計をライセンス供与し、需要対応を顧客に保証していました。インテルが自社製品を一手に引き受けることになったのは、製造方法の改善が決定的に重要でした。バレットは次のように振り返っています。

「インテルは、顧客の十分な信頼を得ることで、（シングルソース化を）成功させるところまで来ました……1980年代初頭の当社の品質への取り組みは、製造ラインの一貫性や全体的な製品品質の向上という形で成果をあげ始めました」

オペレーション効率を追求した結果、インテルは貴重な戦略機会を得ることができました。シングルソース化はその1つです。この点では、インテルは典型的です。オペレーション効率を高めるためのプログラムは、多くの場合、戦略再生のための根幹となります[22]。それは、まるでパレードの観客がつま先立ちし、何か新しい光景を垣間見るようなものです。これまでとは違う視点が生まれ、それに合わせて自分たちの立ち位置も変えていきました。

「Copy EXACTLY!」（正確にコピーせよ！）と名付けられたインテルの技術移転戦略は、それが完全に成熟すると、組織的、文化的に大きな調整を必要とするため、容易に再現することができなくなりました。「Copy EXACTLY!」によって、プロダクション・エンジニアの自主性が失われました。インテルのユージン・マイヤランは次のように振り返っています。

「それは文化的に大きな問題でした。エンジニアたちは、『私は技術者だ。プロセスを変えたい。なぜ、この官僚的な泥沼（わずかな変更も上級マネジャーの承認を得なければならない）を通らなければならないのか』と言いました[23]。当然、一部のエンジニアは不満を抱き、インテルを辞めました[24]」

組織がオペレーション効率化に投資することで、競合他社とまったく同じ活動を行うことになることももちろんありえます。しかし、その可能性は低いものです。たとえ2社が同じマネジメント・アプローチ、たとえば、継続的改善や強力なインセンティブを採用していても、その実施方法は異なるだろうし、支払意思額（WTP）の上昇や売却意思額（WTS）の低下をもたらす道筋も異なるはずです。その結果、オペレーション効率化は、戦略再生への強力な足がかりとなるのです。

企業間の生産性の違いを説明するうえで、オペレーション効率化が果たす役割を考えてみると、いくつかの洞察が得られます。

▼**優れたマネジメント手法やオペレーション効率は、企業間で意味のある差別化を生み出すのに役立ちます。**これらは達成するのが難しく、ゆっくりと普及し、長期的な競争優位の基礎となりえるものです。

▼**インテルの経験が示すように、オペレーション効率と戦略は絡み合っています。**両者の区別にあまり注意を払わないほうがよいでしょう。オペレーション効率化への投資と思われるという理由だけで、そのイニシアチブを却下しないでください。それは戦略再生のきっかけになるかもしれません。

▼**プロジェクトが「戦略」と「オペレーション効率」のどちらのカテゴリーに入るかを問うの**

ではなく、ＷＴＰを高める、またはＷＴＳを低くする可能性を検討してください。あるイニシアチブが成功した場合、競合他社がそれを模倣するのはどの程度容易でしょうか。もし、プロジェクトが成功し、競合他社が真似しにくいものであれば、そのプロジェクトが戦略的なものであろうと、オペレーション効率を高めるものであろうと、企業の競争力を高め、収益性を向上させることができるでしょう。

▼マネジメントのクオリティの向上が大きな価値を生むことは間違いありません。しかし、より良い実行は、健全な戦略に代わるものではないことを心に留めておいてください。「実行は常に戦略に勝る」(execution beats strategy every time)、「文化は戦略に勝る」(culture eats strategy for breakfast) などの格言はナンセンスです。ＷＴＰやＷＴＳが変化しないようなイニシアチブを完璧に実施しても、価値を創造することはできません。

第5部

バリューベース戦略の実行

――バリュードライバーとバリューマップ

第16章 Ｈｏｗを尋ねる

支払意思額（ＷＴＰ）を上げる、あるいは売却意思額（ＷＴＳ）を下げるという価値創造の方法が決まったら、いよいよその戦略を実行に移すときです。これほどエキサイティングなことはないでしょう。この段階では、さまざまな疑問が出てくるでしょう。どのように活動を変えなければならないのか。投資パターンの調整をどのように実施していくのか。どのプロジェクトを優先するのか。ここでは、企業がいかにして戦略策定から戦略実行へと移行していくかを見ていきます。

戦略成功のレシピ

イニシアチブやプロジェクトにコミットする前に、それらがどのようにＷＴＰやＷＴＳを動かすのかについて、ある程度詳細に理解することが重要です。多くの場合、企業は広範な戦略的アイデアにもとづいて事業を展開します。その多くは、市場でナンバー1かナンバー2になる、強力なブランドを作る、隣接する事業に投資する、グローバルな規模で展開する、といった単純なレシピの形で提供されます。

このようなレシピを研究していると、ある企業ではうまくいくが、他の企業ではうまくいかないということが必ず生じることがわかります。たとえば、優れたブランドは持続的な競争優位をもたらすという考え方について考えてみましょう。ブランド戦略コンサルティング会社であるカンター（Kantar）は、毎年、最も価値のあるグローバルブランド100を発表しています。容易に想像できるように、このランキングでは、アップル（Apple）やグーグル（Google）といった企業が上位にランクインしています。しかし、このランキングには、インドネシアのバンク・セントラル・アジア（Bank Central Asia）のようなあまり知られていない企業も含まれています。主要ブランドのうち、57社が米国企業、14社が中国企業です。

このランキングは、幅広いデータを反映している点で特に注目されます。カンターは、ブランドの市場シェアや価格プレミアム、想起性（どれだけ早く思い浮かぶか）、独自性と意味（顧客のニーズに適切な方法で対応しているか）など、多くの変数を考慮に入れてランキングを作成しています[1]。このランキングを作成するために、同社は50以上の市場で360万人という驚異的な数の消費者にインタビューを行っています。この指標で高得点を獲得したブランドには、明らかに大きな価値がありま す。カンターの計算では、トップ100のグローバルブランドは4兆4000億ドルの価値があり、

図 16-1　ブランド価値と財務的成功

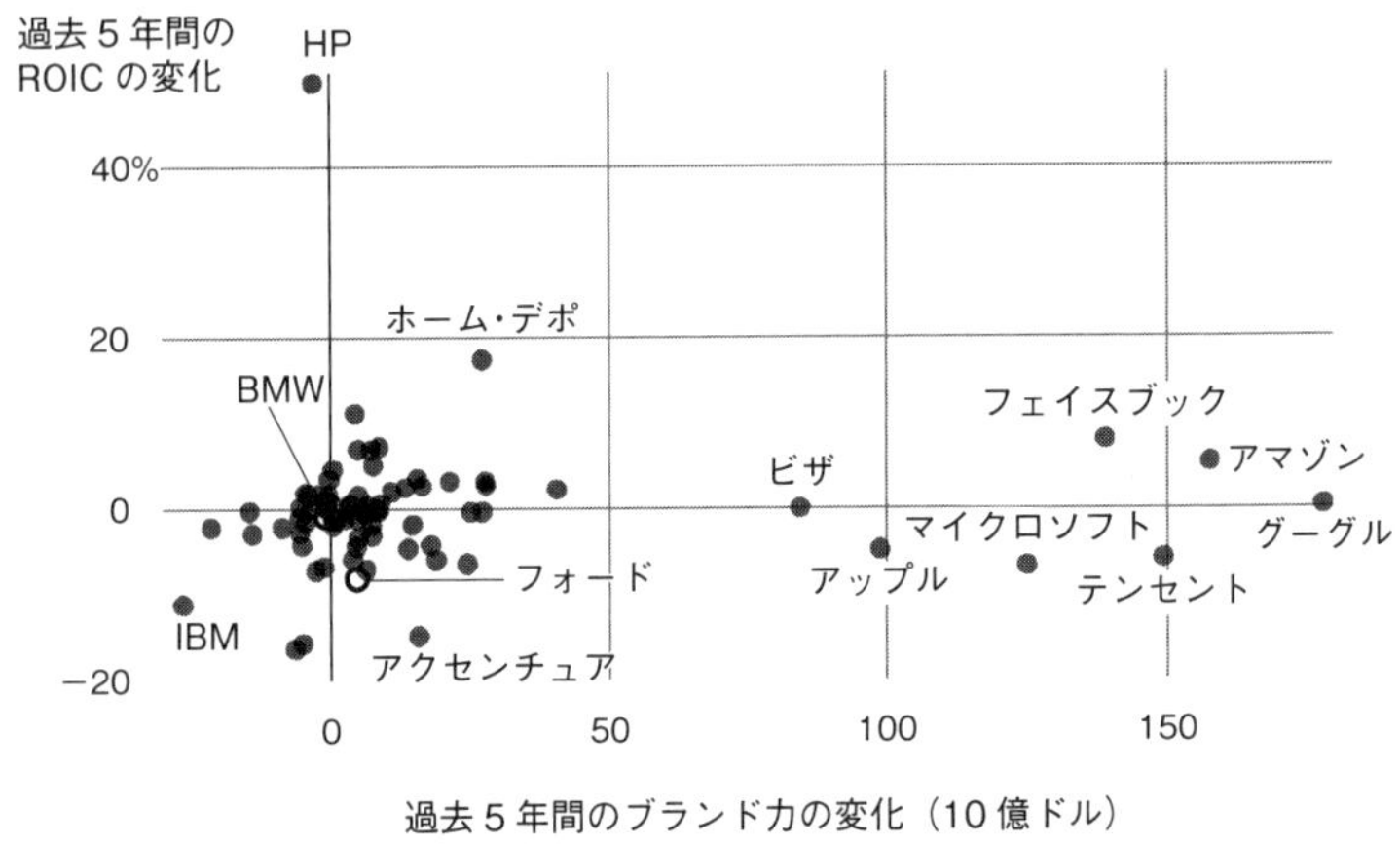

ドイツのGDPを上回っています。

私は、世界で最も価値のあるブランドが、組織の経済的な成功にどれだけ貢献しているかを調べたことがあります。そのときの私の驚きは想像に難くありません。その答えは、「平均して、まったく貢献していない」でした。図16－1は、カンターが測定したブランド力の変化と、2013年から2018年にかけての財務パフォーマンスの変化を比較したものです[2]。

ご存知のように、世界が私たちの期待どおりに動くこともあります。たとえば、ホーム・デポ（Home Depot）は、ブランド価値を約290億ドル高め、投下資本利益率（ROIC）は18ポイント上昇し、34・7％になりました。IBMの場合はその逆で、ブランドが打撃を受け、業績も悪化しました。また、ヒューレット・パッカード（HP）を理解するのも難しいことではありません。同社は収益性を劇的に向上させましたが、それはブランド構築以外の手段によるものでした。

しかし、ビザ（VISA）やグーグルのような企業のデータは不可解です。どちらも、ブランド価値の大幅な上昇を目の当たりにしました。グーグルの価値上昇分は、1880億ドルという驚くべき額です。しかし、この価値の上昇は、明らかにこれらの企業の収益性に影響を与えませんでした。アクセンチュア（Accenture）はさらに大きな驚きです。同社はブランド価値を高めましたが、収益性は低下したのです！

私たちのサンプルの75社（トップ100ブランドの財務データをすべて入手することはできません）では、ブランド価値の変化とROICの変化の相関係数は0・0353です。それはゼロとみなすことができます。

この時点で、あなたの心は揺れているでしょう。このデータのパターンをどう説明すればいいのだろうか。テクノロジー企業には何か特別なものがあるのだろうか。ブランド力を高めると収穫が逓減するのだろうか。アクセンチュアは、ブランド力を高めていなければ、もっとひどい結果になっていたのだろうか。図16－1だけからでは、何とも言えません。ただし、明らかなことは、ブランド重視の戦略を実行するためのもっともらしい動機となる、ブランド力と財務的収益性の関係が、予想よりも単純ではないということです。

あるいは、第13章で検討した、規模の拡大が生産性の向上と利幅の改善につながるという見解も考えてみましょう。図16－2は、米国の法律事務所におけるこの関連性を示しています。

法律事務所の規模（ここでは弁護士数で測定）と利益率の間に明白な関連性はありません。[*1] 確かに、カークランド・アンド・エリス（Kirkland & Ellis）は規模が大きく、財務的にも非常に成功してい

図 16-2　法律事務所の規模・収益性

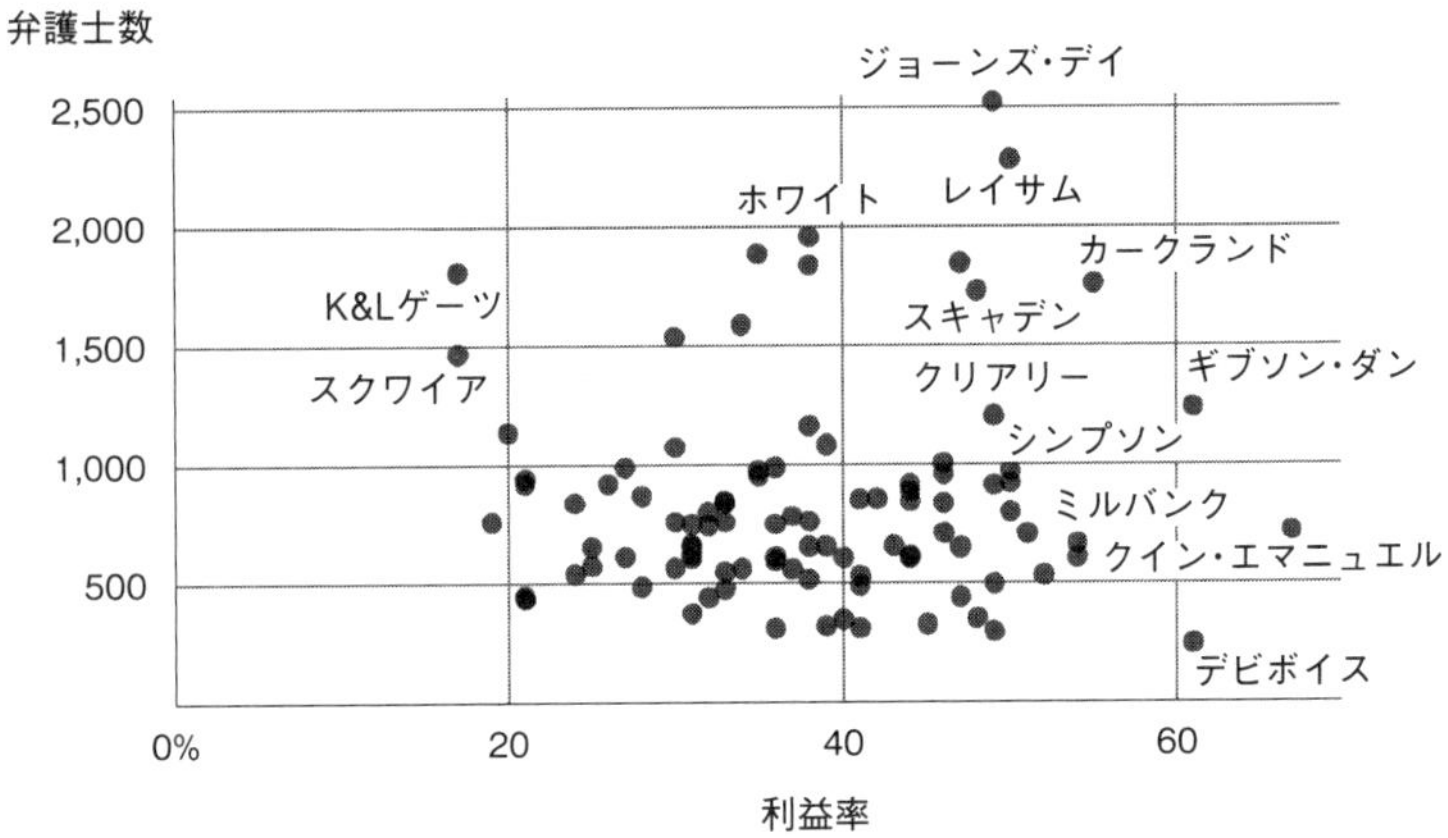

図 16-3　WTP を高めるメカニズム

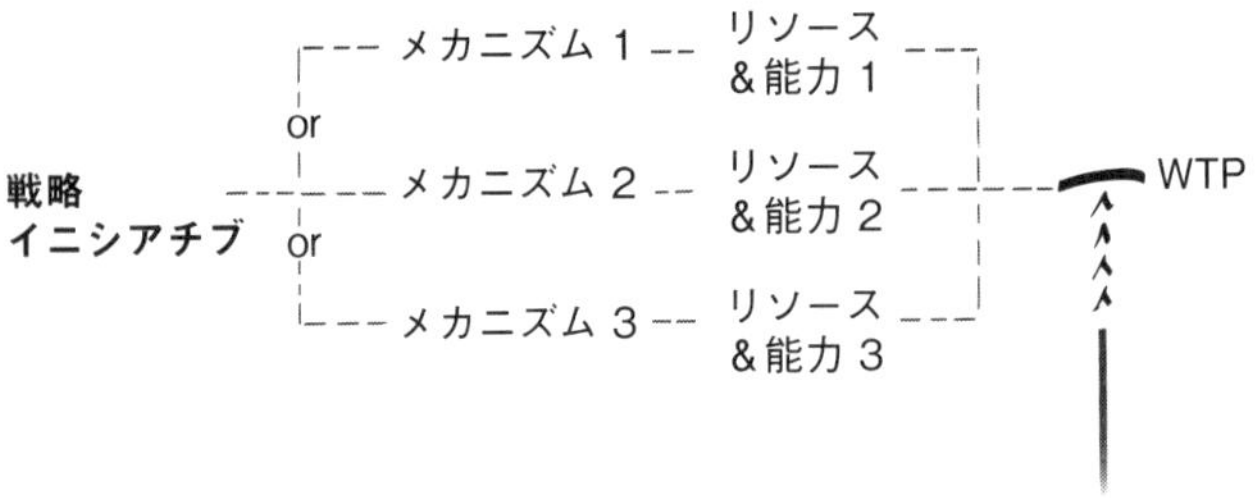

ます。しかし、K&Lゲーツ（K&L Gates）も同規模の事務所でありながら、収益性は最下位5分の1程度にとどまっています。

戦略の描くコースにコミットし、実行する前に、これらの例が示すように、「〇〇〇」（好きなレシピを入れてください）がどのようにしてWTPを上昇またはWTSを低下させるのか問いかけてみてください。これは役に立つパワフルな質問です。というのも、この質問に答えるためには、提案されたイニシアチブがWTPやWTSを変化させるメカニズムについて具体的に説明しなければならないからです。多くの場合、この根本的なメカニズムを理解さえすれば、良いと思われた戦略が特定の企業ではうまくいかない理由も明らかになります。

また、あるイニシアチブがどのようにWTPを引き上げたり、WTSを引き下げたりするかを調べることで、その戦略を実現するために自社に必要なリソースや能力を認識することができます。図16－3は、このようなメカニズムとリソースとの関係を示しています。

戦略イニシアチブがどのように価値を生み出すかを調べると、多くの場合、驚くべき洞察が得られます。1つの戦略、成功のための1つのレシピのように見えるものが、実は、異なった能力とリソースを必要とする多様な戦略の集合であることが多いのです[3]。たとえば、強いブランドは、ステータス

＊1　図16－2のグラフでは、一部の大手事務所は非営利法人として組織されているため、除外しています。これらの企業は平均してマージンが低いけれども、その財務内容はグラフに示したパートナーシップ企業の財務内容とは直接比較できません。

を与え、不確実性を低減し、好みや規範を確立することで、WTPを高めています。ブランドは、依拠しているメカニズムによって、顧客歓喜を大きく変えることができます。その違いを説明するために、それぞれのメカニズムについて説明することにしましょう。

アイデンティティの付与

製品をブランディングすることで、顧客は自分が何者なのかを伝えることができるという考え方は、直観的に理解できます。しかし、そのためにブランドが用いる手法は、微妙なニュアンスを持ち、興味深いものです。たとえば、メルセデス・ベンツ（Mercedes-Benz）では、ほとんどのモデルのボンネットやグリルに、有名なスリーポインテッド・スターのエンブレムが付けられています。この星の大きさは、8センチ未満のものから20センチ近いものまでさまざまです。最も大きな星は、最も安価なモデルに付けられています。平均して、星の大きさが1センチ小さくなるごとに、顧客は5000ドルを追加で支払うことになります[4]。

メルセデスのブランドマネジャーは、富裕層ではない顧客ほど、目立つブランドマークによる社会的差別化に対するWTPが高いことを理解しています。これに対し、富裕層は控えめなシグナルを好むため、星の大きさを小さくしているのです。

他の高級品市場でも同様のパターンを観察することができます。たとえば、ヨン・ジー・ハン教授とその共同研究者たちは、ハンドバッグの市場を研究し、ブランドが3つの異なる顧客グループのW

図 16-4　グッチのハンドバッグ

シルヴィ

マーモント

TPを上げることを発見しました。[5]

最も裕福な人たち、つまりオールドマネーにとっては、ブランドはそのグループの一員であることを示すものです。新興の富裕層にとっては、ブランドは自分ほど裕福ではない他者から自分を切り離すための手段です。最後に、高級ハンドバッグは、社会的地位を切望するあまり裕福でない消費者に帰属意識のシグナルを送ります。グッチ（Gucci）がこれらの各グループのWTPをどのように高めているかを見てみましょう[6]（図16－4）。

トップハンドルバッグ「シルヴィ」（3万1000ドル）は、注意しなければ気づかないグッチの緑と赤の縞模様と、本物のクロコダイルレザーの独特の輝きのある、落ち着いたデザインが特徴です。このバッグは、グループの一員であることの証として、控えめな表現に価値を見出すオールドマネーの顧客向けのハンドバッグです。グッチのブランドロゴを隠すことで、知る人ぞ知るバッグになっています。グッチのロゴが目立つ「マーモント」（2790ドル）は、社会的な区別を大切にする新富裕層に人気があります。

ハン教授は、このグループはシルヴィをグッチのバッグと認識しないため、購入しないことを明らかにしています[7]。グッチのブランディング戦術の結果、同社のオールドマネーの顧客は疑似富裕層から守られています。偽物ブランドの需要が最も高いのは、社会的地位の必要性が高い低所得者層です。この層は明確で間違いようのないシグナルを好むので、偽物のマーモント（359ドル）より偽物のシルヴィ（319ドル）のほうが価格が安くなっているのです[8]。

不確実性の低減

代替製品が多くある製品のWTPを高め、200％ものプレミアムをつけるにはどうしたらよいのでしょうか。バイエル（Bayer）にその方法を聞いてみましょう。この製薬会社は1897年にアスピリンを開発し、1世紀以上経ったいまでもその成功は続いています。驚くべきは、アスピリンは特許で保護されておらず、まったく同じ有効成分（アセチルサリチル酸）、同じ用法・用量で、かつ広く入手可能ではるかに低価格の競合製品が多数存在することです。

ドラッグストアでは、バイエルのアスピリンを選ぶと、かなり割高になることを知らせるために、ジェネリック医薬品を扱っている棚に小さな「比較対照表」を貼り付けることもあります。バイエルはどのようにしてその地位を守っているのでしょうか。

バイエルのようなブランドは、製品の性能に関する不確実性をほんのわずか減らすため、価値があります。ジェネリック版は本当に「本物の」薬と同じくらい良いのでしょうか。バイエルは、同じ薬を作っている他のメーカーと比較して、おそらくより信頼できるメーカーなのではないでしょうか。

不確実性がなくなると、これらのブランドは価値を失います。たとえば、アスピリンに含まれる有効成分の名前を言えるような情報通の消費者は、ブランド品を棚に置いたままにする可能性が高くなります。類似の代替製品があるブランド製品に関する研究では、もしすべての人が薬剤師のように十分な情報を持っていれば、アスピリンの市場シェアは50％以上減少すると推定されています。(9)

アスピリンは例外的なものではありません。アマチュアの料理人は、プロと比較して、ブランドの塩や砂糖を2倍も購入しています。米国の消費者は、すべての製品カテゴリーにおいて、類似した品質を持つプライベートブランドの代替製品が容易に入手できる製品に、年間１６６０億ドルを費やしています。(10)

このように、ブランドは消費者に信頼感を与え、期待どおりの品質の製品を購入していることを保証することで、価値を生み出しているのです。このようなブランドプレミアムは、製品の品質にばらつきのある国で大きくなるのは当然です。たとえば、中国では、ジェネリック医薬品はほぼ国際価格で販売されています。(11) しかし、ブランド医薬品の価格は6倍にもなります。医薬品の安全性に関するスキャンダルとそれによる消費者の不安が、この驚くべきブランドプレミアムの一因となっているのです。(12)

パフォーマンス基準の設定

ブランドは、体験や製品の見た目、感触、味などを教えることによって、WTPを高めている場合もあります。フォルジャーズ（Folgers）は25％の市場シェアを持つ、米国第1のコーヒーブランドです（ちなみに、スターバックス（Starbucks）の市場シェアは12％です）[13]。しかし、フォルジャーズは、マクスウェルハウス（Maxwell House）が支配的なニューヨーク市ではあまり成功していません。後者の優位性は秘密ではありません。マクスウェルハウスは、ニューヨーカーにコーヒーの味を教えたブランドであり、フォルジャーズよりずっと前にこの街に進出し、ニューヨーカーはマクスウェルハウスの味を覚えるようになりました。いまでは、他のどのブランドよりも好まれています。

バート・ブロネンバーグ教授とかれの同僚が市場シェアを分析したところ、このような話は全米に広がっていることがわかりました[14]。最初に参入したコーヒーブランドが、最終的に大きなシェアを獲得する。フォルジャーズは1872年にサンフランシスコで創業し、米国西部でトップブランドとなっています。1892年にナッシュビルで創業したマクスウェルハウスは、米国東部と南東部でリードしています。消費者は、異なるコーヒーブランドを並べて試飲すると、味蕾が「慣れ親しんだもの、最初に参入したブランドが一番好きだ」と語りかけます。

味覚にもとづくロイヤルティは、多くの消費者向けパッケージ商品（CPG）にとって重要です。インドで育った人なら、アムール（Amul）がお気に入りのバターでしょうし、メキシコではグルーポ・ビンボ（Grupo Bimbo）のパンを選ぶでしょう[15]。

第一印象が決め手です。バドライト（Bud Light）は米国で最も人気のあるビールですが、シカゴでは2番手で、ミラー（Miller）がライバルよりずっと前に参入しています。ロサンゼルスではヘルマン（Hellmann）のマヨネーズが好まれ、デンバーではクラフト（Kraft）が好まれるというように、市場参入の順序が反映されたパターンになっています。消費者は成長するにつれ、「自分たちの」製品の味を覚えます。「マヨネーズといえば、この味」というように……インドでゴドレジ（Godrej）の食品が好調なのも、米国でゴドレジの歯磨き粉が高い利益をあげているのも、味覚にもとづくロイヤルティがあるからです。

味覚にもとづくロイヤルティは、ブランドが打ち負かすことの難しい基準を設定した一例にすぎません。アマゾン（Amazon）は米国人にワンクリックショッピングの仕組みを教えました。ウィーチャット（WeChat）は、中国の消費者にメッセージアプリを使ったあらゆるものの決済方法を示しました。エアビーアンドビー（Airbnb）は、民間の宿泊施設を探す方法はこういうものだという私たちの期待を設定しました。

時には、ブランド名がその活動の代名詞となり、私たちは情報をググり、クリネックスで顔を拭き、面白い動画をTikTokします。このような場合、ブランドは難しい選択に直面します。基準を下回る体験を提供すると、消費者を失望させるリスクがあるのです。そして、模倣すると、差別化されていないと見なされます。

図16－5は、強力なブランドがＷＴＰを高める3つの主な方法をまとめたものです。

提案された戦略がどのようにＷＴＰを上昇させるかを問うことは有益です。というのも、多くの場合、その戦略が財務パフォーマンスを改善する可能性が低いからです。ＢＭＷでは、そのブランド力がＷＴＰを押し上げます。電気自動車であるi8を運転することは、間違いなくステータスを高めます。しかし、フォード・フォーカスやシボレー・インパラのブランド力にあなたは投資しますか。

図 16-5　ブランドが WTP を高める 3 つのメカニズム

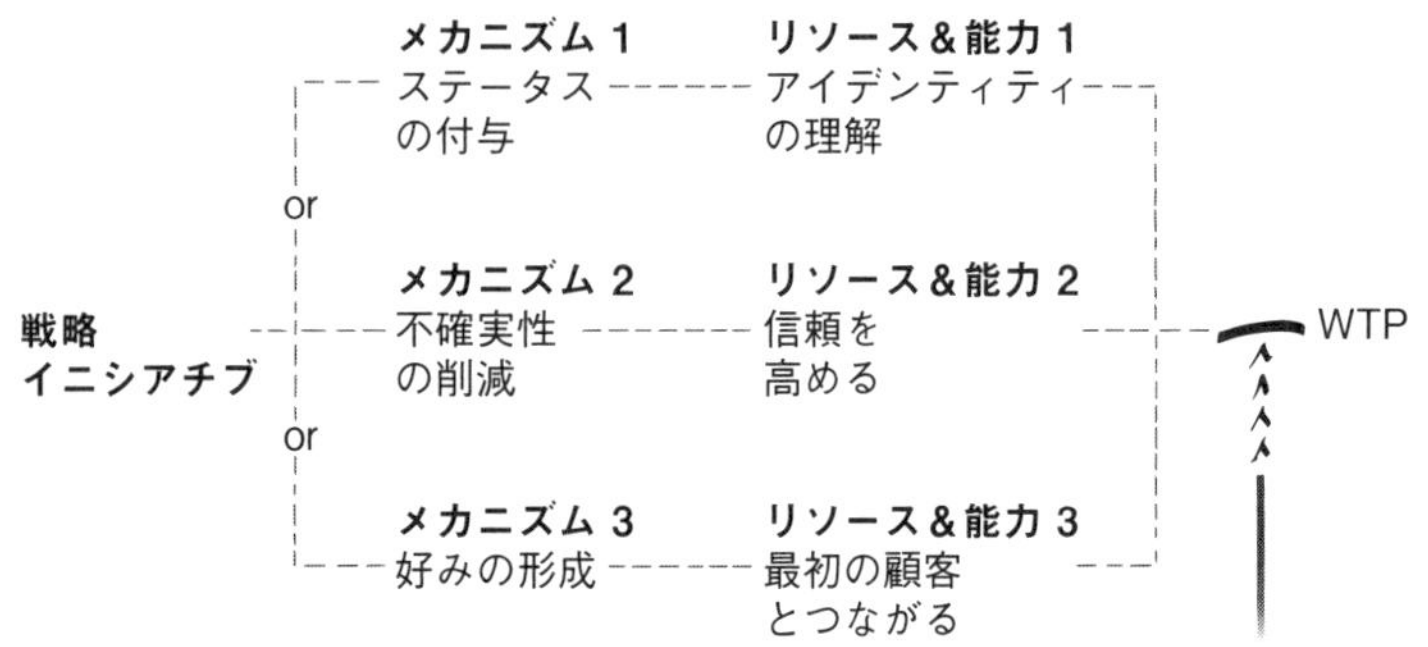

図16－5に示す3つのメカニズムについて考えてみましょう。自動車市場では、ステータスは高級車やピックアップトラックに限定されていることがわかります。フォード・フォーカスやシボレー・インパラのような中型セダンには、最初のメカニズムであるステータスの付与が有効であるとは考えにくいでしょう。不確実性の削減については、かつては自動車の品質が重要な関心事でした。故障が多く、特定の車種の性能に関する情報を得ることが困難でした。そのようななかで、強いブランドはとても価値があったのです。

しかし、いまはどうでしょう。現在の自動車は信頼性が高く、特定のモデルの長期的な性能に関する統計的な情報も手に入るようになりました。その結果、不確実性削減のためにブランドを活用しても、自動車市場では大きな価値を生まなくなりました。第3のメカニズムである好みの形成は、製品に対する初期の体験が、そのブランドに対する長期的なロイヤルティを生み出す可能性を示唆しています。たとえば、中型セダンのセグメントでは、多くの顧客が同じブランドを繰り返し購入しています。しかし、真のロイヤルティを感じている顧客はごく少数です。[16] 初期のドライブ体験が、ブランドに対するWTPを有意に上昇させるという証拠はわずかしかありません。

この3つのメカニズムから考えると、フォードやシボレーのブランドに投資することは無駄である可能性が高いといえます。実際、企業レベルでも、フォードやGMのブランド力が、これらの企業の業績に関係しているという証拠は見つかりませんでした。

ここでは、ブランド戦略に焦点を当てましたが、重要なポイントは、より一般的なものです。

▼戦略成功のレシピは、多くの場合、WTPやWTSを財務パフォーマンスに結びつけるさまざまなメカニズムを覆い隠しています。 たとえば、規模は、規模の経済（より低いコストとWTS）、学習（より低いコストとWTS）、ネットワーク効果（WTPの上昇）、補完製品への投資インセンティブ（WTPの上昇）などを意味することがあります。

▼どのメカニズムを採用するかによって、鍵となるリソースや能力は異なります。 第9章のフ

レンドスター（Friendster）の失敗を思い出してください。フレンドスターの場合、規模はネットワーク効果を表していました。しかし、北米とインドネシアのユーザーを追いかけることは間違いです。もし規模が規模の経済を反映していたなら（たとえば、グローバル・テクノロジー・プラットフォームへの投資の固定費）、複数の市場を追求することは非合理的な戦略ではなかったでしょう。

▼**提案された戦略とWTPやWTSを結びつけるメカニズムを具体的に示すことで、その戦略のアイデアが財務パフォーマンスに及ぼす影響についてより深く理解することができます。**
WTPやWTSがどのように変化するかを示していない戦略は、財務的なインパクトを持続させることなく、実行だけは完璧に行われるということが起こりえます。

第17章　良き戦略には悪が必要

写真共有サイトのFlickr（フリッカー）やメッセージングアプリのSlack（スラック）の共同開発者であるスチュワート・バターフィールドほど、幸運なアクシデント（および偶然の幸運）の役割を明確に示している起業家のキャリアはないでしょう。バターフィールドが最初に開発したのは、「kick ass」（相手を打ち負かすこと）を主目的とした多人数参加型オンラインゲームでした。ほぼ失敗に終わりましたが、このゲームを開発するために作られたツールは、バターフィールドが最終的にヤフー（Yahoo!）に売却したFlickrの基盤となりました。

その後、かれはゲームに戻ってGlitch（グリッチ）を制作しました。これも失敗に終わりましたが、このプロジェクトのために書かれたソフトウェアが一般的に役立つことが証明され、こうして生まれたのがSlackです。この職場のコミュニケーション・プラットフォームは、２０１９年に上場し、１年後の評価額は１５０億ドルとなりました。

Slackは、多くの点で本書を通じて私たちが探求してきた考え方を体現しています。同社は、顧客の支払意思額（WTP）と人材の売却意思額（WTS）にこだわっています。Slackは、製品という狭い考え方から逃れるために懸命に努力しています。いまでは有名になった「We Don't Sell Saddles Here」（私たちはここでは鞍を売らない）というタイトルのメモで、バターフィールドはWTPに注目することでビジネスチャンスが広がることを説明しています。

「架空のアクメ・サドルについて考えてみましょう。鞍を売るだけなら、使用する革の品質や鞍に付いている豪華な装飾品を武器として売ることができるでしょう……あるいは乗馬そのものを売ることもできます。乗馬を売ることで成功するということは、鞍の話をするのに最適なコンテクストを与えるのと同時に、関連する製品の市場を拡大していくことを意味します[1]」

同社は価値創造という広範な概念を支持しているため、多くの顧客にとってSlackは斬新でユニークに見えます。しかし、実はそうではないのが興味深いところです。同様の製品はSlackよりも以前から存在していました。ただし、Yammer（ヤマー）、HipChat（ヒップチャット）、Campfire（キャンプファイヤー）は、クライアントがグループメッセージングがどのような価値を生み出すのかよく理解できなかったため、普及しませんでした。バターフィールドは、顧客のWTPを深く理解するプロセスについて説明しています。

「私たちの仕事は、人々の生活をよりシンプルに、より快適に、より生産的にするような本当に役に立つものを作ることですが、それと同時に、人々が何を求めているかを理解し、Slackの価値をかれらの言葉に置き換えて伝えることでもあるのです……初めてSlackを使う人の気持ちになって考えてください。特に、上司からSlackを使うように言われている人、朝食をとる時間がなくて少しお腹が空いている人、長期休暇に入る前にプロジェクトを終わらせたいと考えている人といった実在のだれかです。そんな人たちの気持ちになるには、自分は購入していないし興味もないソフトウェアを見るようにSlackを見てみることなのです[2]」

Slackのように WTPにこだわる企業にとって、コミュニケーション・プラットフォームの開発当初、バターフィールドとそのチームは直観に反した決断をしました。オールラウンドに機能する製品を開発するのではなく、他の多くの望ましい機能を犠牲にして、「検索」「デバイス間同期」「ファイル共有」の3つの機能だけにすべてのエネルギーを費やしたのです。

なぜ、顧客のWTPを純粋に気にする企業が、ショートカットを採用するのでしょうか。なぜ、きちんと、すべてを行わないのでしょうか。WTP（またはWTS）を重視することは、すべてを行うこと、考えられるすべての尺度で改善することを意味するという考え方は、価値創造を最重視した戦略を採用する際のおそらく唯一最大のリスクとなります。すべてを実現しようとする企業は、決して大きな価値を生み出すことができません。なぜなら、すべてのバリュープロポジションは、トレードオフの関係、すなわち、やるべきこととやってはいけないこと、約束と失望を混ぜ合わせたものを反映するからです。

Slackが3つの機能だけに絞ったのは、そのようなトレードオフの一例です。Slackは、私の同僚であるヨンメ・ムーン教授が、その優れた差別化に関する本のなかで、〝リバース・ポジショニング・ブランド〟と呼んでいるものです[3]。このようなブランドは、多くの点で質素であることを選択し、他の点では贅沢にして私たちを驚かせます。イケア（IKEA）、ジェットブルー航空（JetBlue）、初期のトヨタカローラ、そしてSlackは、すべてリバース・ポジションをとっています。

企業がリバース・ポジションをとる主な理由は、リソースの制約にあります。たとえば、Slackは、特定の次元（検索など）で際立つために、他の多くの次元を無視する必要がありました。この原則は、リソースの制約が特に厳しいスタートアップだけに当てはまるものではありません。エクセレンスには、常に不足しているリソース、すなわち時間、資本、管理上の注意が必要です。（卓越したものにするため）これらのリソースを1カ所に集中的に投資することは、他の場所で利用できなくなることを意味します。

多くの製品属性や無数のサービス機能にリソースを分散させている企業は、真のエクセレンスを得るための手段がないため、結局は平凡な存在になってしまいます。私の同僚であるフランシス・フライ教授とアン・モリスが、並外れたサービスクオリティを提供する企業についての分析で書いているように、「良いことをするためには、悪いことをしなければならない」（訳注：良いこと（Good）には商品という意味もあり、商品には悪が必要、というニュアンスもある）のです[4]。

トレードオフのロジックは非の打ちどころがなく、理解するのは難しくはないでしょう。バターフィールドは、「私たちは、驚くほどきわめて優れたものとすべき3つのことを選択する際、多くの会話をしました」と言います。「そして、最終的にその3つを実際に重視して、Slackを開発しました。シンプルに聞こえるかもしれませんが、分野を絞ることで、企業にとって大きな挑戦や利益を達成しやすくなるように感じます。ユーザーに本当にインパクトを与えることで1番となり、突如として、ゲームで優位に立つことができるのです」

トレードオフを可視化する

ハーバード・ビジネス・スクール（HBS）の多くのエグゼクティブ・コースでは、バリューマップ演習と呼ばれるものを実施しています。この演習は、受講生が取り組む実践的なタスクのなかで、最もインパクトのある活動の1つです。これまで何百社もの企業でこの演習を実施してきました。毎回、深い感銘を受けています。

バリューマップの作成は、顧客のグループを選択することから始めます。あるいは、人材マップを作成する場合は、従業員のグループを選択します。次に、これらの顧客が購入する際に重要視する基準をリストアップします。これらの基準は、バリュードライバーと呼ばれます（図17-1）。バリュードライバーは、WTP（またはWTS）を決定する製品・サービスの属性と考えてください。

そして、そのバリュードライバーを最も重要なものから最も重要でないものへとランク付けします。たとえば、顧客は、何よりもサービスのスピードを重視するとします。この場合、「スピード」はバリュードライバー1となります。また、「価格」を重視しない顧客であれば、「価格」はリストの1番下になります。ただし、これは顧客の視点であって、あなたの視点ではないことに留意してください。最後に、バリュードライバーごとに、その顧客の要求を満たすために、自社がどの程度優れているか

図 17-1　バリュードライバー

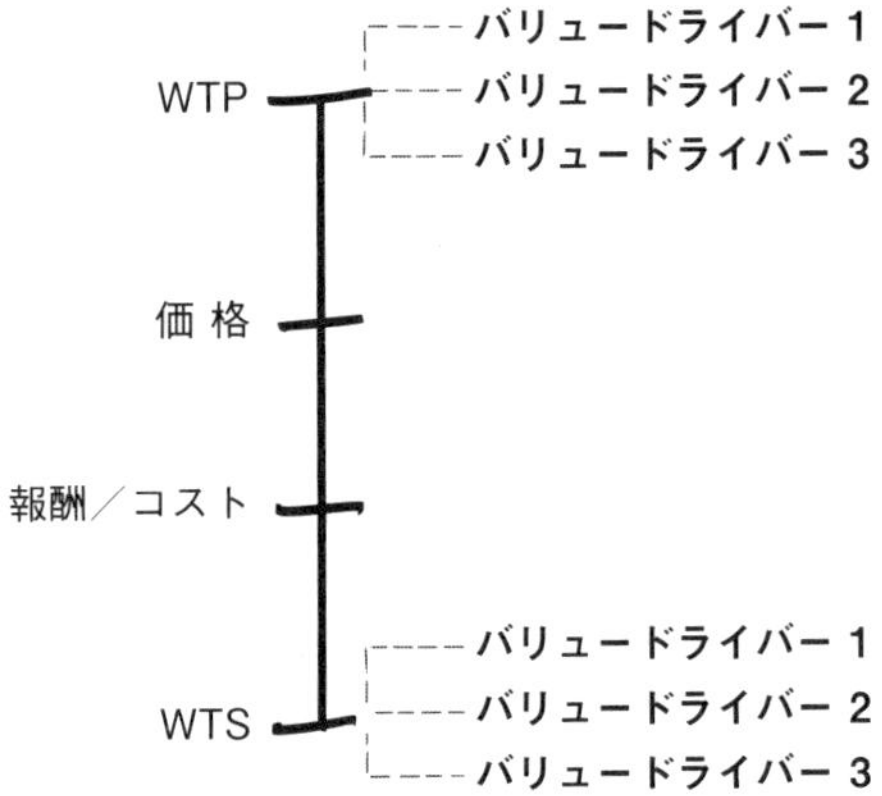

を示します。たとえば、顧客にとって「スピード」が重要ですが、自社は素早いサービスを提供することにおいては凡庸かもしれません[5]。

バリューマップを使えば、自社の競争力と戦略的な機会が一目瞭然になります[6]。図17－2は、いわゆるビッグ4の一角を占めるグローバルなコンサルティング企業の例です。このバリューマップは、ロンドンに本拠を置くソース・グローバル・リサーチ（Source Global Research）が行ったインタビューにもとづいて作成されたものです。バリュードライバーのリストを作成し、ランク付けするために、毎年3000人を超える経営者に、最近のコンサルを受けた経験について話を聞いています。

図17－2に見られるように、同社のクライアントは、自分の案件がどの程度うまく管理されているか、そして同社のイノベーション能力を最も重視しています。この2つがバリュードライバーの上位を占めています。グローバルリーチとステークホルダーマネジメントはそれほど重要ではありません。

図 17-2　グローバルコンサルティング企業のバリューマップ

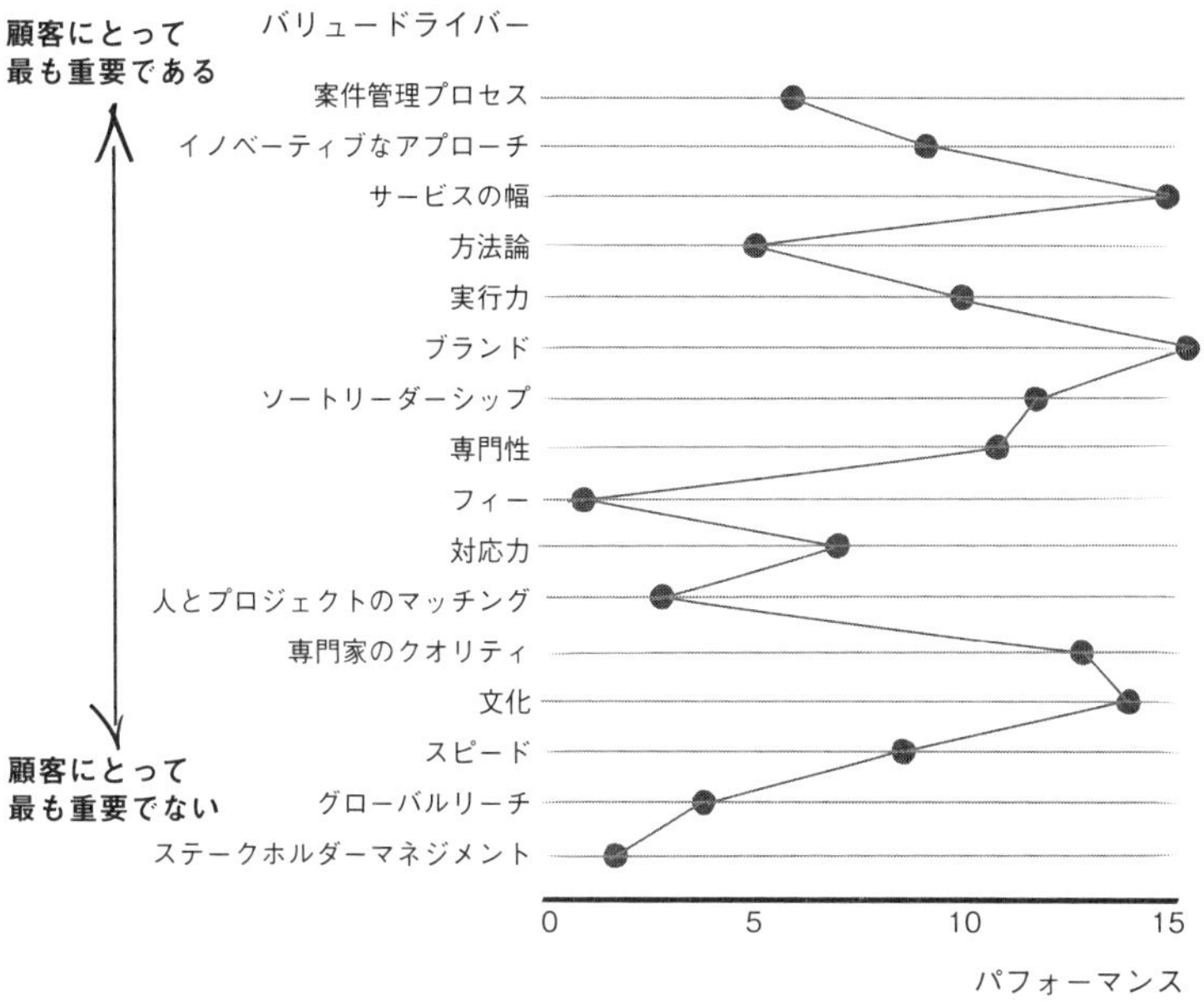

　また、この図から、同社のバリュープロポジションとクライアントのWTPは、特に一致していないことがわかります。同社は、いくつかの重要なサービス属性（イノベーションなど）で成果をあげておらず、クライアントにとってあまり重要でない領域では期待を上回っています（たとえば、文化）。ソースの共同設立者で、共同経営者であるフィオナ・シザーニアウスカは、この結果に驚きはしませんでした。

「多くのコンサルタントは、クライアントに対するサービス意識が非常に強く、クライアントが望むことを純粋に実現しようとしています。しかし、かれらはクライアントが何を望んでいるのかを本当に理解しているわけではありません。そして、かれらの傾向は、クライアントが必要としていると思うものを提供することです。かれらは、実際にそれについて適切な会話を持つ訓練を受けていないのです。クライアントから提案を求められたとき、コンサルタントは『自分たちの』仕事について話しますが、『なぜ私たちはここにいるのですか。なぜ自分たちでやらないのですか。私たちは何をもたらせば、あなたにとって価値あるものになるのでしょうか』とは言いません。それは提案書に埋め込まれていないということです。つまり、プロジェクトで働く人たちは、自分たちがなぜそこにいるのかがよくわからないということです[7]」

コンサルティング業界は例外的なものではありません。多くのバリューマップはここに示すものに似ています。バリュードライバーを最も重要なものから最も重要でないものへと適切に並べると、理想的な〝バリューカーブ〟（各バリュードライバーのパフォーマンスのレベルを結ぶ線）は、右上がりになる傾向があります。企業は、重要な部分で期待を上回り、より低いランクのバリュードライバーからリソースを流用することで、エクセレンスを維持しているのです。

なぜ、すべての次元で優れていないのでしょうか。その答えは、トレードオフです。傾斜したバリューカーブは、卓越したサービスを提供するために必要なトレードオフを反映しているのです。

経営者の野望とトレードオフの出会い

私がハーバード・ビジネス・スクールでこの演習を行う際、幹部が自社のバリューマップを作成す

**図 17-3　グローバルコンサルティング企業の
バリュープロポジションの改善**

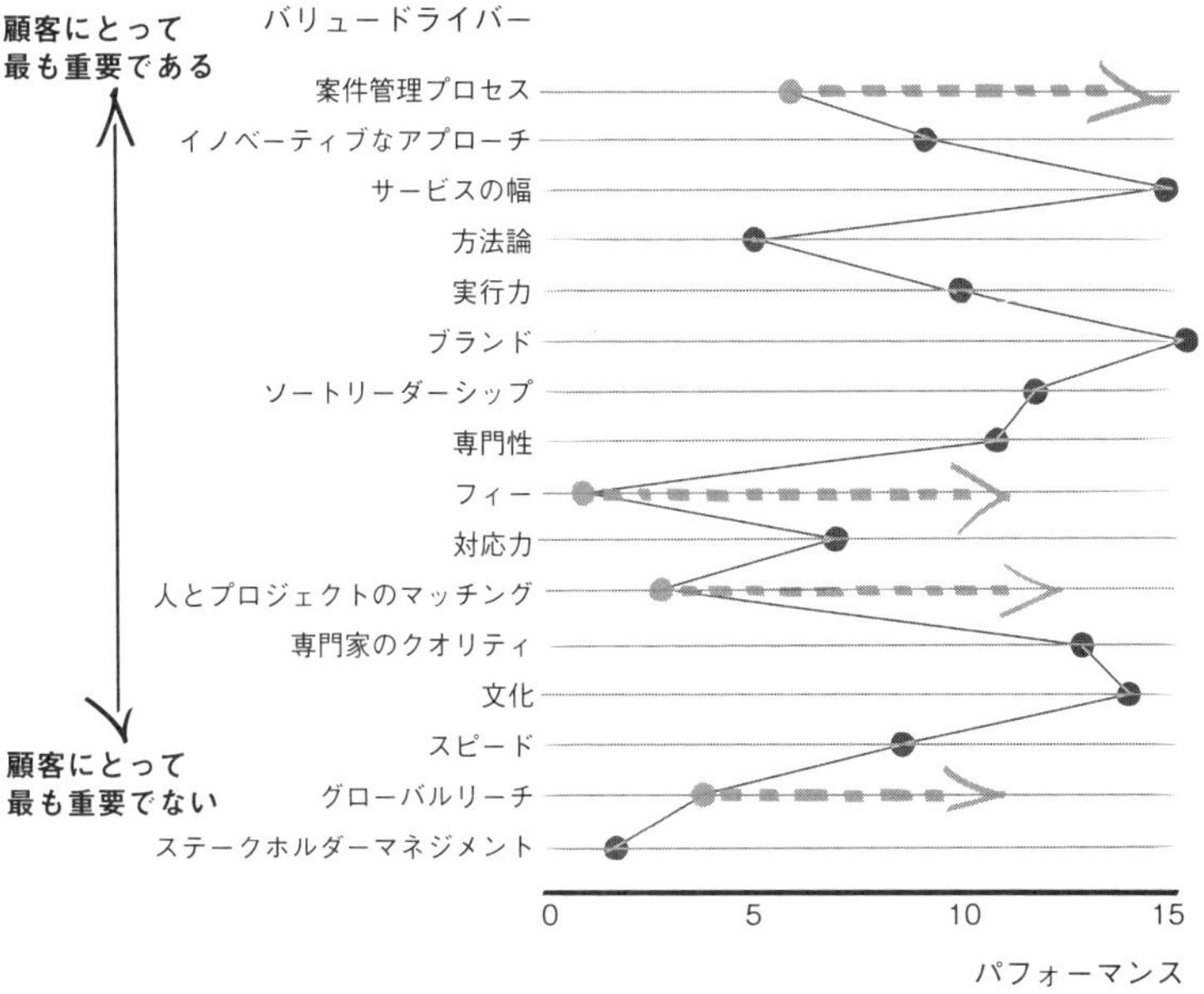

る前に、トレードオフの重要性について議論します。通常、この話し合いは短時間で終わります。企業がすべてを得意とするわけではないことはだれもが同意します。真のエクセレンスには、重要度の低いバリュードライバーから、WTPの原動力となる重要な顧客関心事にリソースをシフトさせることが必要です。

受講者がマップを完成させると、時間の経過とともに自社のバリュープロポジションをどのように進化させたいかを矢印で表現してもらいます（図17－3）。その結果を予測できるでしょうか。

すべての矢印は右を向いているのです！　ビジネスの成功のためにトレードオフが重要であると合意した

にもかかわらず、しばらくすると、トレードオフはほとんど消えてしまっているのです。頭が良く、野心的な経営者は、何事もうまくやろうとします。自社でも思い当たる節はありませんか。会議では、改善すべき製品やプロセスを長々とリストアップしているのではないでしょうか。しかし、悲しいことに、すべてにおいてより良くなろうとする試みは、凡庸さを保証するものなのです。希少なリソースを多くのバリュードライバーに分散させることで、組織は真のエクセレンスを達成することが不可能になるのです。

私は、トレードオフの実行がなぜ難しいのか、ずっと考えてきました。なぜ、「何をしないか」を決めるのは難しいのでしょうか。どこに投資してはいけないのか。どこでパフォーマンスを落とすのか。私の推測は次のようなものです。すなわち、トレードオフの考え方は、経営幹部レベルやHBSのエグゼクティブ・コースで出会うような、とてつもなく優秀で頭のいい人たちには適用されないということです。

このような人たちは、ほとんどすべてのことに優れています。そして、睡眠時間を少し犠牲にすれば、膨大な量の仕事を、時間どおりに、素晴らしいクオリティで終わらせることができます。危険なのは、この個人的な成功モデルを、組織に適用することです。（ある一部の）人はほとんどすべてのことに精通できますが、企業はそうはいきません。企業は、二流のままであると非難されないように、エクセレンスを追求する場所を選択しなければなりません。

ここでの教訓は、わかりやすいものです。

▼**バリューマップは、シンプルなツールでありながら、豊富な情報を提供します。**顧客のＷＴＰを決定する製品やサービスの属性を明らかにし、顧客歓喜を創造するうえで優位に立てるところとそうでないところを表します。おそらく最も重要なことは、企業が適切なトレードオフを行っているかどうかを示すことです。自社は重要なところで他社を凌駕しているでしょうか。

▼**どこが優れているか、どうすれば進歩することができるかを考えるのは楽しいことです。**しかし、どこに投資しないか、どこで成果をあげないかを決めるのは、はるかに難しいことです。真のエクセレンスとは、トレードオフのうえに成り立つものです。どんな企業も、すべてに優れていることはできません。

▼今度、あなたとあなたのチームが戦略会議に出席し、解決すべき問題、完了すべきプロジェクト、改善すべきサービスの長いリストを作り始めたら、「何をやめるつもりですか」と問うことを忘れないでください。

第18章　投資を導く

バリューマップはトレードオフを可視化する強力な手段であるだけでなく、投資を導き、戦略をオペレーションと結びつけるのに役立ちます。この章では、企業がバリューマップを使って、戦略的な選択を活動や予算にどのように関連付けるかを説明します。

バリュープロポジションの選択

企業が創出した価値の一部を獲得できるかどうかは、支払意思額（WTP）と売却意思額（WTS）との差に全面的に依存していることを思い出してください（第3章）。自社のバリューカーブと競合他社のバリュープロポジションを比較することで、焦点を当てるべき「違い」を特定し、それを高めるための方法を検討することができます。例を見てみましょう。

オンライン旅行代理店のエクスペディア（Expedia）は、バリューマップの作成に着手する際、まず、どのようにして旅行サイトを選んでいるのかを顧客に尋ねることから始めました。具体的には、オープンエンドな個別およびフォーカスグループインタビューを実施したのです。

この2つの方法は、重要なバリュードライバーを特定するのに適しています。エクスペディアは主要な質問項目を用意して、1万3000人以上の旅行者を対象に、さまざまなバリュードライバーの重要性について調査を実施しました。また、旅行者にエクスペディアがどの程度かれらのニーズに応えているかを尋ね、そのうえで自社のパフォーマンスを競合他社と比較しました。その調査結果は図18－1に示されています。[1] 図18－1のバリュードライバーは、最も重要なもの（「お金に見合った最高の価値を得る」）から最も重要でないもの（「顧客であることを感謝されていると感じる」）へと並べられています。灰色の棒グラフは、各項目の重要度を示しています。

各社のスコアは、多くの次元で密集していることがわかります。これは、競争の激しい業界であることを示唆しています。エクスペディアのチームは差別化のパターンを把握するために、図18－2に示されたように、バリュードライバーを8つの大きなテーマにグループ化しました。[2]

エアビーアンドビー（Airbnb）は、価格に見合った価値を提供することで業界をリードしていることがわかります。エクスペディアは、時間とお金の節約という点で、最高のポイントを獲得しています。グーグル（Google）は最も明確なトレードオフを実現しています。それは旅行の計画段階で圧倒的にリードしていますが、旅行者が必要とする他の多くのサービスを欠いています。ブッキングド

図 18-1　オンライン旅行サービスのバリューマップ

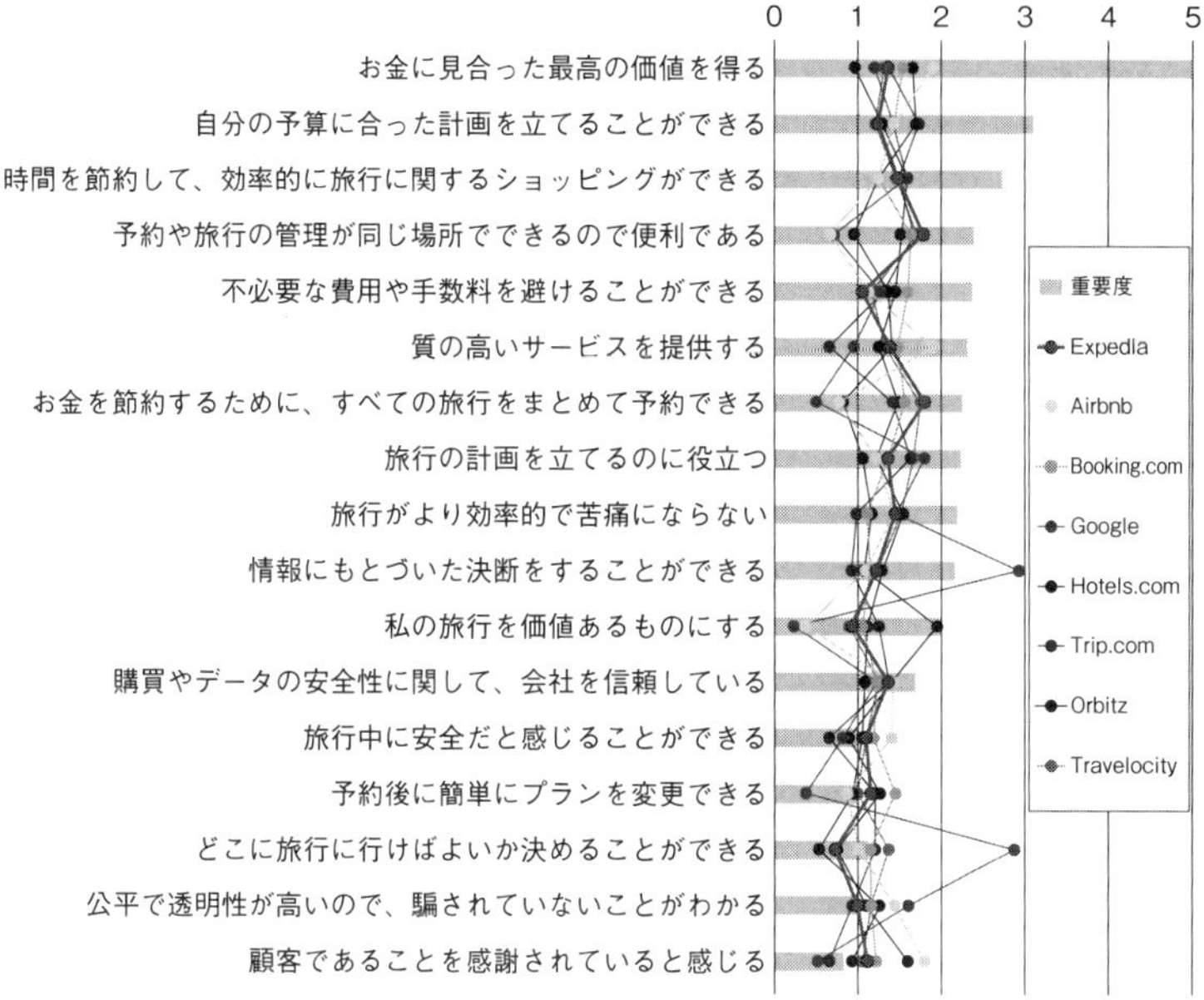

ットコム（Booking.com）とホテルズドットコム（Hotels.com）との間には、実質的な違いが認められません。

バリュードライバーをグループ化することは、ブランドの個性を浮き彫りにするため有益です。エクスペディアのバリューマップ・プロジェクトを主導した戦略担当副社長のアイク・アナンドは、次のように説明しています。「競合他社を見ると、同じような目的を達成しようとする複数のバリュードライバーでうまくいっていることが多いことに気づきました。消費者の心をつかむには、1つのバリュードライバーだけではダメなんです。テーマを追求する必要があります(3)」

テーマを設定することは、顧客がどのように選択を行うかを理解するうえ

図 18-2　バリュードライバーのグループと各社のパフォーマンス

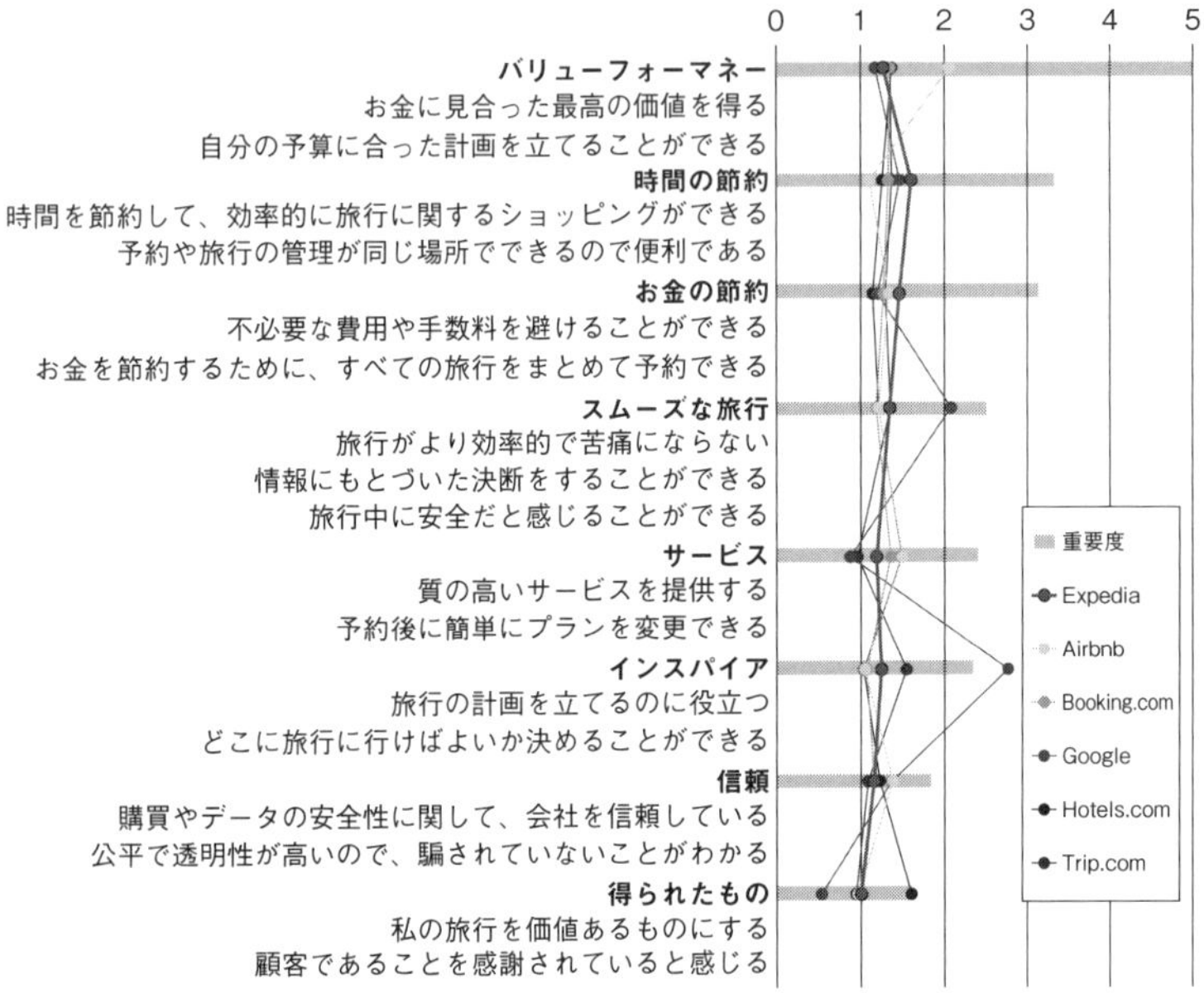

で重要です。しかしアナンドは、特定のバリュードライバーから調査を開始することを推奨しています。「消費者にテーマ別に質問すると、行動するために必要な詳細な情報が失われます」

エクスペディアのような慎重な分析により、企業は競争上、有利な立地を選択することができます。これは、差別化の重要なポイント、つまり競合他社を確実に凌駕する一連のバリュードライバーを含むものです。このような次元でライバルを圧倒するためには、他のバリュードライバー、つまり自社が得意でない領域からリソースを転用する必要があります。これが、競争上の立地に関連するトレードオフです。

ここで架空の例を考えてみましょう。

図18-3　バリュープロポジションを進化させる

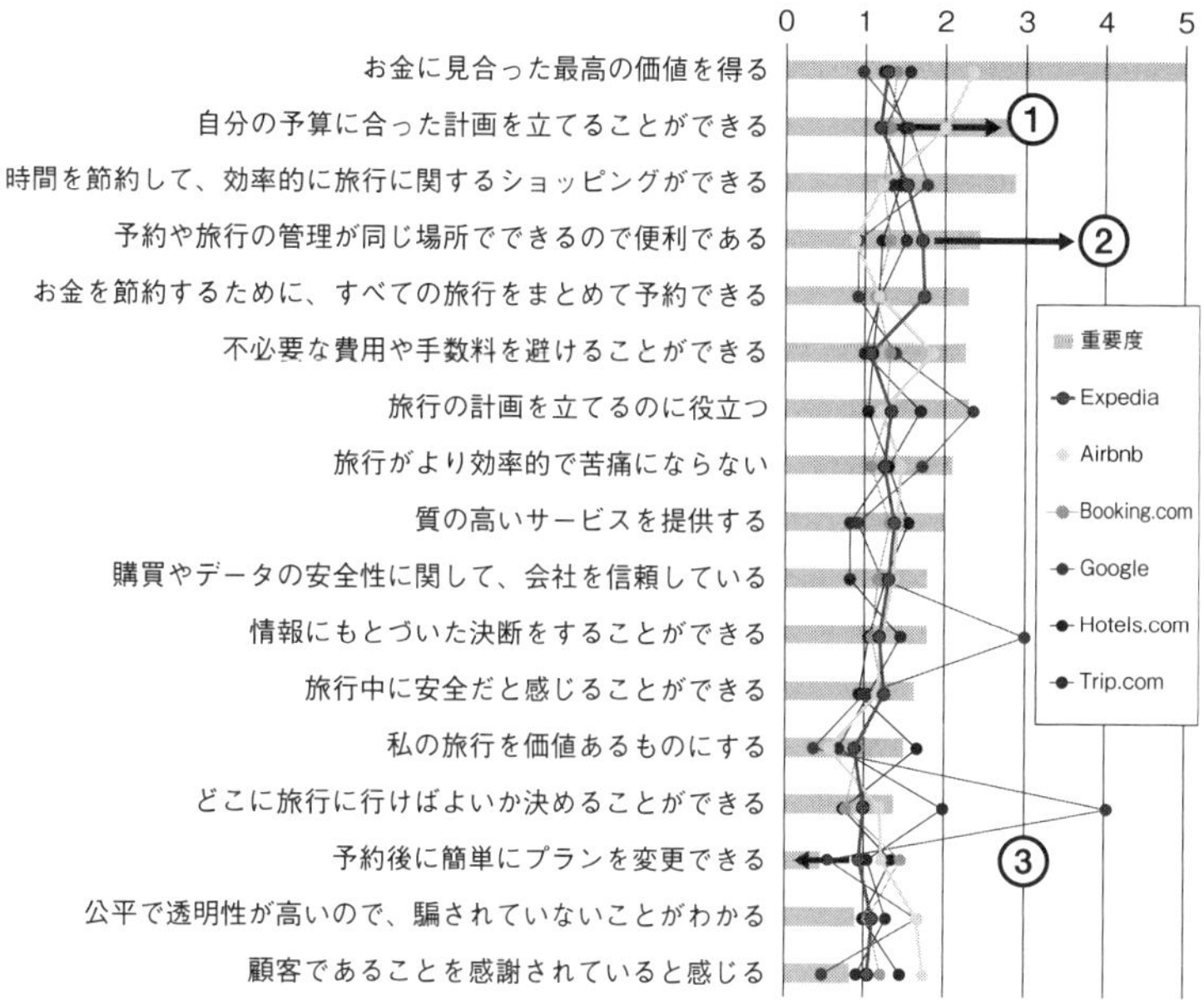

エクスペディアが、図18－3に示すバリュープロポジションに対する3つの変更案を検討するとしましょう[4]。どのような基準で提案された案を選べばよいでしょうか。鍵となるのは次のようなポイントです。

▼投資利益率は？

各提案について、期待される投資利益率を計算することができます。提案1「旅行者が予算をやりくりするのを助ける方法を改善する」は、WTPを高めるのに非常に効果的であるかもしれません。しかし、その開発と実行にはコストがかかるため、財務的リターンは減少する可能性があります。バリュードライバーを変更するたびに、WTPへの影響と、より大きな価値を生み出すために必要なリソースと能力の両方を判断する必要があります。

▼バリュードライバーの重要度は？

バリュープロポジションの変化に対して顕著な利益を求めるのであれば、最も魅力的なイニシアチブは、チャートの最上位に位置するバリュードライバーを改善することです。下位のバリュードライバーへの投資のメリットについては、懐疑的であるべきです。

▼バリュードライバーはテーマの一部か？

同じような目的を達成しようとするバリュードライバーのグループは、多くの場合、魅力的な投資対象となります。アナンドが指摘するように、テーマは、消費者の心のなかで、企業を際立たせるのに役立ちます。

▼追いつくか、引き離すか？

欠点を克服するプロジェクト（提案1）か、あるいは現在の競争優位をさらに強化するイニシアチブ（提案2）なのか。特に、両者のもたらす財務的リターンがほぼ同じであれば、この二者択一は難しいものです。

このような場合、何を達成したいのかを明らかにすることが重要です。WTPを高める（両案ともこれを実現します）と同時に、差別化を維持・向上させることが目的だとしましょう。後者の目的は、2番目の提案だけが達成できます。予算のやりくりへのサポートを充実すれば、エクスペディアはより魅力的になるでしょう。しかし、エアビーアンドビーとの類似性も高くなり、両社はより激しい価格競争を強いられることになります。原則として、ライバルに追いつこうとするよりも、既存の競争優位を強化するほうが優れています。

▼どこに投資しないのか？

WTPを上げる方法を考えるのと同じくらい、より少ない投資ですませる機会を見出すことも重要です。提案3は、旅行者にとってあまり重要でない（コストのかかる）オプションを削除するものです。そのため、投資を削る対象として魅力的かもしれません。エクスペディアでは、他の企業と同様、どこに投資しないかを決めるのは難しいことでした。アナンドは次のように振り返っています。

「優先順位を上げる議論は簡単でしたが、難しいのは、優先順位を下げることでした。最初にバリューカーブを描いたときは、私が望んでいたような結果にはなりませんでした。しかし、この議論は非常に有意義で、私たちはあまり多くを削減したくはないのだということがみんなに明らかになりました。四半期ごとにミーティングを開いてこの議論をし、年に1回バリューマップを更新してまた話し合うというプロセスを続けていけば、それが習慣になり、優先順位を下げる決断もしやすくなります」

これらのことを考慮すると、第17章で説明したように、右上から左下に傾いたバリューカーブになる可能性が高くなります。つまり、顧客のWTPにとって重要な次元で競合を凌駕し、価値創造への影響が少ないバリュードライバーの優先順位を下げます[5]。時に、バリューカーブの形状は、競争上の考慮事項を反映する必要があります。どんなにスマートにリソースを配分しても、ライバルが採用したバリュープロポジションと酷似していれば、競争優位はほとんど得られないのです。

顧客セグメント

エクスペディアは、バリューマップを使用して、企業全体の競争力を強化しました。また、バリューマップは、より詳細な投資判断のために使用することもできます。顧客セグメンテーションはその一例です。ほとんどの企業は複数のセグメントに製品・サービスを提供しています。そのうちの1つのセグメントに利益をもたらすイニシアチブは、他のセグメントに優位性をもたらす場合もあれば、そうでない場合もあります。

図18－4aおよび図18－4bは、スロバキア初の共産主義後のプライベートバンクであるタトラ銀行（Tatra banka）のバリュードライバーを示したものです。1990年に設立されたタトラ銀行は、デジタル技術の導入で欧州の銀行を急速にリードしました。2009年にモバイルバンキングを初め

図 18-4a　タトラ銀行のマス層顧客バリューマップ

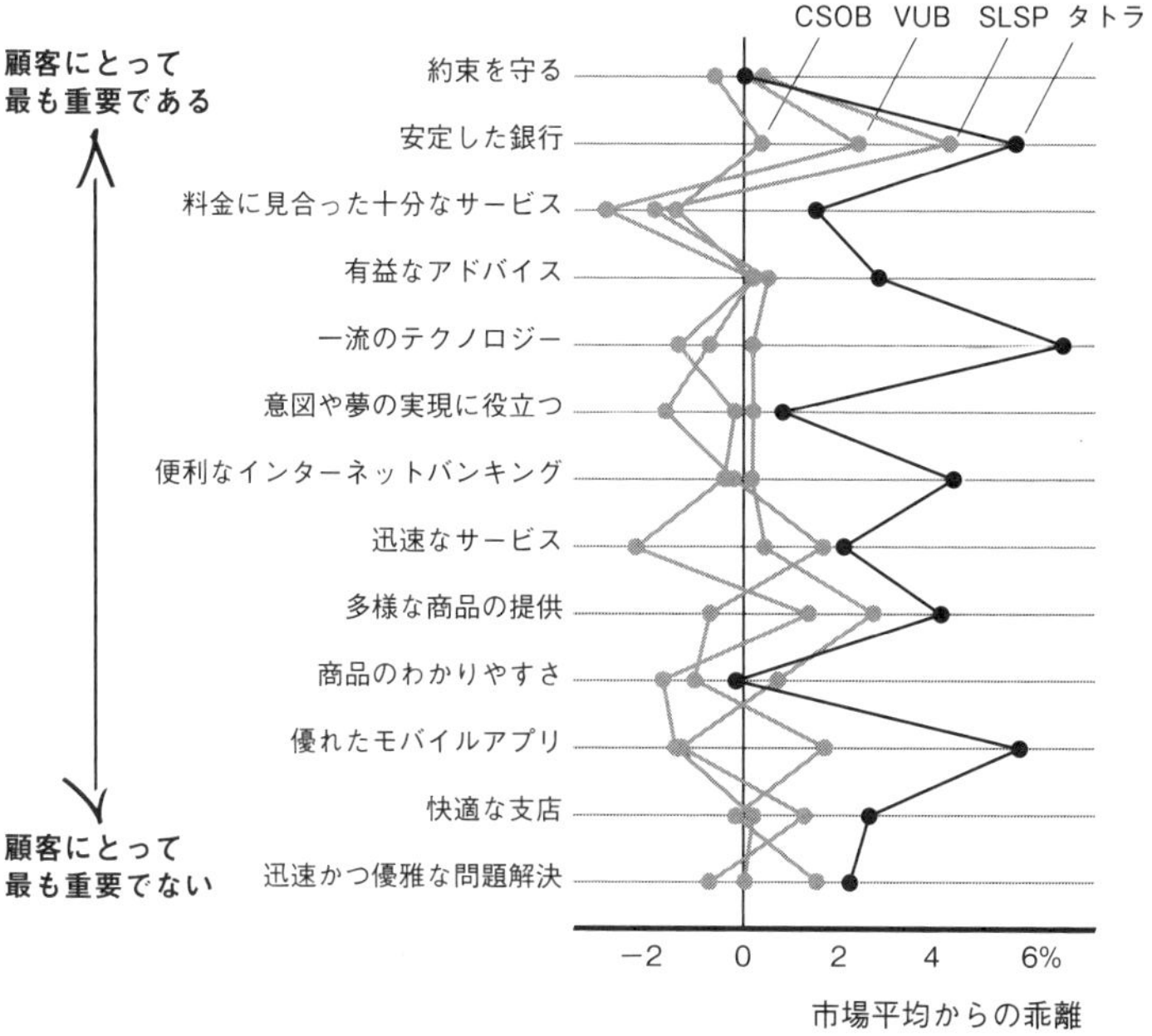

て提供し、２０１３年に声紋認証、２０１８年には顔認証を導入し、その革新的なサービスで１００以上の賞を受賞しました。

２０１９年末、タトラ銀行は戦略の変更を決定しました。ＣＥＯのミハエル・リディは、その動機を次のように説明しています。

「既存の戦略から学んだことを、新しいレベル、つまり世界がどこへ向かい、顧客がどう変化したかを考慮したレベルにアップグレードすることでした[6]」

タトラ銀行はバリューマップを使って、銀行の戦略機会を把握したのです。「これは、差別化こそが厳しい環境下で成功する唯一の方法であるという、私たちの最も深い信念に

図 18-4b　タトラ銀行の富裕層顧客バリューマップ

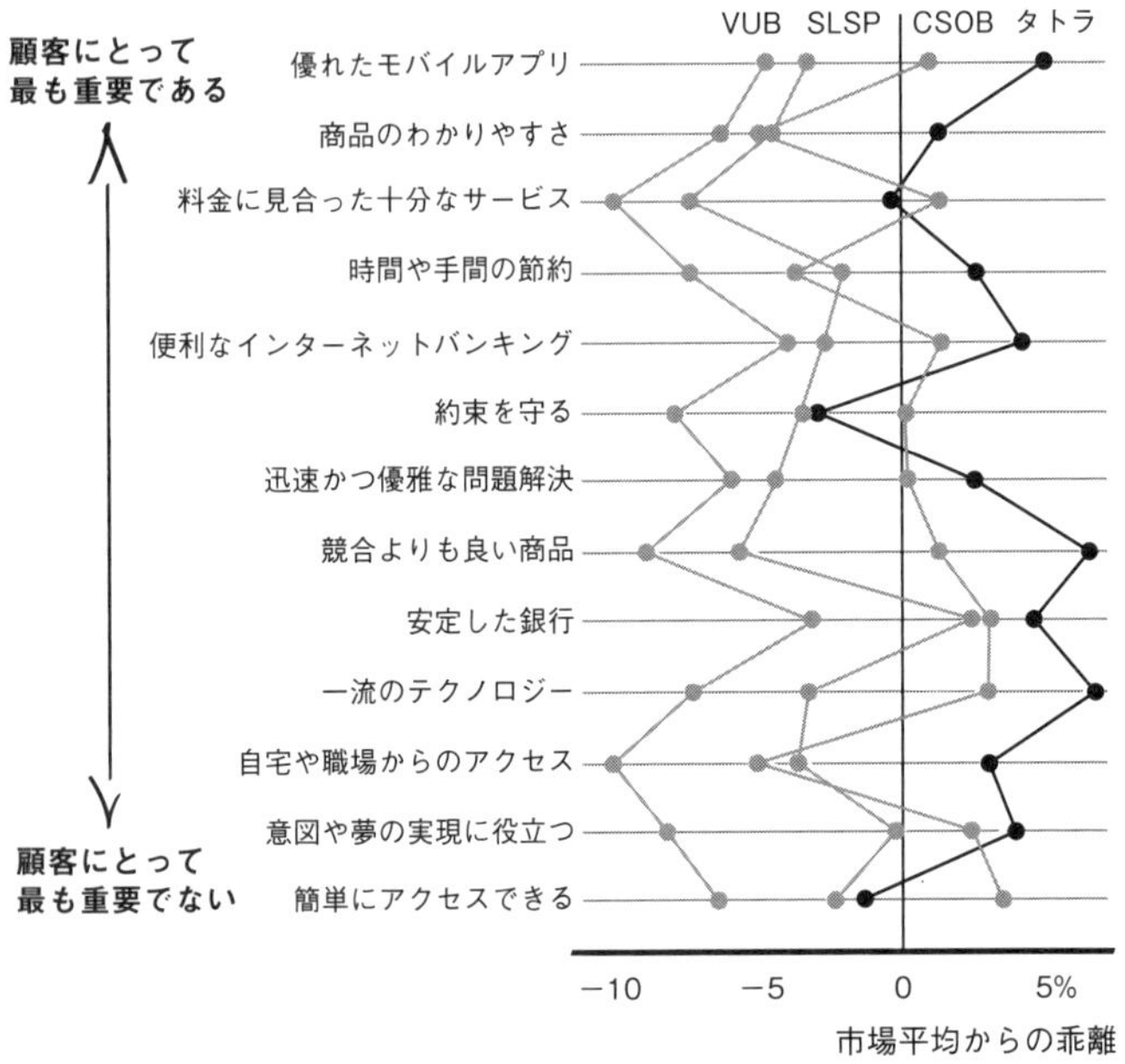

立ち返ることができるものです」と、リディは言います。「私たちは、常に他とは違う存在であろうと努力しています。バリューマップは重要な役割を果たします。なぜなら、『他と違うことをしたい』と言うだけでは不十分だからです。顧客が市場をどう見ているか、どのような要素を評価しているかを理解する必要があります。そして、これらの要素に焦点を当て、差別化を図るのです」

タトラ銀行の経営陣が更新されたバリューマップを調べたところ、富裕層とマス層の顧客の結果は大きく異なっていました[7]（図18－4a、図18－4b）。この2つのセグメントは、いくつかのバリュードライバーを共有しています。たとえば、両グループの顧客は手数料に敏感です。しかし、最も顕著なのは、多くの相違点があるということです。富裕層の顧客にとっては、優れたモバイルバンキングのアプリケーションが最大の関心事です。マス層の顧客は、タトラ銀行の優れたモバイルアプリを評価しており、その評価は市場平均を6％上回っています。しかし、モバイルアプリのクオリティは、銀行の財務的安定性や銀行が約束を守ってくれるという感覚ほど重要視していないようです。

セグメント間のバリュードライバーの違いは、戦略にとって重要な意味を持っています。タトラ銀行の例では、モバイルテクノロジーへの投資は、2つのセグメントがより類似していた場合に得られたであろう利益をまったくもたらしません。極端なケースでは（まったく異なるバリュードライバーを持つセグメントを考えてください）、すべてのセグメントにうまく対応することは不可能であることが分析からわかるでしょう。この場合、顧客グループのなかの特定のサブグループに焦点を当てなければならないかもしれません。共通点と相違点を浮き彫りにすることで、バリューマップは、企業のスコープの問題に重要な洞察を与え、だれをターゲットとし、どのような製品を提供するかという意思決定に役立ちます。

バリューカーブの分析には、まず、きめ細かな顧客セグメンテーションを行うことをお勧めします。多くの異なる顧客グループに対して、別々のバリューカーブを作成します。もし、2つのグループがほぼ同じバリュードライバーを持っていることがデータからわかれば、その2つのグループを1つのセグメントとして扱うことができます。しかし、大まかなグループ分けから始めると、戦略に影響を与える可能性のある微妙な違いが隠れたままになります。

カスタマージャーニー

バリューカーブのデータは、購買プロセスにおいて顧客をより効果的に誘導するために使用することもできます。図18－5は、マス層顧客に対するタトラ銀行のマーケティングファネルを示したものです。約90％の顧客がタトラ銀行の存在を知っていますが、実際に銀行のサービスを利用しているのはわずか19％にすぎません。

どのようにすれば、より多くの顧客に銀行を利用してもらえるようになるのでしょうか。バリューカーブは、ファネル内のある場所から次の場所に顧客を移動させるのに、どのドライバーが特に効果的であるかを示しています。

図18－5は、関連するバリュードライバーを重要度の高い順にリストアップしています。たとえば、タトラ銀行のモバイルアプリは、銀行取引を検討している顧客に対し、実際に口座を開設するよう後押しすることに特に成功しています。しかし、タトラ銀行を顧客のメインバンクにするという決定には、アプリはあまり関係がありません。

この事実について、リデイは「これまでの戦略の欠点を反映している」と説明します。「技術革新や機能にフォーカスし、カスタマーエクスペリエンスを重視していなかったのです。しかし、お客様との関係の深さを左右するのは、お客様の体験なのですから、いまはリフォーカスしています。テク

図18-5　タトラ銀行のマーケティングファネルに沿ったバリュードライバー

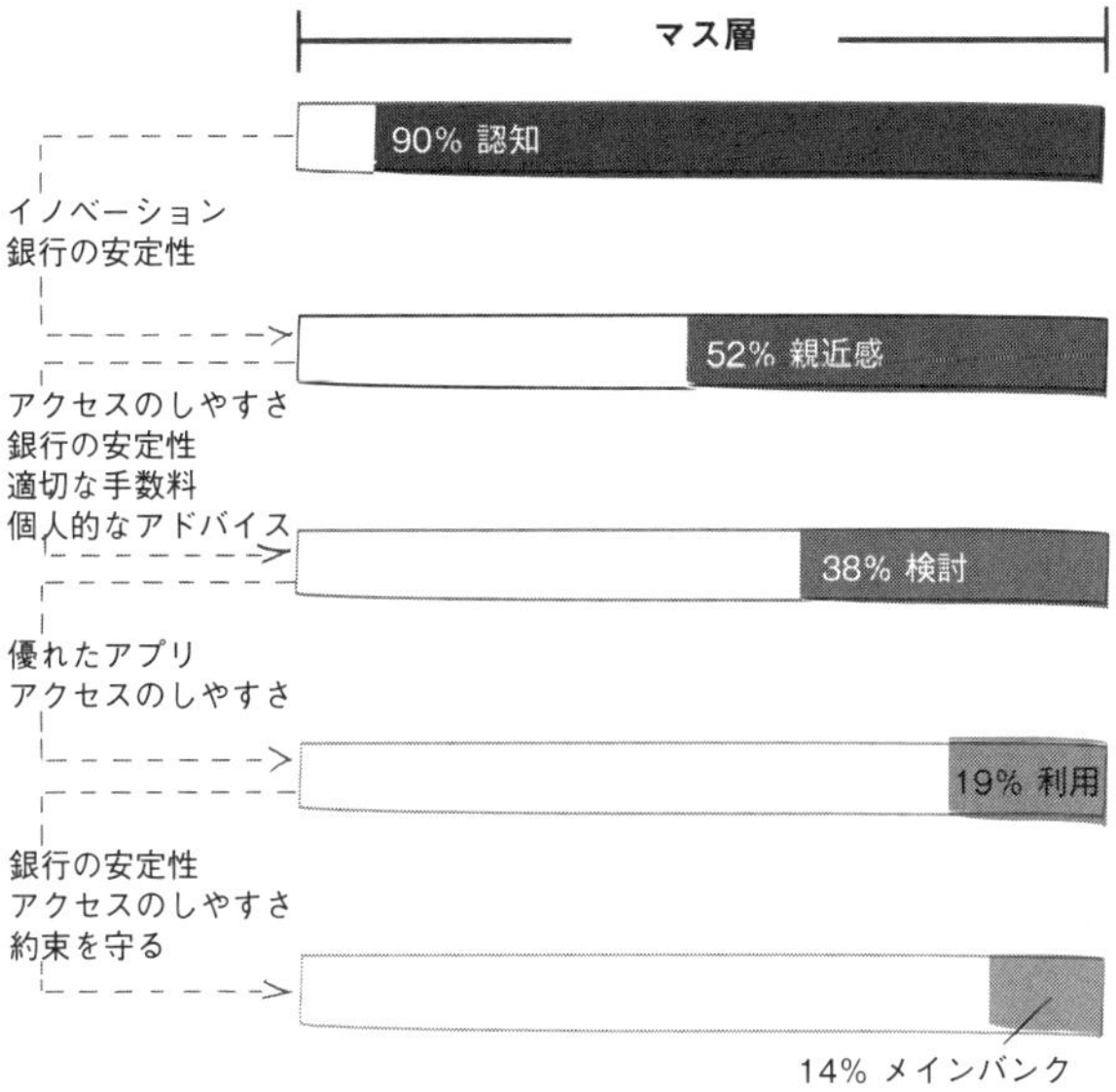

ノロジーは使おう、しかし、顧客エンゲージメントを高めるような使い方をしよう、ということです」

バリューマップから戦略実行まで

どのバリュードライバーを強化し、どのバリュードライバーを重視しないかを決定すれば、戦略の実行は自ずとそれに続きます。重要なステップは、バリュードライバーを望ましい方向に動かす可能性のあるアイデアを生み出すことです。これは創造性を発揮し、責任を持って実行していくチャンスとなります(8)。

図18－6は、キッチンエイド（KitchenAid）の家電製品を例にとって、そのプロセスを示しています。このブランド

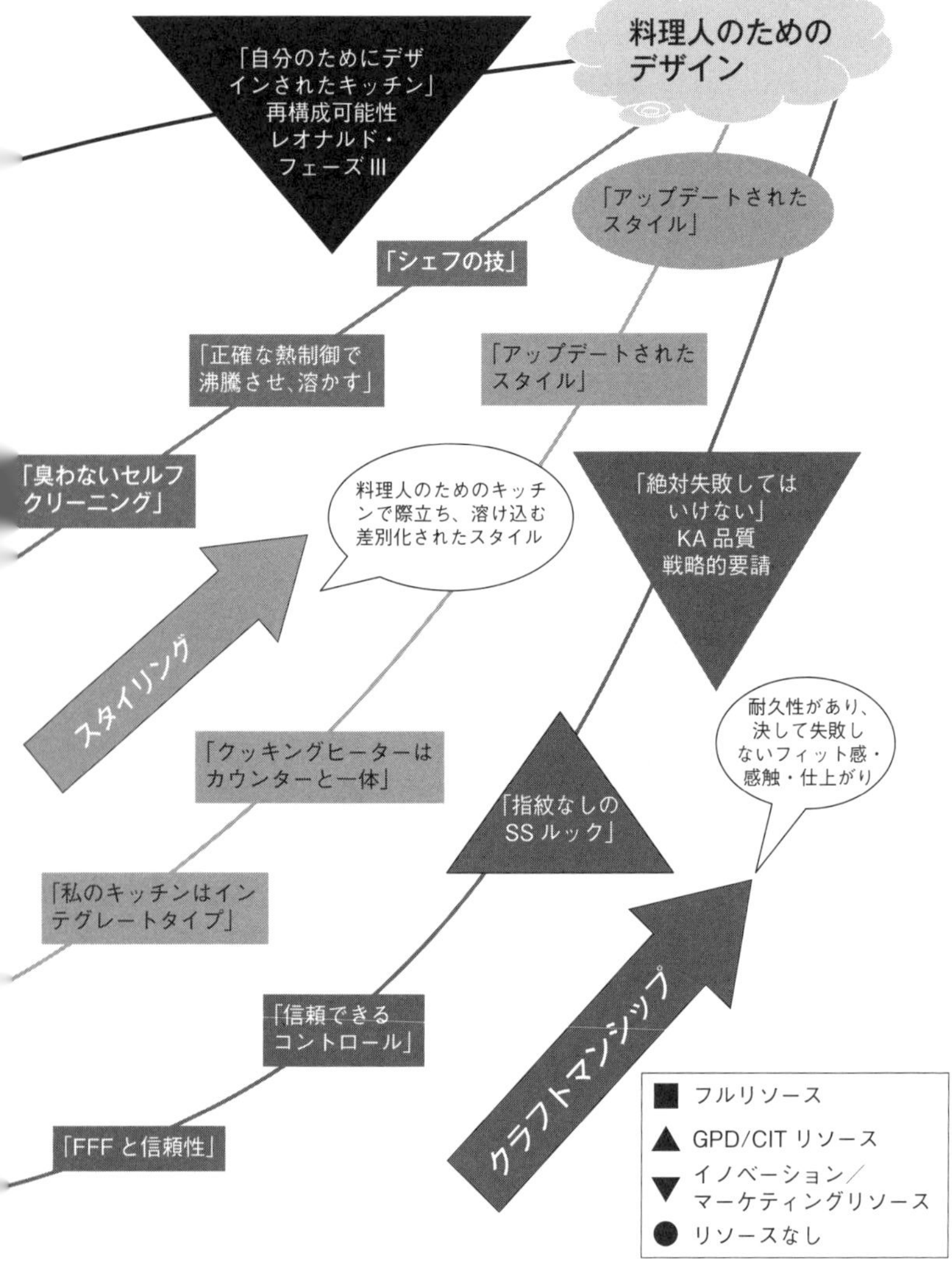
料理人のための
デザイン
「自分のためにデザインされたキッチン」
再構成可能性
レオナルド・
フェーズIII
「アップデートされた
スタイル」
「シェフの技」
「正確な熱制御で
沸騰させ、溶かす」
「アップデートされた
スタイル」
「臭わないセルフ
クリーニング」
料理人のためのキッチンで際立ち、溶け込む差別化されたスタイル
「絶対失敗してはいけない」
KA 品質
戦略的要請
スタイリング
耐久性があり、決して失敗しないフィット感・感触・仕上がり
「クッキングヒーターは
カウンターと一体」
「指紋なしの
SS ルック」
「私のキッチンはイン
テグレートタイプ」
「信頼できる
コントロール」
クラフトマンシップ
「FFF と信頼性」
フルリソース
GPD/CIT リソース
イノベーション／
マーケティングリソース
リソースなし

図 18-6　キッチンエイドのマイグレーション・パス

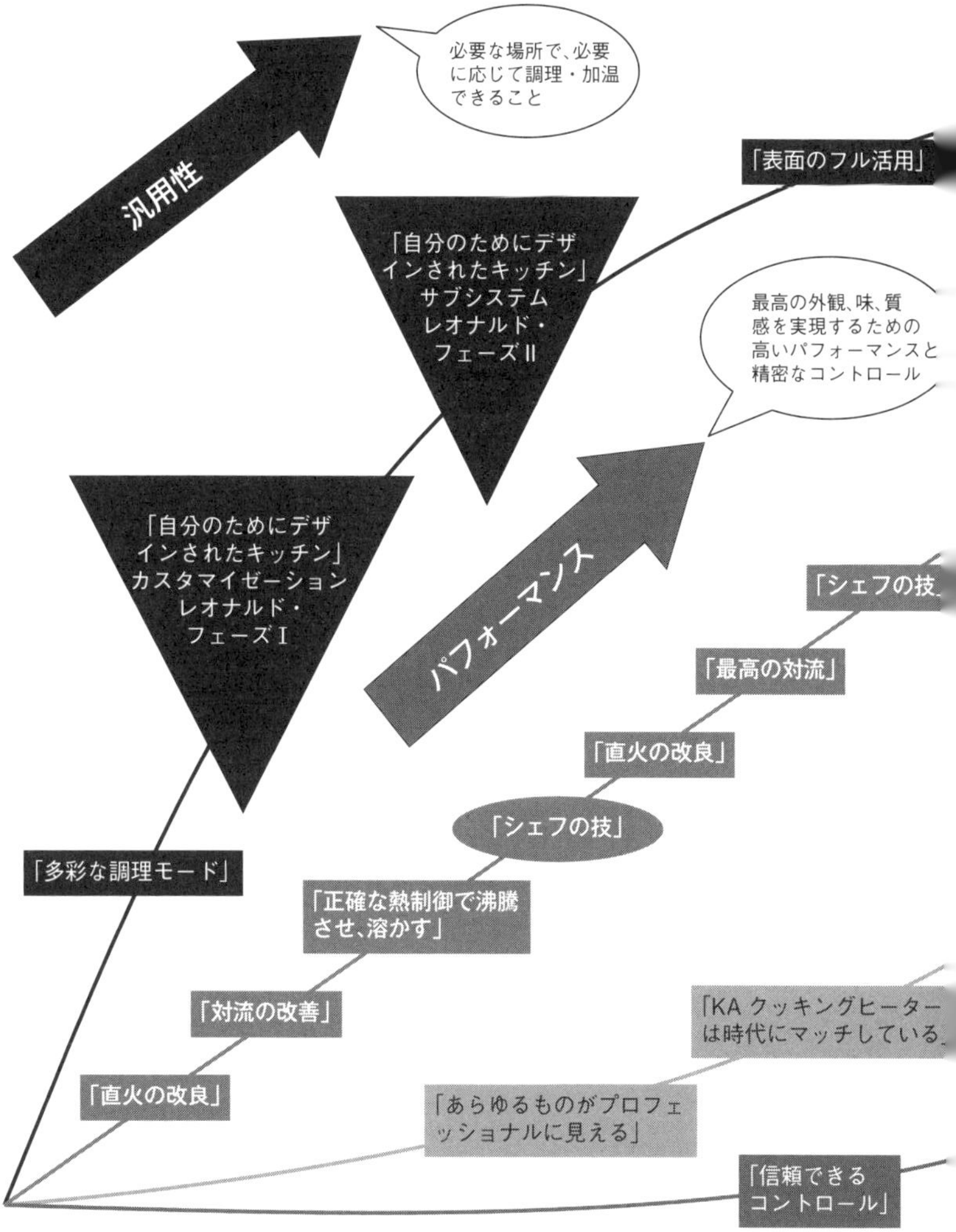

を所有するワールプール（Whirlpool）は、4つのバリュードライバーに投資を集中させました。それは、汎用性、パフォーマンス、スタイリング、クラフトマンシップです。これらそれぞれについて、同社は顧客の視点でベネフィットを表現したキャッチフレーズを作りました。

汎用性とは「必要な場所で、必要に応じて調理・加温できること」、クラフトマンシップとは「耐久性があり、決して失敗しないフィット感・感触・仕上がり」を意味します。エンジニアはこのキャッチフレーズを使って、一連のイノベーションプロジェクトを分類しました。ワールプールでは、これらのプロジェクトをマイグレーション・パスと呼んでいます。各パスは、4つの次元のうちの1つに沿ってWTPを上げることを約束します。図18‐6の長方形のボックスは、計画されているイノベーションプロジェクトを表しています[9]。

ワールプールのマイグレーション・パスで特に興味深いのは、現在、活動しているユニットにリソースが不足しているプロジェクトが含まれていることです。これらのプロジェクトをパスに配置することは価値があります。それは、顧客のWTPをさらに効果的に引き上げるために、人材と資本を再配分する機会を示すからです。

4つのマイグレーション・パス（大きな矢印で表示）を見て、ワールプールはイノベーションで勝負することに決めたと結論づけられるかもしれません。しかし、この印象は誤りです。イノベーションは単なるツールにすぎません。戦略とは、4つのバリュードライバーを強化することです。ワールプールの当時のCEO、デビッド・ウィットワムはこう言っています。

「私はこれを何度強調しなければならなかったかわかりません。イノベーションは、私たちの戦略で

図18-7　タトラ銀行のロードマップ

はありません。私たちの戦略は、ブランドを重視した価値創造です。イノベーションは、この戦略を実現するための重要な手段です[10]」

マイグレーション・パスで描かれた戦略を実行した結果、キッチンエイドのチームは、最初の5年間でビジネスを大きく成長させ、価格を3%以上引き上げることに成功しました。業界全体で価格が7・7%下落したことを考えると、これは快挙と言えるでしょう。

タトラ銀行は、ロードマップを利用して、価値創造活動、責任、パフォーマンスの関係を示しています。このマップはすべてのオフィスと支店の目立つ場所に掲示されています[11]（図18-7）。リデイは次のように説明しています。

「私たちは、『The Book of the Bank』と呼んでいるものに私たちの戦略を記述しています。いい文書ですが、本のなかのストーリーと400人の従業員の仕事内容、日々の仕事との間に直接的

図 18-8　ロードマップ——活動と KPI の関連付け

活動	事業強度	現セグメントの顧客獲得	富裕層セグメントの顧客獲得	マス層セグメントの顧客獲得	メインバンク／主要取引先の顧客獲得	顧客満足度／維持率	イノベーション・イメージの最大化
セールスポテンシャルの有効活用	③④⑨⑩⑭			③④⑨⑩⑭	③④⑨⑩⑭	③④⑨⑩⑭	
プライマリー・バンキング・リレーションシップの体系的な管理とイノベーションの利用拡大					③④⑨⑩⑬	③④⑨⑩⑬	③④⑨⑩⑬
顧客不満足の積極的な原因追及と排除				⑧⑨⑩⑪⑬⑮		⑧⑨⑩⑪⑬⑮	
デジタル販売とチャットボットによる売上・セルフサービス取引のシェア拡大	③④⑤⑦⑧⑨⑩⑬⑭⑯⑲					③④⑤⑦⑧⑨⑩⑬⑭⑯⑲	③④⑤⑦⑧⑨⑩⑬⑭⑯⑲

③電子流通チャネル　④マーケティング　⑤人事　⑦プロジェクト管理　⑧プロセス管理
⑨リテール商品　⑩流通ネットワークとリテールセグメント　⑪オペレーション　⑬法務
⑭リテール信用リスク管理　⑮R&D　⑯IT　⑲調達

なつながりがないことに気がつきました」

タトラ銀行は、ロードマップを使って、戦略と銀行内の活動の整合性をとっています。

図18－8は、マス層顧客に関するセクションを示したものです。

〝活動〟は、タトラ銀行がバリュードライバーを望ましい方向に動かすためのプロセスやイニシアチブを表しています。ロードマップの上部には、KPIが表示されています。たとえば、2020年にタトラ銀行は、マス層顧客の57％にとってメインバンクになりたいと考えていました。番号の付いた円は、その活動、ひいてはそのパフォーマンスに責任を持つ組織の一部を示しています。ニコニコマークとしかめ面は、その組織がどの程度目標を達成しているかを表しています（図18－7）。

「私たちは、四半期ごとにすべての活動を確認し、しかめ面の指標について長い間話し合っています。なぜ、軌道に乗らないのかと」とリディは言います。「もし、ある活動の目標達成が4分の3に満たない場合、すべての部門長、地域リーダー、約60人のマネジャーと面談します。そして、その活動のオーナーが深く掘り下げて問題点を説明し、解決策を探るのです」

かれは笑いながら、「これは、だれもが避けたい会議です」と付け加えました。リディは、このロードマップが、ほぼすべての人に戦略の方向性を示していると評価しています。

「最も嬉しいのは、従業員エンゲージメント調査で、タトラ銀行の従業員の90％近くが、銀行の戦略を理解し、その実行に自分がどのように貢献しているかを知っていると答えていることです」

従業員へのバリュープロポジション

顧客に対する差別化された〝バリュープロポジション〟と同様に重要なのが、WTSにおける優位性です。「これは私たちにとって時間のかかるプロセスでした」とリディは言います。「もちろん、ビジネス戦略が必要なことはわかっていました。しかし、顧客と従業員を同じように見る必要があるという結論に達するには、時間がかかりました。従業員にとって何が大切か、どのように仕事に意味を見出すかを理解するために、集中的な演習を行ったのです」

図 18-9　スロバキアの銀行窓口係人材の競合状況

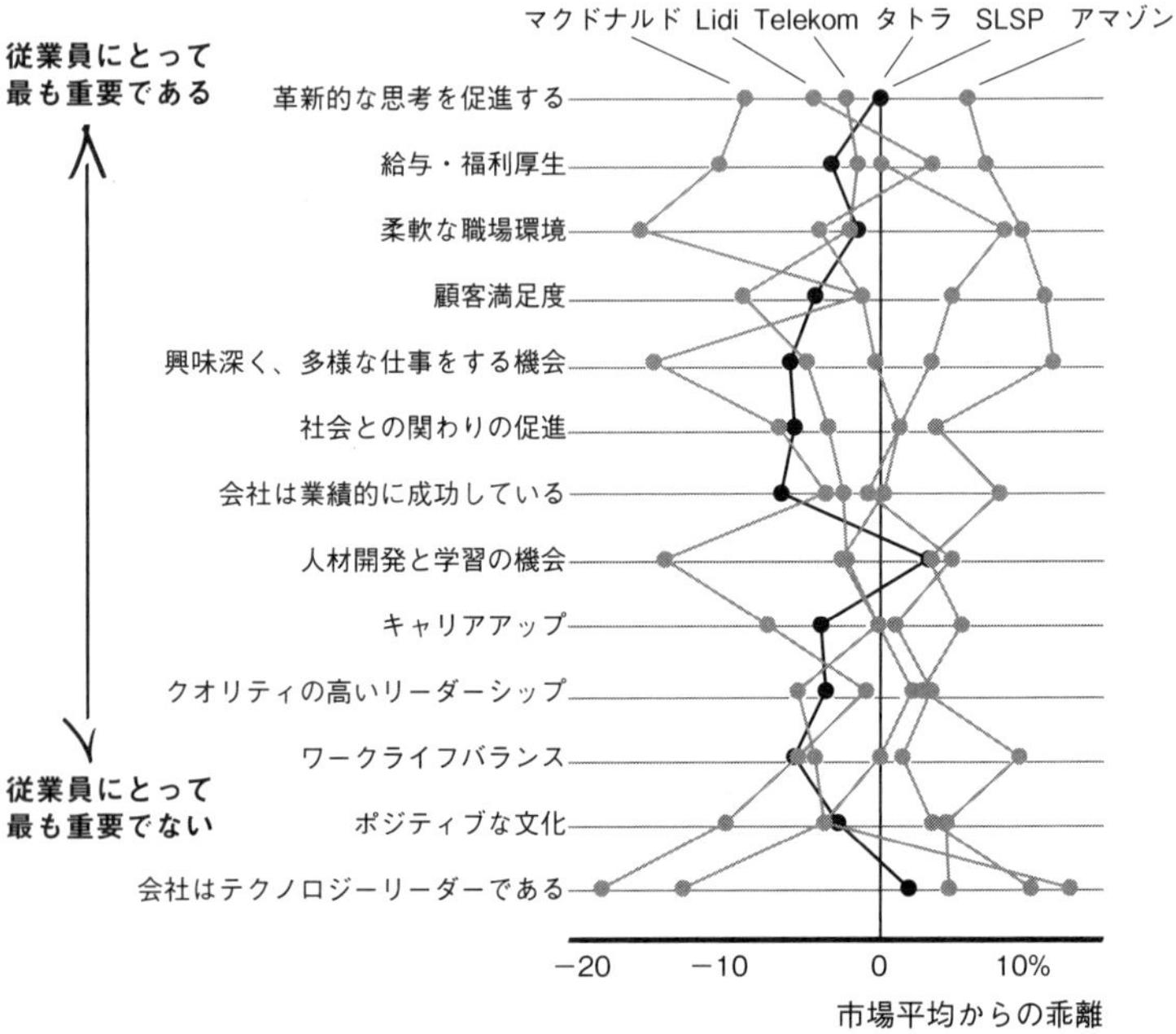

WTSの違いを特定して強調するには、先に述べたのとまったく同じプロセスを用いることができます。図18－9は、タトラ銀行の窓口係の人材獲得をめぐる競争状況を示しています。

スロバキアでは、アマゾン（Amazon）はこのような人材にとって最適な雇用主です。アマゾンは、魅力的な職場環境（「革新的な思考」）、手厚い報酬、柔軟性など、最も重要なすべての基準で傑出しています。対照的に、マクドナルド（McDonald's）は苦戦を強いられています。同社で市場平均に近づいているのは、わずか2つのバリュードライバー（顧客満足度とリーダーシップのクオリティ）のみであり、どの次元でもリードしていません。また、このデータは、タトラ銀行がこの種の人材市場において厳しい競争環境に直面していることを示しています。同社にとって最も可能性があるのは、タトラ銀行が革新的な思考を促進し、学習と人材開発のための素晴らしい機会を提供していることを強調することです。

WTS（またはWTP）の測定は、主観的なものであることに注意してください。図18－9の数値は、「将来の」従業員の認識を反映したものです。これらの数値は、6社の競争相手間の実際の違いに対応している場合と、そうでない場合があります。しかし、従業員が仕事を探すときにどの仕事を検討するかは、この認識によって決まるので重要です。

もし、自社の人材プールのなかで、会社として魅力的な仕事をオファーしたいと考えるグループが欠けていると感じたら、自社の人材ファネルを詳しく調べてみることをお勧めします。バリューカーブは、候補者が自社で働くことをどのように考えているかを理解するのに役立ちます。その分析結果は、雇用主のブランディング施策の策定や採用活動の舵取りに役立ちます。

包括的な戦略計画には、顧客と人材のバリュープロポジションが含まれます。また、自社が鍵となるサプライヤーに依存していたり、重要な補完業者と密接に連携していたりする場合は、これらの関係についてもバリューマップを作成することが必要です。

このマップは、価値を創造するための多くの機会を示しています。このプロセスから生まれるすべてのイニシアチブは、WTPを高めたり、WTSを低くすることに向けられているため、組織内の活動は密接な連携を維持することができます。そして、何百ものイニシアチブが組織を異なる方向に引っ張ってしまうという事態を避けることができるのです。

バリューマップは、戦略策定（WTPやWTSをどのように動かすか）から戦略実行（WTPやWTSの変化を実現するための具体的な活動やイニシアチブ）への移行を促進する強力なツールです。私の経験では、このツールにはいくつかの重要な利点があります。

▼**WTPとWTSは要約統計量です。**顧客のWTPを理解することは、競合の動きやその価格についての情報をもたらしますが、その評価の理由についてはあまりわかりません。バリュードライバーを理解することで、全体像が完成するのです。

「自社は平均的であるという見通しは、非常に恐ろしいものです」と、リディは言います。「私たちは違った存在になりたいのですが、そのための方法を知る必要があります。バリューマップは、この複雑な世界をナビゲートするための完璧なツールなのです」

▼**バリューマップはデータドリブンです。**顧客のWTPや人材のWTSを把握する際、直感や逸話に頼りがちです。しかし、企業が本格的にバリューカーブ分析に取り組むと、ほとんど

の場合、驚きの事実が明らかになります。バリュードライバーの重要性が一般に想定されているよりも低いことが判明したり、ある次元で予想外のレベルのパフォーマンスが見られたりします。

「この方法は、継続的なもので、調査にもとづいています」とエクスペディアのアナンドは言います。「進捗状況を実際に測定することができます。データにもとづいているため、より詳細で、信頼性が高いのです[12]」

▼バリューマップのレンズを通して組織を見ることは、徹底的に顧客、人材、サプライヤーを中心に考える訓練になります。これらの3つのグループの認識に影響を与えるかぎりにおいて、組織のパフォーマンスは意味を持つことを忘れないでください。

▼ほとんどの企業は、組織に対する顧客の認識や従業員のエンゲージメントに関する広範なデータを収集しています。バリューカーブ分析では、顧客と人材の両方の目を通して、競合他社を見ることができるようになります。

アナンドは、「競合他社をプロットすることは、非常に興味深いことです」と説明します。「多くの場合、企業は自社についてのみ調査を行いますが、バリューカーブ分析は業界全体を見渡すことができ、非常に役に立ちます」

▼バリュードライバーは、WTPやWTSといった抽象的な概念と、現在の製品やサービスを説明する具体的な属性との中間に位置するものです。これには2つの利点があります。第1に、バリュードライバーは十分に具体的であり、実行可能です。バリュードライバーをオペレーションモデルやKPIにリンクさせるのは簡単な作業です。第2に、バリュードライバーは、特定の顧客ニーズをどのように満たすかという方法を詳細に特定するものではありません。

バリュードライバーは、顧客満足を高めるための新しい方法を模索するのに役立ちます。バリュードライバーに焦点を当てることで、ビジネスの成功は、すでに提供しているものをより多く売ることと同じだという狭い考え方に陥る可能性を低くすることができるのです。

第6部

価値の創造

――シンプルで優れた戦略の目的

第19章　点と点をつなぐ

卓越したパフォーマンスを実現するために、ストラテジストは支払意思額（WTP）と売却意思額（WTS）という2つのレバーを用います。

前章では、WTPを上昇させ、WTSを低下させる主なメカニズムについて説明しました。また、バリューマップは、WTPやWTSの差別化の機会を特定するのに役立つことを確認しました。単一のレバー（WTPまたはWTS）に焦点を当てると、価値を生み出すメカニズムを容易に理解することができます。

しかし、実際には、戦略的な動きが2つのレバーのうちの1つだけに影響を与えることはまずありません。現実の戦略イニシアチブのほとんどは、バリュースティックの両端に影響を与えます。そのため、新たな戦略に着手する前に、すべての変化（WTP、価格、コスト、WTS）を検討することが必要不可欠です。4つの要素は相互に関連していることが多いため、このことは特に重要です。

ベストの状態では、WTPの上昇はWTSを低下させ、ストラテジストが〝二重の優位性〟(dual advantage)と呼ぶものを生み出します。しかし、他の状況では、WTPの上昇がWTSを上昇させ、サプライヤー余剰利益を減らし、企業は顧客とサプライヤーのどちらを支援するのかについて、決定することを余儀なくされます。

この章では、価値創造のさまざまなモードがどのように結びついているかを探ります。特定の戦略イニシアチブの結果を把握するために、すべてのバリュードライバーとそのつながりを説明します。まず、実例として、トミーヒルフィガー(Tommy Hilfiger)がアダプティブウェア(訳注:障がいのある人のための着脱しやすい服)市場に参入することを決定したところから見ていきましょう。

トミー・アダプティブ

「お母さん、明日はジーンズで学校に行きたい。友達もみんなジーンズをはいてくるから」

多くの親にとって、このような子どもの要望は何の問題もありません。しかし、ミンディ・シャイアーにとってはそうではありませんでした。当時8歳だった彼女の息子オリバーは、難病の筋ジストロフィーを患っていました。シャイアーは次のように説明しています。

「着替えという日常的な作業が、かれにとって本当に難しいことだと早くからわかっていました。ボタンをボタンホールに通すこともできないし、ボトムスを下肢装具にかけるのも苦労していました。

だから、毎日スウェットパンツをはいて学校に行くことにしたんです。それが、かれが安全にトイレに行ける唯一の方法だったからです[1]」

オリバーがそう言ったとき、ファッションデザイナーであるシャイアーは大きく息を吸いました。

「私はかれを見て、『もちろん、明日はジーンズをはくんだよ！』と言ったんです」

その夜、シャイアーはジーンズを購入し、ジッパーを外してパンツのサイドパーツを切り取り、マジックテープでオリバーの下肢装具をジーンズの下にはめ込みました。

「それはまるで美術工芸品のようでした。まともなファッションデザイナーなら、私がやったことを見てぞっとするはずです」とシャイアーは振り返ります。

「でも、この経験は私の目を開かせてくれました。毎日スウェットパンツをはくことで、オリバーは障がい者の格好をしているように感じられたのです。ファッション業界に身をおく私でさえ、かれの服がかれにどのように語りかけるか、服がもたらす自信をいかに見失っているかを、完全に見過ごしていたのです」

その夜から、シャイアーは、自分で服を着ることが困難な4000万人の米国人に、アダプティブウェアを届けるという使命を抱くようになりました[2]。

トミーヒルフィガー（米国）（Tommy Hilfiger Americas）のCEOゲーリー・シェインバウムとの面談が予定されていた日、彼女は特に大きな希望を抱いていました。シャイアーは、障がいのある顧客のニーズに合わせた服が簡単に作れることをかれに納得させるため、トミーヒルフィガーの子ども用コレクションから各アイテムを2着ずつ購入しました。

「面談の日が来ると、私は部屋を模擬ショールームのようにして、ビフォーアフターのようなものを作りました」と彼女は言います。「オリジナルの商品とその修正版を見せましたが、見た目はまったく同じでした。でも、どれも調節可能で着脱しやすく、ボタンの裏にはマグネットが付いていて、より優れたクロージャーシステムになっていたんです」

シェインバウムは、すぐにこのチャンスをつかみました。シャイアーは次のように回想しています。「面談が始まって5分もしないうちに、ゲーリーがテーブルに手をついて、『やったぞ。だれもやったことがないなんて信じられない。これはすごい！』と言いました」

シャイアーは喜び、そして驚きました。

「トミーヒルフィガーは、ビジネスチャンスをつかみ、これが正しいことだと理解した最初のブランドなのです。他のブランドと話をすると、『だれもやっていないのなら、何か理由があるに違いない』と言われることが多いんです」

この点について、シェインバウムは次のように説明しています。

「私たちにとっては自然なことでした。トミーヒルフィガーは常にインクルージョンを大切にしており、お客様の多様性を受け入れる準備ができていたのです(3)」

トミーヒルフィガーは、2016年にシャイアーと提携し、障がいのある子ども向けの衣料品ラインを発表しました。翌年には、大人向けのコレクションを含むトミー・アダプティブ（Tommy Adaptive）を発売しました(4)（図19－1）。

2020年には、トミー・アダプティブの販売地域を拡大し、日本、ヨーロッパ、オーストラリア

図 19-1　トミー・アダプティブ

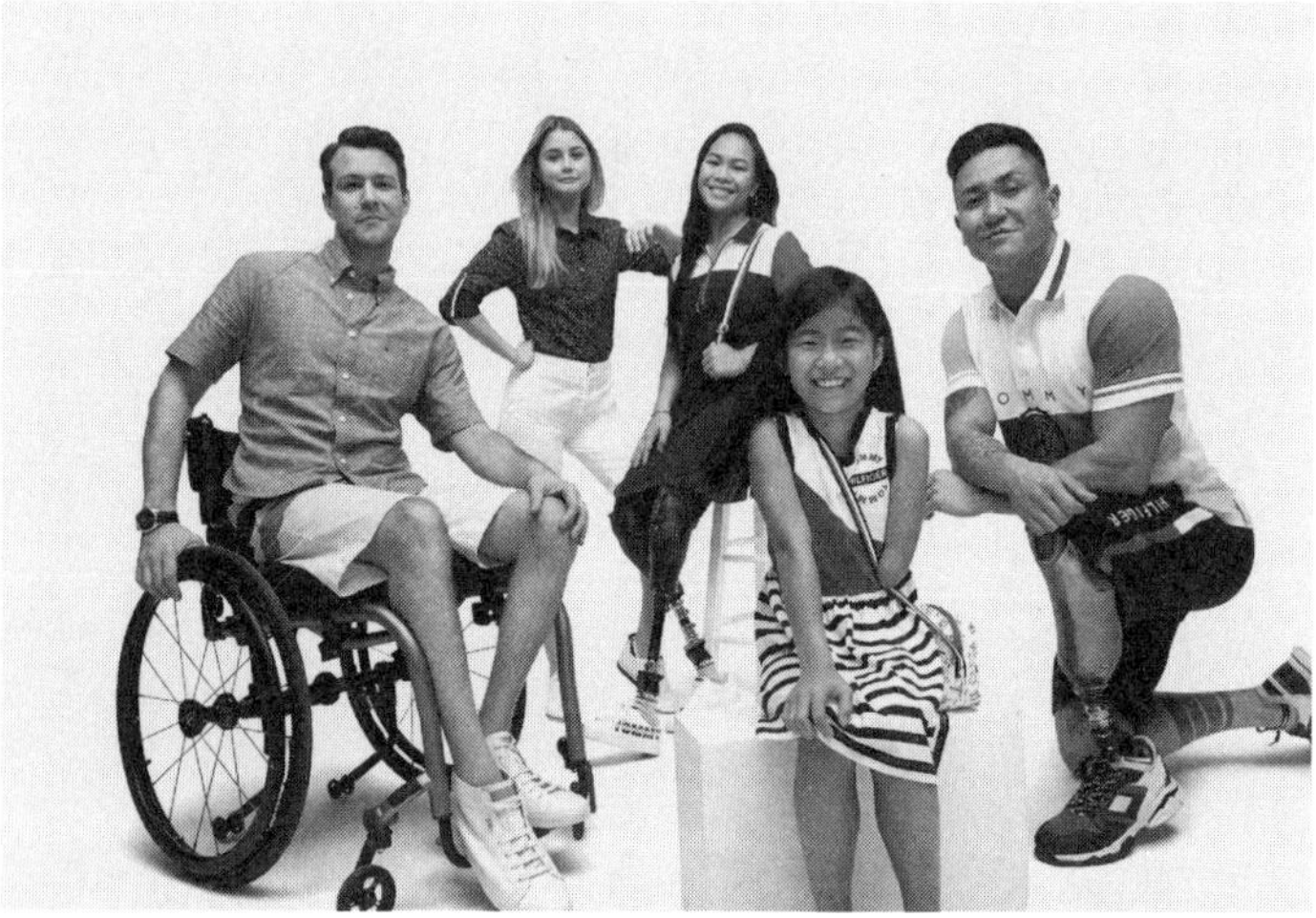

でも購入できるようになりました。アダプティブのシャツ、ドレス、パンツは通常のトミーヒルフィガーの洋服と同じですが、このコレクションは、簡単な開閉操作機能（マグネットや片手ファスナー）、車椅子に座るために最適なボトムス（扱いにくい生地のよれを減らすために前部を低くし、圧迫点を排除するために縫い目のない後部の上昇を備えたパンツ）、義肢にフィットする服（裾にマグネットを隠し、装具に対応）、動きやすさ（肩や背中に開口部のあるドレスや、片手で調節できるスライドループクロージャー付きパンツ）などを提供しています。

トミーヒルフィガーのウェブサイトでは、メインコレクションと並んでアダプティブ商品が紹介されています。ザッポス（Zappos）、メイシーズ（Macy's）、アマゾン（Amazon）では、トミー・アダプティブをオンラインストアで取り扱いました。

図19-2　トミーヒルフィガーのメインコレクション vs. アダプティブコレクション

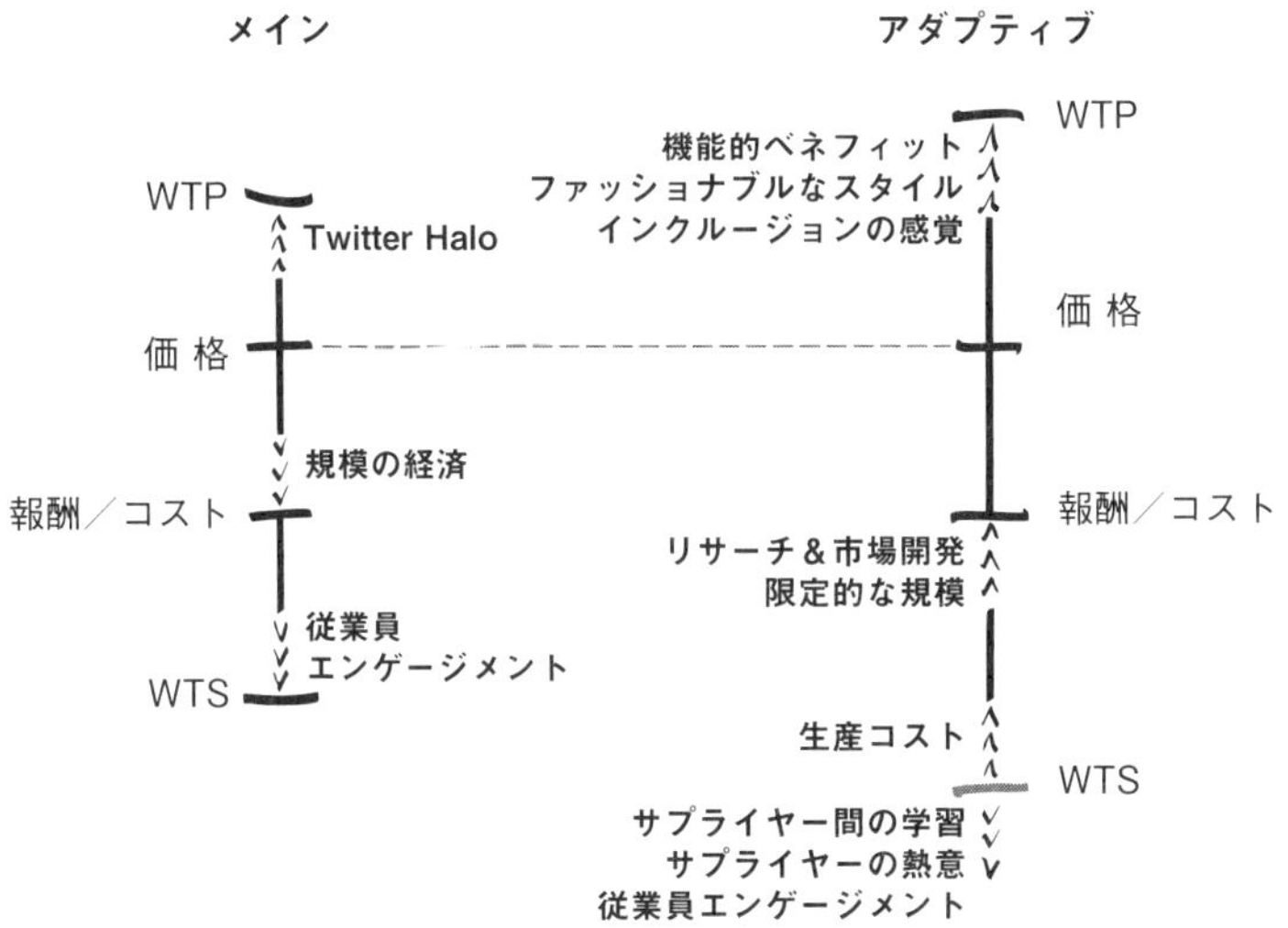

統合的な戦略思考

アダプティブ・ビジネスを構築するうえで、トミーヒルフィガーのチームは、多くの成功したストラテジストに共通して見られるパターンを示しました。

かれらは、価値創造に焦点を当て、ターゲット顧客に深く共感し、アダプティブ市場で競争することで生じるさまざまな結果を慎重に検討することに優れていました。

図19－2は、トミー・アダプティブがどのように価値を生み出し、獲得しているかを示しています。

図19-3　トミーヒルフィガーの競合他社のバリュードライバーとパフォーマンス

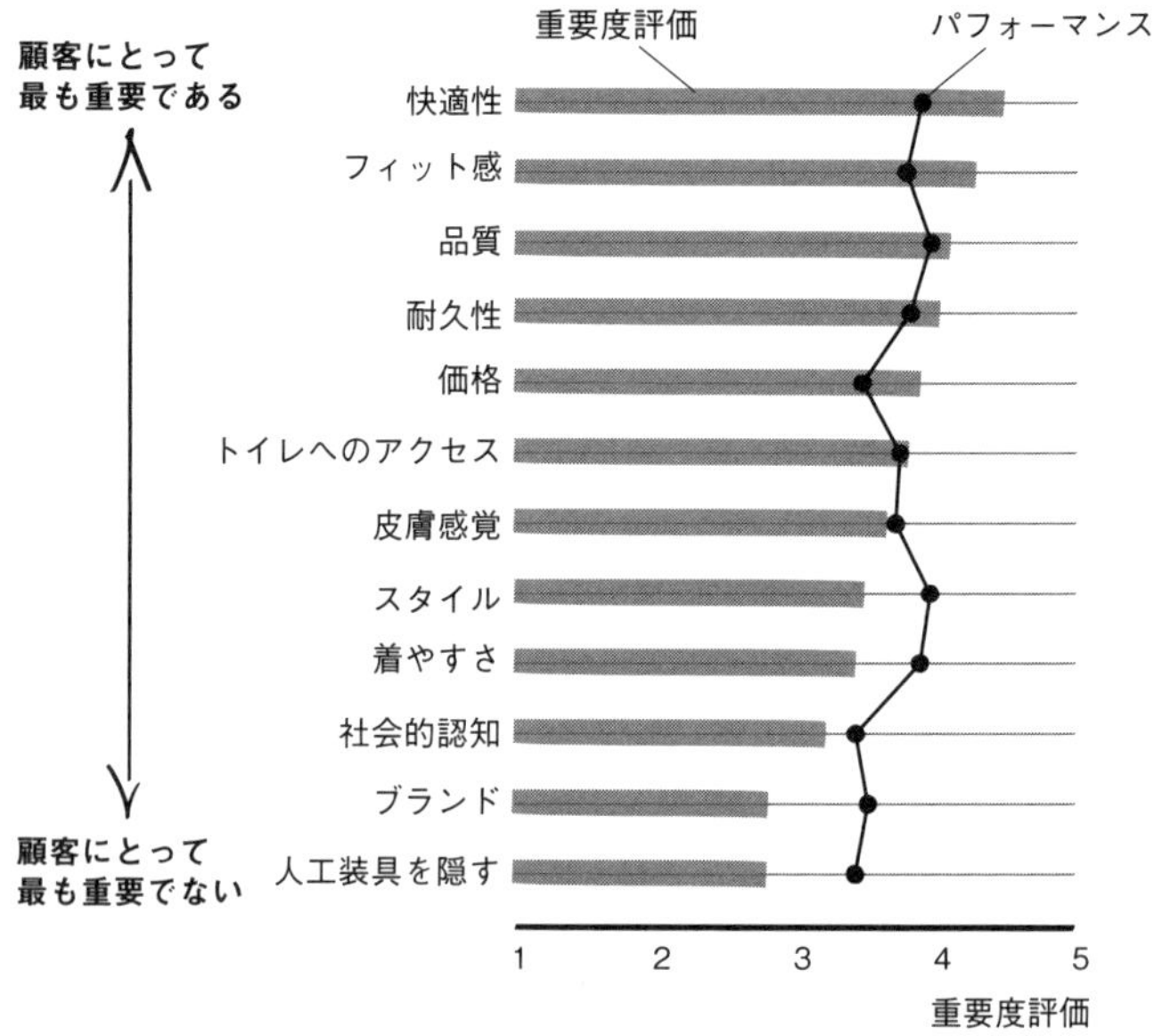

WTPと価格

　このブランドの初期の調査では、アダプティブコレクションが3つの方法でWTPを高めることが示されました。障がいのある顧客は、自分のワードローブの機能的な改良のために10%余分に支払うことを望んでいました。それぞれの顧客が年間500ドル以上を障がい者用衣類に費やし、米国だけで約60億ドルの市場が形成されました。

　トミーヒルフィガーのブランドとその特徴的なスタイルは、WTPをさらに引き上げました。2016年のバリューマップでは、現在入手可能なアダプティブウェアには著名なブランドがなく、選択肢もかぎられており、社会的認知も低いことが指摘されていました（図19－3）。

あるフォーカスグループの参加者は、「いま世に出ているアダプティブは、入手可能性の部分に傾いています」と説明します。[5] ロサンゼルスを拠点に障がいのあるクライアントにサービスを提供しているスタイリストのステファニー・トーマスは次のように述べています。「不快なことに、障がい者向けよりもペット向けファッション製品のほうが多いのです」[6]

トミー・アダプティブが競争力を持つためには、既存の衣服の着心地やフィット感に合わせる必要がある、とシェインバウムとかれのチームは結論づけました。しかし、トミー・アダプティブは、ブランドの従来からの強みであるスタイルと社会的認知を強調することで、ライバルに打ち勝つことができたのです。

チームが発見した3つ目のバリュードライバーは、リスペクトとインクルージョンでした。トミーヒルフィガーの上級副社長であるジーニン・ドノフリオは、次のように説明しています。

「すぐに、これがどんなに大変なことなのかがわかりました。フォーカスグループでも、間違うこと、だれかを侮辱することをとても恐れているのです。もし間違った質問をしたら、相手を怒らせてしまうのではないか。それが、他のメジャーブランドがこの市場に参入してこなかった理由の1つだと思います。また、お客様を失望させたくないという気持ちもあります。かれらはすでに多くの課題を抱えています。企業としては、拒絶されたくないので、近づかないほうが無難なのでしょう」[7]

リスペクトとインクルージョンの感覚を構築するために、ブランドは一連の重要な決定を下しました。1つは、トミー・アダプティブ製品のプレミアム価格を放棄すること。ドノフリオは次のように説明しています。

「このコミュニティに貢献したいという思いは本物でなければなりませんし、私たちがかれらを利用していると思われるようなことは許されません。たとえば、いままで持っていなかった服が欲しくなったから、高い値段で買ったのだと思われるわけにはいかないのです」

チームはまた、トミー・アダプティブの顧客のために別のウェブサイトを構築するという初期のアイデアを放棄し、メインサイトであるTommy.comでこのコレクションを紹介することにしました。フォーカスグループでは、多くの参加者が、自分たちを別物だと感じさせないようチームに求めていました。「他の服の説明と同じように、服のことも話してほしい。孤立感を味わいたくない」と、ある参加者は言いました。また別の参加者は、「トールサイズとプチサイズがあるように、『アダプティブサイズはこちらです』と言ってほしい」と付け加えました[8]。

1年以上にわたる大規模な調査と1500回を超える詳細なインタビューを経て、シェインバウムとそのチームは、WTPの3つの主要なドライバーを反映したカスタマージャーニーを作成しました。すなわち、障がい者と緊密に相談しながら設計された、さまざまな機能的改良を施したアダプティブウェア（図19-4のステップ1〜6）、ファッションへの関心（ステップ8および9）、およびインクルージョンや帰属意識（ステップ10〜14）です[9]。

トミー・アダプティブの立ち上げは、期待を裏切らないものでした。「その効果は絶大でした」とシェインバウムは言います。「最初の四半期に、Tommy.comで最も売れた5つのスタイルのうち2つがこのコレクションからでした。そして、子ども向けビジネスの20％はアダプティブが牽引してい

図 19-4　トミー・アダプティブのカスタマージャーニー

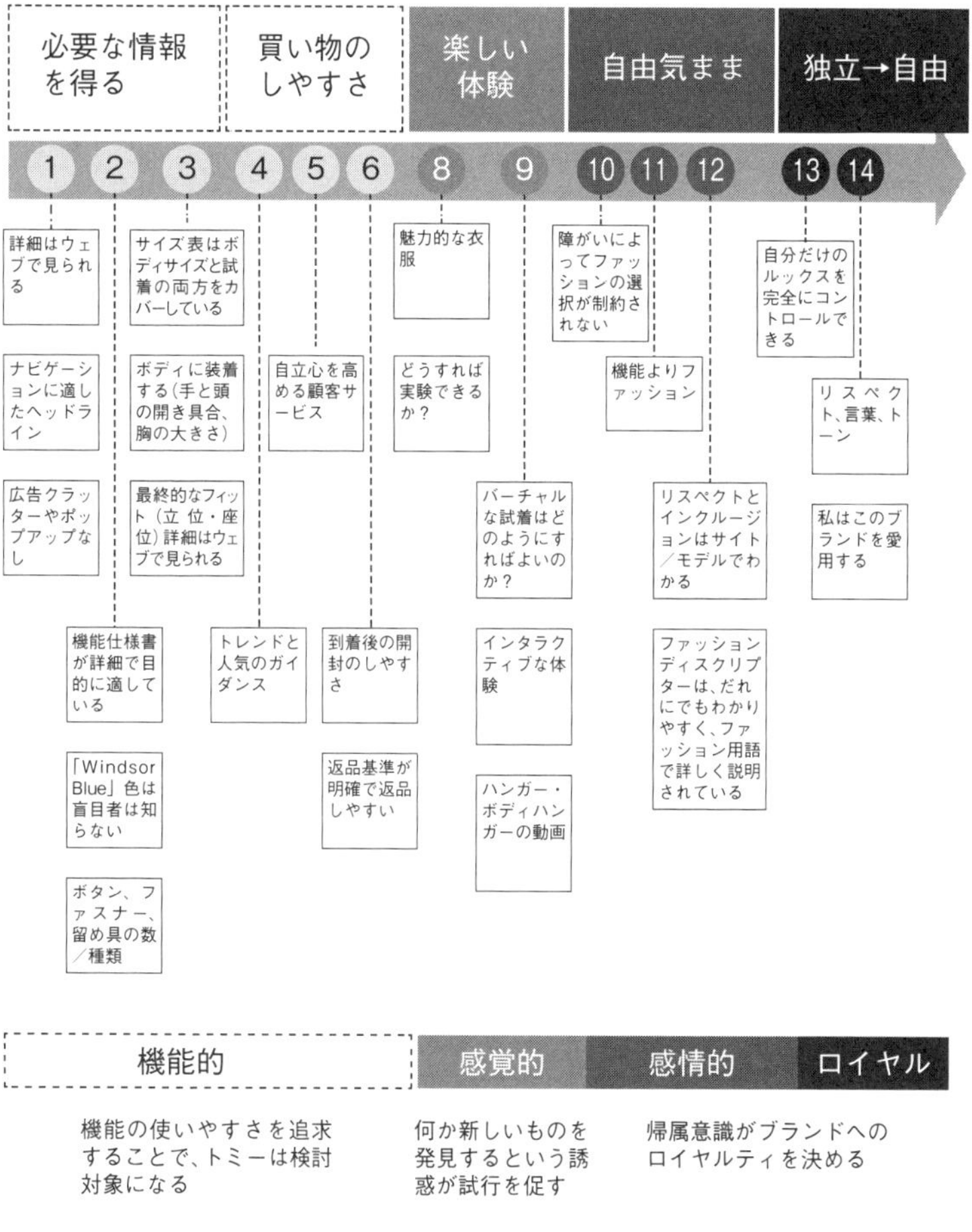

必要な情報を得る
買い物のしやすさ
楽しい体験
自由気まま
独立→自由
1
2
3
4
5
6
8
9
10
11
12
13
14
詳細はウェブで見られる
ナビゲーションに適したヘッドライン
広告クラッターやポップアップなし
機能仕様書が詳細で目的に適している
「Windsor Blue」色は盲目者は知らない
ボタン、ファスナー、留め具の数／種類
サイズ表はボディサイズと試着の両方をカバーしている
ボディに装着する（手と頭の開き具合、胸の大きさ）
最終的なフィット（立位・座位）詳細はウェブで見られる
トレンドと人気のガイダンス
自立心を高める顧客サービス
到着後の開封のしやすさ
返品基準が明確で返品しやすい
魅力的な衣服
どうすれば実験できるか？
バーチャルな試着はどのようにすればよいのか？
インタラクティブな体験
ハンガー・ボディハンガーの動画
障がいによってファッションの選択が制約されない
機能よりファッション
リスペクトとインクルージョンはサイト／モデルでわかる
ファッションディスクリプターは、だれにでもわかりやすく、ファッション用語で詳しく説明されている
自分だけのルックスを完全にコントロールできる
リスペクト、言葉、トーン
私はこのブランドを愛用する
機能的
感覚的
感情的
ロイヤル
機能の使いやすさを追求することで、トミーは検討対象になる
何か新しいものを発見するという誘惑が試行を促す
帰属意識がブランドへのロイヤルティを決める

ます」[10]

WTSとコスト

トミー・アダプティブのコレクションの生産は、通常のトミーヒルフィガーの服より20％ほど高くなります。このコスト増は、たとえば、磁石1つにつき約1ドルの追加材料費と、修正を行うのにかかる余分な時間を反映しています。トミーヒルフィガーは、この製造コストを吸収するようサプライヤーに依頼しました。ドノフリオは次のように回想しています。

「トミー・アダプティブの服を着た障がい者のお客様のビデオを初めて見せたとき、ベンダーの反応は信じられないものでした。なかには、目に涙を浮かべている人もいました。みんながどうしたら手助けできるのかと尋ねました。そこで私たちは、『通常と同じ料金を請求してください。これが、あなたがたができることです』と言ったのです」

ベンダーが新しいプロセスを習得し始めたとき（磁石がミシンにくっつかないようにするのは、多くの課題のうちの1つにすぎません）、かれらはお互いに自らのアイデアを共有しました。「通常、だれもが自分の工場で効率を上げる独自の方法を持っています」とドノフリオは言います。「しかし、このような環境では、参加者は自分のアイデアを喜んで共有します。だれもがアダプティブの成功を望んでいたのです」

製造が複雑になったことで、ベンダーのWTSが上昇し、マージンが減少しましたが、サプライヤー間の学習と障がい者の福祉に貢献しようという熱意によって、この変化は緩和され、WTSが減少し、サプライヤー余剰利益が増加しました。

アダプティブチームは、トミーヒルフィガーの従業員の間でも同じような情熱に出会いました。マーケティング部門のシニアディレクターであるサラ・ホートンは、多くの例をあげています。

「みんな上司のところに行って、『どうしたらこのプロジェクトに参加できますか』と聞くんです。私たちが最初に声をかけたとき、宣伝チームは先約でいっぱいでした。かれらは本当に時間がなかったのですが、部の責任者のところに行き、この余分な仕事をやらせてほしいと頼みました。どれだけ多くのチームがこのようなことを行っているかを知り、私は圧倒されました」[11]

ドノフリオは次のように付け加えています。

「アダプティブは、組織内の多くの人に影響を与えています。たとえば、コールセンターのスタッフ。かれらが耳にするのは主に苦情です。大声で怒鳴る顧客もいれば、電話を切る顧客もいます。しかし、アダプティブは違います。全通話の3分の1は、ただありがとうと言いたいだけのお客様からのものです」

スピルオーバー効果と価値の獲得

トミー・アダプティブは、WTPを高め、従業員（そしておそらく参加ベンダー）のWTSを下げるだけでなく、ブランドの主要なビジネスにも影響を与えました。「このコレクションがプラスのスピルオーバー効果とハロー効果を生んだことは間違いありません」とシェインバウムは言います。「アダプティブ・ファッションの顧客の約85％はトミーヒルフィガーを初めて利用した人であり、アダプティブ・ファッションのコレクションを見に来た人の44％は他の商品も購入しています[12]」

トミー・アダプティブのチームがアダプティブウェア市場に参入することの財務的効果を検証したところ、トミー・アダプティブの利益率は、ビジネス規模が拡大すれば通常のコレクションの利益率に並ぶと予測されました[13]。

二重の優位性

ビジネスにおけるすべてのバリュードライバーを検討することで、それらが互いにどのように依存しているかを確認することができます。トミー・アダプティブの場合、すべての優位性は、最終的に顧客歓喜にかかっています。もし、このブランドがターゲットとする顧客に対して寛大でなければ、従業員のエンゲージメントやベンダーのプロジェクトに対する熱意は低下してしまうでしょう。また、顧客がアダプティブ商品と通常の商品を同時に購入する可能性も低くなります。

シェインバウムとかれのチームは、このようなつながりを強く意識しています。かれは次のように説明しています。「トミー・アダプティブは、障がいのある子どもや大人のために、より良い生活を提供することを目的としています。かれらの生活を改善することは、私たちが行うすべてのことに活力を与えます」

顧客歓喜とWTSの関係は、トミーヒルフィガーにとって重要なトレードオフを生み出します。非常に高い従業員エンゲージメントとベンダーの熱意を維持するためには、攻撃的な高価格戦略をとってはならないのです。

トミー・アダプティブのWTPの向上とWTSの低下という二重の優位性は、一部のストラテジストにとっては驚きであるかもしれません。多くの人は、WTPを高めることとWTSを低くすることを同時に行うことは困難であり、おそらく不可能だと考えています。かれらの見解では、企業のリソースと能力は、通常、顧客歓喜やサプライヤーの余剰利益を改善するのに役立ちますが、その両方を実現することはできません。顧客に喜んでもらうために新しいことを絶えず発見していく組織と、コスト削減や生産性向上を冷徹に追求する組織とでは、考え方がまったく違うというのです。このような経営者に言わせれば、二兎を追うものは一兎をも得ず、〝スタック・イン・ザ・ミドル〟になってしまいます。

マイケル・ポーター教授は次のように説明しています。

「スタック・イン・ザ・ミドルになるのは、多くの場合、企業が競争する方法を選択しようとしないことを反映している。あらゆる手段で競争優位を獲得しようとするが、何も達成できない。なぜなら、異なるタイプの競争優位を同時に獲得するには、通常、互いに矛盾した行動が必要になるからである(14)」

しかしながら、バリュードライバーが自然につながっていれば、ポーター教授が指摘する矛盾が顕在化することはありません。トミー・アダプティブは、不利な立場におかれた顧客に顕著な価値を生み出し、プロジェクトに対する従業員の熱意は自然にそれに続きました。

本書では、このような結びつきを随所で見てきました。

クエスト・ダイアグノスティクス（Quest Diagnostics）は、コールセンターの従業員にとってより魅力的な職場環境を作り出すと（WTS低下）、通話クオリティが向上しました（WTP上昇）。

ショッピングモールは、アップル（Apple）の集客効果が高いので（WTP上昇）、テナント料を優遇しています（WTS低下）。

ナラヤナ・ヘルス（Narayana Health）の医師は多くの手術を行うので、生産性が向上し（WTS低下）、クオリティが高まっています（WTP上昇）。

インテル（Intel）（およびサムスン（Samsung）など他の成功した半導体企業）が製造歩留まり（欠陥のないウエハーの割合）を上げると、製品の品質が上がり（WTP上昇）、コストが下がります（WTS低下）[15]。

ザラ（Zara）のファストファッションモデルは、在庫を減らし（WTS低下）、顧客にカットや色の最新トレンドを提供します（WTP上昇）[16]。

プログレッシブ保険（Progressive）の緊急車両は、事故に遭った顧客により良いケアを提供し（WTP上昇）、不正行為や管理費を削減します（WTS低下）[17]。

自分で座席を選びたいのでオンラインでフライトのチェックインを行っているのなら、あなたはより幸せな顧客であり（WTP上昇）、航空会社の人件費の削減にも貢献しています（WTS低下）。

これらの例が示すように、二重の優位性は決してめずらしいことではありません。従業員満足度と顧客体験が密接に結びついたサービス業でよく見受けられます。二重の優位性を構築するには、あるバリュードライバーから他の一連のバリュードライバーへとつながる結びつきに細心の注意を払う必要があります。これらの結びつきが強ければ強いほど、企業が享受できる全体的な優位性は大きくなります。

対話の始まり

企業を訪問した際、私は必ず経営幹部に対して、なぜその企業が現在の成功を収めているのかを尋ねます。かれらは大きく異なる見解を持っていることがよくあります。しかし、成功に対する共通の理解がなければ、適切な投資を行い、長期的な競争優位を維持することは難しく、おそらく不可能でしょう。

本書のなかで私が主張しているように、バリューベース戦略は、パフォーマンスに対する共通の見方を確立し、より高いリターンを得るための機会を特定するのに理想的な方法なのです。

自社でこの対話を始めるには、紙を手に取り、バリュースティックを描き、3つの簡単な質問を投げかけてみてください。

WTPを動かすにはどうしたらいいか？

WTSを変化させるにはどうすればよいか？

バリュードライバー、価格、コストにはどのような関係があるのか？

これまでの章では、この対話を成功させるための基本的な考え方や注意事項を説明してきました。以下では、このような対話から期待できるベネフィットをいくつか紹介します。

◉価値の認識

多くの企業は、どのイニシアチブを進めるべきかを決定するために、財務分析を用いています。財務分析では、企業が価値を獲得する能力は示されますが、生み出した価値は測定されません。たとえば、トミー・アダプティブの財務モデルを見ると、堅実なマージンと投資利益率を確認することができます。それに対し、顧客歓喜、つまり障がい者コミュニティの多大な好意は、スプレッドシートに簡単に記入することはできません。しかし、トミーヒルフィガーがこの市場で享受しているあらゆる優位性は、顧客歓喜によるものです。自社が生み出した価値を認識せずに組織を導いているとしたら、それは盲目で飛行しているようなものです。

⦿バリュードライバーの特定

自社がWTPやWTSにおいて優位性を持っていることを知るのは良いことですが、その優位性がどこから来るのかを理解することはさらに重要です。第18章で見たように、バリューマップは重要なバリュードライバーを特定するのに最適です。しかも、これに関する最初の何気ない会話でも、チームの足並みを揃えるのに役立ちます。

⦿つながりの確認

戦略イニシアチブのなかには二重の優位性を生み出すものもあれば、より複雑な効果を持つものもあります。たとえば、IBM互換のパーソナルコンピュータの開発を決定した企業の競争力について考えてみましょう。業界標準を採用することによって、これらの企業は、顧客に便利なソフトウェアを豊富に提供し、複数のデバイスに幅広い互換性を持たせるというネットワーク効果の利益を得ます（WTP上昇）。

しかし、IBM互換機市場で競争することは、メーカーを2つの強力なサプライヤーにさらすことにもなります。インテル（Intel）とマイクロソフト（Microsoft）です（コスト増加）。この2社を合わせて、1990年には業界全体の利益の51%、1995年には72%、そして現在では80%を稼ぎ出しており、その他の企業にはわずかなキャッシュしか残されていません。[18]

この例でも、他の多くの事例と同様に、WTPの上昇はコストの増加を招き、戦略の魅力が大きく損なわれています。点と点を結ぶこと、つまり、バリュードライバー、価格、コストのつながり（それがポジティブ、ニュートラル、ネガティブのいずれであっても）を確認することは、戦略的な動きの真の魅力を評価するうえで重要なステップです。

⊙投資と活動の調整

価値を創造し、獲得する方法について浅い理解しか持たない企業は、多岐にわたる領域や活動に投資を分散させることを余儀なくされます。どのようなイニシアチブが問題を解決し、どのテクノロジーを逃すと、その企業の将来の成功が台無しになるのか、だれも知らないとします。このような企業では、投資を誘導し、活動を調整することが非常に大きな課題となります。

あるチームは、WTPを上げるために投資を行い、コストを上乗せします。また、コスト競争力を高めるために、製品の品質を落とすチームもあります。その結果、企業は一貫性のない活動の巣窟と化し、明確な競争優位を持たないまま、スタック・イン・ザ・ミドルの状態に陥ってしまうのです。どのように価値を創造し、獲得しているかを認識することで、投資を正しい方向に導き、活動を調整し、現在の競争優位を強化することができます。

本書が、ペンを取って紙にバリュースティックを描き、対話を始めるきっかけになればと願っています。調査することは役に立ちます。

あなたには、組織のポテンシャル、すなわち、改善能力、そして、より高いレベルでのパフォーマンスについて、楽観的になる理由があります。同時に、自社のバリュースティックに関する初期の対話で意見の相違があったとしても、私は驚きません。心配したり、落胆したりしないでください。あなたの経験は一般的なものであり、このような相違を表に出すことは有益なことなのです。

具体的なデータを使用していくつかの推測を確認し、重要な事例を収集して優先順位を明らかにし、現在の成功と将来の機会についての共通の理解に向けて取り組んでください。そのとき、あなたは企業の最上位のパーパス、すなわち、顧客、従業員、サプライヤー、株主に対して価値を創造することに確かに貢献しているのです。

第20章　社会的価値

そのニュースは思いがけないものでした。２０１９年半ば、米国の大企業を率いる１８８人のCEOからなる団体、ビジネス・ラウンドテーブルが、株主資本主義を標榜してきた20年の伝統と決別したのです。株主優先主義は失われたとCEOたちは主張しました。今後、企業は株主だけでなく、顧客、従業員、サプライヤー、コミュニティなど、すべてのステークホルダーに価値を提供する必要があります。このグループの会長であるJPモルガン・チェース（JPMorgan Chase）のジェイミー・ダイモンCEOは、次のように説明しています。

「（新しい目標は）私たちCEOとその企業が実際にどのように活動しているかをより正確に反映したものです。これは、企業のリーダーシップの新しい標準を設定するのに役立つでしょう(1)」

この発表がさまざまな反響を呼んだことは、驚くには値しないでしょう。「21世紀のビジネスでは、すべてのステークホルダーのために長期的な価値を生み出すことに焦点を当てることがこれまで以上に重要であるため、これは素晴らしいニュースです」と、フォード財団のダレン・ウォーカー会長は述べています[2]。

プログレッシブ保険（Progressive）のCEOであるトリシア・グリフィスは、「CEOは利益を生み出し、株主に価値を還元するために働きますが、最高の経営をしている企業は、それ以上のことをしています」と同意しています[3]。

より冷めた反応として、『ウォール・ストリート・ジャーナル』に寄稿したジェームズ・マッキントッシュは、現実にはほとんど変化がないだろうと予測しています。「いつものような解決策になります。企業は、最新の経営の流行へのコミットメントを口にしながら、いままでやってきたことをそのまま続けるでしょう。株主還元が第1の関心事であることに変わりはありません。そして、第2、第3の関心事もそのままです」[4]

CEOはステークホルダー資本主義にどれだけ本気なのでしょうか。いくつかの兆候は明るいものです。たとえば、ドラッカー研究所は、ビジネス・ラウンドテーブルのCEOたちは、ステークホルダー資本主義にとって重要な多くの側面で平均以上のパフォーマンスをあげている企業を率いていると報告しています[5]。しかし、アニーシュ・ラグナンダン教授とシバ・ラジゴパール教授は、ビジネス・ラウンドテーブル企業が同規模、同業種の他の企業よりも労働や環境に関する規制に違反する可能性が高いと指摘し、より懐疑的な見方を示しています[6]。

現時点では、ステークホルダー資本主義に対するラウンドテーブルの長期的なイニシアチブを判断するのは時期尚早です。残念ながら私は予測することができません。しかし、ベンチマークとなる行動を特定することはできますし、企業の取締役会やCEOがすべてのステークホルダーのウェルビーイングを真に重視する場合に取るであろう意思決定や行動のリストを作成することは可能です。

バリューベース戦略は、このリストの作成に役立つ独自の立ち位置にあります。というのも、そのフレームワークによって、価値を明確に定義することができ、その価値がどのように分配されるかを正確に判断できるからです。

以下、私の予測を列挙します。

1　ステークホルダー重視であるかどうかにかかわらず、企業は顧客のWTP（支払意思額）を高めようとするでしょう。

顧客のために価値を生み出すことがビジネスの本質です。WTPを高めることは、シンプルに優れた経営です。株主価値の創造にのみ焦点を当てた企業であっても、WTPを高める機会を求めています。[*1]

2　ステークホルダー重視であるかどうかにかかわらず、企業は従業員やサプライヤーのWTS（売却意思額）を低下させようとするでしょう。

バリュースティックの下限でも同じことが成立します。従業員やサプライヤーのために価値を創造することは、企業が従業員のウェルビーイングとサプライヤーの収益性に貢献する方法となります。しかし、これらの行動のほとんどは、財務的リターンにのみ焦点を当てた行動と完全に一致します。

3　ステークホルダー重視の企業は、競争上の懸念があるにもかかわらず、自らが生み出す価値を寛大に分け合うでしょう。

利益志向の企業は、企業の所有者である株主への利益を最大化します。複数のステークホルダーのバランスを取る企業は、顧客、従業員、サプライヤーに対してより寛大です。図20－1は、その違いを示しています。

顧客、従業員、サプライヤーを惹きつけるために、ステークホルダー重視の組織は、利益最大化のライバルと同等以上の価値（顧客歓喜、従業員満足、サプライヤー余剰利益）を提供する必要があります。図20－1は、この状況を表しています。「価格p」と「コストp」の水準では、ステークホルダー重視の企業は、まだその名のとおりにはなっていません（訳注：顧客歓喜と従業員満足度・サプ

＊1　これは厳しい期待であることは承知しています。ステークホルダー重視の企業にとって、顧客歓喜は本質的な価値です。その結果、株主重視の企業であれば見送るようなＷＴＰへの投資を行うことになります。これらの投資の多くは、依然としてステークホルダー重視の企業の収益性に貢献しているため、実際には、（ａ）財務的リターンのみを動機とするＷＴＰの上昇と、（ｂ）株主と顧客の両者への配慮を反映したＷＴＰの上昇を区別することは困難でしょう。私は、このように期待値を高く設定することで、企業が自社の行動を過大評価することを抑制したいのです。

図20-1　ステークホルダー重視企業 vs. ライバル企業

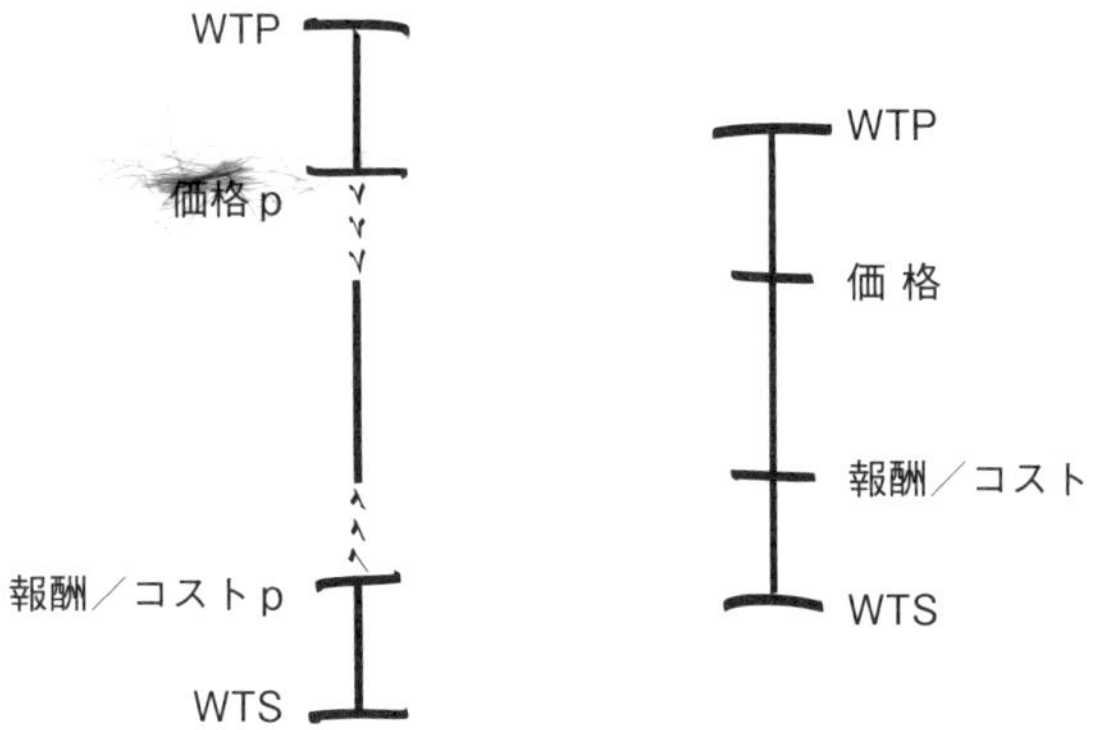

ライヤー余剰利益が右のライバル企業と同じ大きさになっているため）。顧客と従業員には競争上必要な価値を提供し、それ以上の価値を創造した場合は株主に流れます。つまり、この企業は利益を最大化していることになります。

もし、取締役会やCEOが、すべてのステークホルダーの利益を斬新な方法でバランスさせることに真剣であれば、顧客（価格を下げる）、従業員（より手厚い報酬を提供）、サプライヤー（中間製品・サービスにより多く支払う）に対して、より寛大になるはずです。*2

4　ステークホルダー重視の企業は、経済活動の真のコストを考慮し、必要な場合には価格を調整する政策を支持します。

価格がリソースの真のコストを反映していない場合、バリュースティックは企業が生み出す価値を誤って伝えます。今日の最も重要な例は、地球温暖化です。炭素価格が温室効果ガスの排出コストを反映していないため、化石燃料を過剰に消費し、地球上の生物に深刻な被害を与えているのです。ステークホルダーを重視する組織は、価格設定の誤りを自ら是正しようと試みます。たとえば、フライトのカーボンオフセットを購入し、価格を正すための公共政策を支持します。株主利益重視の企業の多くは、今日、炭素価格設定に反対していますが、ステークホルダー重視の企業は、適切に設計された炭素税に対してロビー活動を行うことはありません。(7)

5 ステークホルダー重視の企業は、競争を緩和するために政治的影響力を行使することはありません。

競争は企業に顧客や従業員と価値を分け合うように働きかけます。貿易保護や参入障壁を高めるようなロビー活動は、すべてのステークホルダーに価値を提供することと矛盾しています。競争を制限することは、顧客を犠牲にして株主（そして場合によっては従業員）への財務的リターンを高めることになります。

＊2 価格pとコストpは、第19章で議論したバリュードライバーの間のつながりをすでに反映していることに注意してください。たとえば、ある企業は、満足したスタッフがより良いサービスを提供し、WTPを引き上げ、高い価格を設定し、より多くのビジネスを獲得できることを理解しているため、寛大な報酬を支払うかもしれません。これは単にスマートなビジネスのやり方であり、ステークホルダーに焦点を当てたものではありません。

ステークホルダー資本主義にバリューベースのレンズを適用すると、２つの考え方が特に重要であると思われます。

第１に、たとえ財務的リターンを最大化することだけを目的としたビジネスであっても、顧客、従業員、サプライヤーに対して実質的な価値を創造しているということです。本書で紹介されているベスト・バイ（Best Buy）、アップル（Apple）、ミシュラン（Michelin）、クエスト（Quest）、インテル（Intel）、トミーヒルフィガー（Tommy Hilfiger）など、多くの企業の事例を思い浮かべてみてください。そのどれもが、顧客歓喜、従業員満足度、サプライヤー余剰利益を大きく創出する能力を備えています。競争は、企業がこれらのステークホルダーのためにイノベーションを続けることを保証する最良の手段なのです。

第２に、価格が経済活動の真のコストを反映しない場合、株主資本主義は最も不安定化します。政治的影響力を行使して価格を歪め、競争を制限する企業は、株主資本主義であれ、ステークホルダー資本主義であれ、あらゆる形態の資本主義の根拠を大いに弱体化させるという驚くべきことを行っていることになります。さらに悪いことに、所得と富の不平等は、企業のリーダーが政治的手段を通じて公平な価値分配を阻害する能力（と誘惑）を増大させます。[8] その帰結は容易に見て取れます。先進国では、国民の50％が「今日の資本主義は、世界にとって良いことよりも悪いことをしている」という意見に同意しています。[9]

私たちはもっとうまくやれると強く確信しています。進歩の鍵は、価値の獲得ではなく、価値の創造に絶え間なく焦点を合わせることです。幸いなことに、ここに矛盾はありません。経済的な成功は、真の価値創造に続くものであることを、私たちは何度も目の当たりにしてきました[10]。政策レベルでは、企業のリーダーは、上記の4と5に細心の注意を払う必要があります。市場を弱体化させれば、私たちはより貧しくなり、さらに分裂することになるに違いありません。

しかし、最も重要な仕事は、企業のなかで行われます。あなたが組織のなかでどのような立場にいようと、1人で仕事をしていようと、チームで仕事をしていようと、大企業を率いていようと、WTPを高め、WTSを下げるための新しい方法を絶えず追求してください。

あなたの役割は、きわめて重要であり、かつ崇高なものです。これに納得できるでしょうか。他人のために価値を創造し、大なり小なりその人の人生に触れることに夢中になることほど、素晴らしい生き方はないでしょう。

訳者あとがき

ハーバード・ビジネス・スクール（HBS）で人気の高い戦略コースでの対話から生まれた本書の原書 *Better, Simpler Strategy* は、米国で発売されると話題になり、フォーブスの The 10 Best Business Books Of 2021 の1冊に選ばれています。

著者のフェリックス・オーバーフォルツァー・ジーはHBS教授で競争戦略分野の中心的人物です。かれは経済学ベースの研究を行っており、その主張もビジネス書に多い抽象度の高い議論ではなく、非常にクリアでロジックも整理されています。

本書で公開された「バリューベース戦略」は、HBSでも最先端の戦略理論であり、従来の戦略論、たとえば、マイケル・ポーターのポジショニング・アプローチやダイナミックケイパビリティ論をより進化させ、なおかつシンプルに定式化したものになっています。このバリューベース戦略は、日本ではまだよく知られていませんが、日本企業の戦略の棚卸し、場合によってはその刷新をはかるうえできわめて有益だと思われます。本書にはそのためのヒント、具体的処方箋が明確に提示されています。

戦略は価値こそがすべて

最初に指摘したいことが、戦略とは「価値創造こそがすべてである」という点です。

戦略に関するよくある間違いの一つは、価格やコスト、あるいは価値獲得の手段としてのビジネスモデルにばかり注意が向き、どれだけ大きな価値を創造するかという点がおろそかになってしまうことにあります。既存の価値をいかに多く獲得するかに注力してしまうと、顧客やサプライヤー、従業員との間での価値の取り合いとなります。これはゼロサムゲームであり、たとえば企業が価格を上げることで利益を得れば、その分、顧客満足度（本書の言葉では顧客歓喜）を減らすことになります。

したがって、重要なのは、価値獲得ではなく、いかにして多くの価値を創造するのかという点にあります。ここに戦略の成績は創造した価値の大きさによって評価されるべきなのです。

この価値創造は、斬新な技術的ブレークスルーやビジネスモデルの革新がなければ実現しないというものでは決してありません。むしろ、本書で紹介されている数々の実例は、顧客や従業員、サプライヤーの実態、生活をつぶさに観察し、少しの工夫を加えることで劇的な成果を引き出しているものがほとんどです。

ギャップ（Gap）の場合、従業員の勤務時間が頻繁に変更され、事前に予定を立てることができないという問題がありました。それに対し、勤務時間の開始時刻と終了時刻を標準化し、従業員間でシフトの交換ができるアプリを開発しました。このような工夫により、労働生産性は6・8％向上し、売上はほぼ３００万ドル増加したのです。通常、従業員の生産性を上げるには、インセンティブを導入したり、研修を通じて意識改革を促したりする方法が考えられます。しかし、そのような方法をとらなくても、従業員のワークライフをつぶさに観察することで、解決の糸口を発見することができるのです。

顧客に対しても、たとえば、タオバオ（Taobao）は、圧倒的強者であるイーベイ（eBay）に対し、中国市場に特有な事情、すなわち、決済しても出品者が本当に商品を送ってくれるかどうかという不安を取り除くためにアリペイを利用し、出品者が実際に商品を発送した後に決済できるように工夫しました。また、出品者に国家身分証明書での登録を求め、出品者の身元がわかるという安心感を与えるようにしました。このような少しの工夫によって、数年後に市場を制覇し、イーベイは中国市場から撤退することになったのです。

このような工夫は、画期的な技術開発や斬新なアイデアを必要とするものではありません。むしろ、実情に問題意識をもって精通することで明らかになることをつかみ取った結果なのです。価値創造とは、このような小さな工夫の積み重ねによって実現されるものであり、こうした知恵こそが戦略の成功を決定づける鍵となるのです。

ＷＴＰとＷＴＳ――優れた戦略に必要な二つのレバー

それでは価値を創造するこの「戦略」とは結局のところ何なのでしょうか。「戦略」には、資源配分、環境適応パターン、長期的計画、ストーリーなど多様な説明や定義が存在しています。その一方で、「戦略」という言葉は氾濫しています。「〇〇戦略」「戦略的〇〇」という言葉が存在しない企業はないといっても過言ではないでしょう。

その結果、戦略の機能不全が生じているケースが少なくありません。本書でも指摘されているように、組織のあるチームはブランド競争力を高めるためにマーケティングコストを上乗せし、別のチームはコスト競争力を高めるために製品の品質を落とすということが起こり得るのです。

このような戦略の機能不全が生じるのも、私たちが戦略に対する明確な定義を持っておらず、長期的で本質的な「計画」を漠然と戦略としてとらえてしまっていることに起因するのではないでしょうか。確かに、戦略は計画です。しかし、戦略ではない計画も存在します。では、戦略に該当する計画とはどのようなものなのでしょうか。それを長期的、多面的、本質的といった条件を付与したところで問題の解決にはなりません。これらの条件は依然として抽象的であるからです。

本書の貢献の一つは、このように氾濫する戦略に対して、シンプルで明確な定義を与えた点にあります。それは、ＷＴＰ（支払意思額）を高め、ＷＴＳ（売却意思額）を低くする一連の計画およびその活動のことを指します。この2つのレバー、すなわちWTP、WTSの動きにかかわるかぎり、それは戦略です。したがって、戦略を検討する際には、WTP、WTSという2つのレバー以外を考える必要はないのです。このシンプルさが本書の主張のなかで最も重要でしょう。

バリュードライバーで戦略の実効性を高める

戦略は一部のエリートが作成するエレガントな作品などでは決してありません。確かにKPIツリーやバランススコアカードといったコントロールツールは全社的な視点から体系的に考えなければ設定できるものではありません。しかし、戦略はコントロールツールではありません。

たとえば、KPIツリーは財務的目標を達成するための因果関係を特定したものです。売上は客単価と成約数を掛けたものになるため、売上KPIとして、客単価、成約数をあげることができます。成約数はさらに来店客数に購買率を掛けたものに分解されるため、来店客数、購買率が下位レベルのKPIとなります。このような因数分解を進めていくことでKPIツリーが作成されます。

しかし、ここのKPIの項目を高めるための具体的な手段についてはどこまで行っても特定されることはありません。来店客数を高めるためには、さらにチラシ配布数がKPIとして設定されていれば、チラシを多くばらまけばうまくいくと誤解されがちですが、チラシをいくらばらまいても、それが顧客の注意を喚起し、来店を促す動機付けにならなければ意味はありません。KPIツリーからはこのような戦略的な因果関係は必ずしも明らかになりません。では、どうするべきなのでしょうか。本書で主張される戦略は、実行段階では「バリュードライバー」に分解されます。バリュードライバーとは、WTP、WTSを構成する製品・サービス・職場環境等の属性のことです。これらのバリュードライバーを動かしていくことでWTPを高め、WTSを低下させることにつながっていきます。これは戦略的な因果関係を特定するものにほかなりません。

この因果関係は、さらにWTP、WTS間でも特定していくことが求められます。これが「点と点をつなぐ」ということの意味です。マイケル・ポーターの主張するスタック・イン・ザ・ミドルの考え方によると、WTPとWTSはトレードオフの関係にあります。かれの主張する差別化戦略とは、WTPを高めることであり、コストリーダーシップ戦略とは、最終的にはWTSを低くしていくことと解釈することができます。

ポーターによると、両者は相矛盾するものであり、競争優位を獲得するためには、どちらかを選択しなければならないことになります。確かに競合他社と比較した戦略ポジションとしては、このようなスタック・イン・ザ・ミドルという現象が成立するのかもしれません。しかし、たとえ差別化戦略を実行していたとしても、同時にコストを引き下げることは大切であり、本書で事例に取り上げているトミー・アダプティブのようにWTPを高めることが従業員、サプライヤーのWTSを引き下げることもあり得ます。

したがって、差別化戦略、コストリーダーシップ戦略という二分法で理解するのではなく、WTP、WTSの有機的な関係性を理解しつつ、両者の差を可能なかぎり最大化していくことに注力したほうが生産的だと思われます。バリュードライバーというレベルでは、WTP、WTSは必ずしも代替的なものではなく、一方を高めれば他方も向上するという「二重の優位性」も成立し得るのです。WTP、WTSのバリュードライバーを特定し、それらの間の因果関係を特定していくことが戦略を実行するためには決定的に重要です。また、KPIを達成するためには、それに対応するバリュードライバー活動を特定し、それらに働きかけていく必要があります。本書の図18－8は、KPIを達成するためにバリュードライバーに働きかけることの重要性を明確に示しています。このように本書のフレームワークは、シンプルさを保ちつつも、既存のコントロールツールに対し、それらを達成するための戦略的因果関係を提示するため、戦略の実効性を高めることにつながるのです。

戦略はバリューマップに現れる

では、本書のバリューベース戦略の枠組みに従えば、戦略はどこに現れるのでしょうか。通常の企業では、戦略は中期計画として捉えられているかもしれません。あるいはコンサルティング会社から提案されたプレゼン資料をベースにしているかもしれません。しかし、これらは通常、分厚い書類になっており、現場レベルで必ずしも理解可能なものにはなっていません。それは内容が複雑だからというだけでなく、量的に多すぎるということもあります。戦略はシンプルでなければ機能しません。というのも、シンプルでなければ組織の末端まで正確に伝わらないからです。

本書の枠組みでは、戦略は「バリューマップ」に現れます。だからこそ、本書ではこのマップについてすぐに対話を始めることを強く推奨しているのです。

　バリューマップ演習はハーバード・ビジネス・スクールのプログラムのなかでも最も盛り上がるものになっています。これを自社で実施しない手はないでしょう。戦略はバリューマップに現れるのだとすれば、バリューマップを持たない企業は、いまだ戦略が顕在化していないに等しいということになります。本書を手に取られた経営者やリーダーの方々は、いますぐにでもバリューマップ作成に取り掛かっていただきたいと希望します。

　バリューマップを作成したうえで、さらにそれを具体化、簡略化していくことも可能です。私自身がＭＢＡクラスや企業研修で実施しているのは、セールスライティング演習です。セールスレターとは、チラシやダイレクトメール、インターネットのランディングページなどで特定の製品・サービスを売り込むために記載された文章のことを指します。これを作成する作業がセールスライティングと呼ばれるものです。顧客に直接購買を促すセールスレターは、戦略の最終的なクロージング段階であり、戦略はこのセールスレターに現れるといっても過言ではありません。

　したがって、バリューマップ演習を終えた次の段階として、ぜひともセールスレターの作成をしていただきたいと考えています。セールスレターといっても多様な形態があるので、一番シンプルなものとしてはチラシ作成をあげることができます。Ａ４・１枚のチラシのなかに、戦略のエッセンスを凝縮し、なおかつ顧客のＷＴＰを高める書き方をしていく必要があります。このような１枚のチラシにこそ、シンプルな戦略は現れるのです。戦略は最終的には現場や顧客に納品されなければなりません。分厚い戦略提案書にとどまるのではなく、納品レベルの戦略に落とし込めるかどうかが戦略の有効性を決定することになるのです。

優れた戦略はシンプルである

ビッグデータやAIなどの出現は、経営を根本的に変革していく破壊力を持ちます。従来の経営は計画を前提としたモデルドリブン型のものでした。それに対し、一部の企業で浸透しつつあるのがデータドリブン型の経営です。

それは特定の計画やモデル、仮説から行動を導き出すのではなく、現状をリアルタイムでデータとして観察し、それにもとづいて迅速に行動に移していくということです。これはまさにPDCAサイクルからOODAループ[*1]への転換を意味します。OODAループとは、観察（observe）を起点とし、観察にもとづいて情勢判断し（orient）、場合によっては決断し（decide）、行動につなげていく（act）ことから構成されます。このようなアプローチは、インターネットマーケティングやSNSの普及によって重要性を増しつつあります。

＊1　OODAループの詳細は、チェット・リチャーズ『OODA LOOP（ウーダループ）』原田勉訳・解説、東洋経済新報社、2019年、原田勉『OODA Management（ウーダ・マネジメント）』東洋経済新報社、2020年を参照。

たとえば、SNSのつぶやきを収集することで、自社製品の感想をリアルタイムで把握することができます。インターネットでセールスファネルを構築している場合、各ステップでの成功率を高めるための多様な試みを、A/Bテストによって日々検証することができます。企業と市場との対話はリアルタイムで可能になっており、市場の変化にスピーディに対応していくことが求められます。これはデータドリブンによって達成されるものです。

このようなOODAループやそれによるデータドリブン経営は、リチャーズ（2019）が機動戦略と呼ぶものに該当します。そこでは行動の俊敏さが問われることになります。しかも、OODAループを回す組織は、企業のなかに複数あり、各組織のなかにも多くのメンバーが存在し、組織としてのOODAループだけでなく、個人レベルのOODAループを回すことになります。このような多様なOODAループを組織として整合性のとれたものにしなければなりません。

この行動の俊敏さ、多様な活動の整合性を同時に達成するためには、統合原理としての「シンプルな戦略」が求められます。戦略がシンプルだからこそ、俊敏な行動が可能になり、なおかつ多様な活動の整合性がとれます。つまり、シンプルな戦略によって「戦略を一元化し、実行を分散化する」ということが可能になるのです。

私自身の最近の研究で、日本企業数十万社を対象に、その競争優位性がポーターの主張する業界内でのポジショニングや、ケイパビリティ論が喧伝するケイパビリティによってどの程度説明できるのかを定量的に検討したところ、確かにこれらの要因は有意な影響を持っていたけれども、競争優位の説明力としては、2％程度にすぎないことが判明しました。つまり、競争優位の98％は、ポジショニング、ケイパビリティ以外の要因で説明されるのです。

では、その98％とは何なのでしょうか。おそらく、この残差の大部分を構成するのが機動戦略であると考えられます。差別化戦略、コストリーダーシップ戦略、ケイパビリティなどは、どちらかと言えば安定した行動パターン、ルーティンを前提としています。それに対して機動戦略とは、その場その場で臨機応変の行動をとることにより成果を上げていくものです。不測の事態に対処し、業績を回復させるレジリエンスや、新たなチャンスをつかんでいく行動などから構成されます。そして、これらの機動戦略は、データドリブン経営、OODAループの実践によって実現されるものです。さらに、それらの実践を可能としているのが、本書の主張するシンプルな「バリューベース戦略」なのです。

「優れた戦略はシンプルである」――、それがなぜ優れているかといえば、シンプルさが行動の俊敏さ、多様性、首尾一貫性を生み出すことにつながるからなのです。

原田　勉

2023年1月

and Profitability," *Strategy Science* 1, no.1 (March 2016): 56-70.

(16) Pankaj Ghemawat and Jose Luis Nueno Iniesta, "ZARA: Fast Fashion," Case 703-497 (Boston: Harvard Business School, December 21, 2006), https://store.hbr.org/product/zara-fast-fashion/703497.
(17) Frances Frei and Anne Morriss, *Uncommon Service: How to Win by Putting Customers at the Core of Your Business* (Boston: Harvard Business Review Press, 2012), 65–66.
(18) Jason Dedrick and Kenneth L. Kraemer, "Globalization of the Personal Computer Industry: Trends and Implications," Center for Research on Information Technology and Organizations, UC Irvine, 2002, https://escholarship.org/uc/item/6wq2f4hx#main.

第20章

(1) Dimon は以下より引用。Rick Wartzman and Kelly Tang, "The Business Roundtable's Model of Capitalism Does Pay Off," *Wall Street Journal*, October 27, 2019, https://www.wsj.com/articles/the-business-roundtables-model-of-capitalism-does-pay-off-11572228120.
(2) Walker は以下より引用。"Business Roundtable Redefines the Purpose of a Corporation to Promote 'An Economy That Serves All Americans,'" Business Roundtable, press release, August 19, 2019, https://www.businessroundtable.org/business-roundtable-redefines-the-purpose-of-a-corporation-to-promote-an-economy-that-serves-all-americans.
(3) Griffith は以下より引用。"Business Roundtable Redefines the Purpose of a Corporation to Promote 'An Economy That Serves All Americans.'"
(4) James Mackintosh, "In Stakeholder Capitalism, Shareholders Are Still King," *Wall Street Journal*, January 19, 2020, https://www.wsj.com/articles/in-stakeholder-capitalism-shareholders-are-still-king-11579462427.
(5) Wartzman and Tang, "The Business Roundtable's Model of Capitalism Does Pay Off."
(6) Aneesh Raghunandan and Shiva Rajgopal, "Is There Real Virtue Behind the Business Roundtable's Signaling?" *Wall Street Journal*, December 2, 2019, https://www.wsj.com/articles/is-there-real-virtue-behind-the-business-roundtables-signaling-11575330172.
(7) Nichola Groom, "Big Oil Outspends Billionaires in Washington State Carbon Tax Fight," Reuters, October 31, 2018, https://www.reuters.com/article/us-usa-election-carbon/big-oil-outspends-billionaires-in-washington-state-carbon-tax-fight-idUSKCN1N51H7.
(8) Devashish Mitra, "Endogenous Lobby Formation and Endogenous Protection: A Long-Run Model of Trade Policy Determination," *American Economic Review* 89, no.5 (1999): 1116–1134.
(9) "2020 Edelman Trust Barometer," Edelman, January 19, 2020, https://www.edelman.com/trustbarometer.
(10) テクニカルな説明については、以下を参照。Stuart W. Harborne Jr., "Value Gaps

(5) より参考になる例としては以下を参照。Frances Frei and Anne Morriss, *Uncommon Service: How to Win by Putting Customers at the Core of Your Business* (Boston: Harvard Business Review Press, 2012), 30–45.
(6) Michal Liday とのパーソナルなコミュニケーション（2020年3月26日）。
(7) データは Tatra banka より提供。
(8) Adam Brandenburger, "Strategy Needs Creativity," *Harvard Business Review*, March-April 2019, https://hbr.org/2019/03/strategy-needs-creativity.
(9) 図は以下による。Jan W. Rivkin, Dorothy Leonard, and Gary Hamel, "Change at Whirlpool Corporation (C)," Case 705-464 (Boston: Harvard Business School, March 6, 2006), 1, https://store.hbr.org/product/change-at-whirlpool-corp-a/7054622.
(10) Rivkin, Leonard, and Hamel, "Change at Whirlpool Corporation (C)."
(11) 写真はタトラ銀行から提供され、許可を得て使用している。
(12) Anand への筆者によるインタビュー。

第19章

(1) Mindy Scheier とのパーソナルなコミュニケーション（2019年6月26日）。
(2) 米国の約17.4%が深刻な移動とセルフケアの問題に直面している。Centers for Disease Control and Prevention, "Disability Impacts All of Us," September 9, 2019, https://www.cdc.gov/ncbddd/disabilityandhealth/infographic-disability-impacts-all.html.
(3) Gary Sheinbaum とのパーソナルなコミュニケーション（2018年10月26日）。
(4) 写真はトミーヒルフィガーから提供され、許可を得て使用している。
(5) PVH, "Outcomes and Quotes from Focus Groups Conducted at the Viscardi Center," July 28, 2016.
(6) Chavie Lieber, "The Adaptive Fashion Opportunity," *Business of Fashion*, October 22, 2019, https://www.businessoffashion.com/articles/professional/the-adaptive-fashion-opportunity.
(7) Jeannine D'Onofrio とのパーソナルなコミュニケーション（2019年4月25日）。
(8) PVH, "Adaptive Phase 1: Getting the Language and Tone Right," October 19, 2017.
(9) 図は以下の作品である。Firefish, Insight & Brand Consultancy, "Adaptive Clothing E commerce," http://www.firefish.us.com/.
(10) Gary Sheinbaum とのパーソナルなコミュニケーション（2018年10月26日）。
(11) Sarah Horton とのパーソナルなコミュニケーション（2019年4月25日）。
(12) Lieber, "The Adaptive Fashion Opportunity."
(13) PVH, "PVH Adaptive: Discussion of Business Plan Update and Outlook," November 2, 2017.
(14) Michael Porter, *Competitive Advantage: Creating and Sustaining Superior Performance* (New York: Free Press, 1985), 17.
(15) Jordan Siegel and James Chang, "Samsung Electronics," Case 705-508 (Boston: Harvard Business School, February 27, 2009), https://store.hbr.org/product/samsung-electronics/705508.

(11) Sun Qiang, "A Survey of Medicine Prices, Availability, Affordability and Price Components in Shandong Province, China," Center for Health Management and Policy, Shandong University, Jinan, nd.
(12) Tom Hancock and Wang Xueqiao, "China Drug Scandals Highlight Risks to Global Supply Chain," *Financial Times*, August 6, 2018, https://www.ft.com/content/38991820-8fc7-11e8-b639-7680cedcc421.
(13) Beverage Industry Magazine, "Market Share of Ground Coffee in the United States in 2020, by Leading Brands," https://www.statista.com/statistics/451969/market-share-of-ground-coffee-in-the-us-by-leading-brand/.
(14) Bart J. Bronnenberg, Sanjay K. Dhar, and Jean-Pierre H. Dubé, "Brand History, Geography, and the Persistence of Brand Shares," *Journal of Political Economy* 117, no.1 (February 2009): 87–115.
(15) Rohit Deshpande, Tarun Khanna, Namrata Arora, and Tanya Bijlani, "India's Amul: Keeping Up with the Times," Case 516–116 (Boston: Harvard Business School, May 4, 2016), https://store.hbr.org/product/india-s-amul-keeping-up-with-the-times/516116.
(16) MSW-ARS Research, "The Brand Strength Monitor, United States: Brand Preferences for Midsize Sedans from February through April 2018, by Recent Purchase Based on Loyalty," https://www.statista.com/statistics/869961/us-brand-preferences-for-midsize-sedans-based-on-loyalty/.

第 17 章

(1) Stewart Butterfield, "We Don't Sell Saddles Here," Medium, February 17, 2014, https://medium.com/@stewart/we-dont-sell-saddles-here-4c59524d650d.
(2) Butterfield, "We Don't Sell Saddles Here."
(3) Youngme Moon, *Different: Escaping the Competitive Herd* (New York: Crown Publishing, 2010), 107–127.
(4) Frances Frei and Anne Morriss, *Uncommon Service: How to Win by Putting Customers at the Core of Your Business* (Boston: Harvard Business Review Press, 2012).
(5) 興味のある読者のために、Frei と Morriss は、この演習について詳しく説明している。*Uncommon Service: How to Win by Putting Customers at the Core of Your Business*, 30–45.
(6) Value maps are similar to what W. Chan Kim and Renée Mauborgne call "strategy canvas" in their book *Blue Ocean Strategy: How to Create Uncontested Market Space and Make Competition Irrelevant* (Boston: Harvard Business Review Press, 2005).
(7) Fiona Czerniawska とのパーソナルなコミュニケーション（2020 年 4 月 3 日）。

第 18 章

(1) 図のデータは Expedia の分析による。
(2) 図のデータは Expedia の分析による。
(3) Ike Anand への筆者によるインタビュー（2020 年 2 月 28 日）。
(4) 図のデータは Expedia の分析による。

49.
(19) Chris J. McDonald, "The Evolution of Intel's Copy Exactly Technology Transfer Method," *Intel Technology Journal*, Q4 1998, https://pdfs.semanticscholar.org/3195/172157973017fe8114e91d20b52eaf69d12c.pdf.
(20) Ramon Casedesus-Masanell, David Yoffie, and Sasha Mattu, "Intel Corporation: 1968-2003," Case 703-427 (Boston: Harvard Business School, February 8, 2010), https://store.hbr.org/product/intel-corp-1968-2003/703427.
(21) インテルの新世代マイクロプロセッサの概要については、以下を参照。"Intel Microprocessor Hall of Fame," https://home.cs.dartmouth.edu/~spl/Academic/Organization/docs/IntelChips/IntelChips.htm.
(22) 密接に関連する議論として、実行には戦略的選択が含まれるというものがある。以下を参照。Roger L. Martin, "CEOs Should Stop Thinking That Execution Is Somebody Else's Job; It Is Theirs," *Harvard Business Review*, November 21, 2017, https://hbr.org/2017/11/ceos-should-leave-strategy-to-their-team-and-save-their-focus-for-execution.
(23) Meieran interview by Lécuyer, "Confronting the Japanese Challenge: The Revival of Manufacturing at Intel," 354.
(24) McDonald, "The Evolution of Intel's Copy Exactly Technology Transfer Method."

第 16 章

(1) Kantar Millward Brown, "BrandZ Top 100 Most Valuable Global Brands 2018: Brand Valuation Methodology," https://www.brandz.com, 129.
(2) データは以下より引用。Kantar, "BrandZ Top Global Brands" for 2013 and 2018, http://www.millwardbrown.com/brandz/rankings-and-reports/top-global-brands. 利益率のデータは、Capital IQ, 2013 年、2018 年による。
(3) Stanislav D. Dobrev と Glenn R. Carroll は、この議論を企業の規模に当てはめ、さまざまな理由から有益であるとしている。"Size (and Competition) among Organizations: Modeling Scale-Based Selection among Automobile Producers in Four Major Countries, 1885-1981," *Strategic Management Journal* 24, no.6 (June 2003): 541-558.
(4) Young Jee Han, Joseph C. Nunes, and Xavier Drèze, "Signaling Status with Luxury Goods: The Role of Brand Prominence," *Journal of Marketing* 74, no.4 (July 2010): 15-30.
(5) Han et al., "Signaling Status with Luxury Goods: The Role of Brand Prominence."
(6) 画像は Shutterstock より許可を得て使用している。
(7) Han et al., "Signaling Status with Luxury Goods: The Role of Brand Prominence."
(8) 偽物のバッグの価格は以下にもとづく。Purse Valley, http://www.bagvalley.ru/gucci-sylvie-leather-top-handle-bag-431665-cvl1g-1060-p-7152.htm.
(9) Bart J. Bronnenberg, Jean-Pierre Dubé, Matthew Gentzkow, and Jesse M. Shapiro, "Do Pharmacists Buy Bayer? Sophisticated Shoppers and the Brand Premium," University of Chicago working paper, June 2013.
(10) Bronnenberg et al., "Do Pharmacists Buy Bayer? Sophisticated Shoppers and the Brand Premium."

ps://hbr.org/2017/09/why-do-we-undervalue-competent-management.
(4) Nicholas Bloom and John Van Reenen, "Measuring and Explaining Management Practices Across Firms and Countries," *Quarterly Journal of Economics* 122, no.4 (2007): 1351–1408.
(5) Raffaella Sadun とのパーソナルなコミュニケーション（2020年2月19日）。
(6) このグラフは、World Management Survey のデータを再現したものである。Nick Bloom, Renata Lemos, Raffaella Sadun, Daniela Scur, and John Van Reenen, "World Management Survey," Centre for Economic Performance, https://worldmanagementsurvey.org/.
(7) モニタリングと目標設定は、多くの文脈で重要であることがわかっている。航空会社のパイロットの行動に関する証拠としては、以下を参照。Greer K. Gosnell, John A. List, and Robert D. Metcalfe, "The Impact of Management Practices on Employee Productivity: A Field Experiment with Airline Captains," *Journal of Political Economy* 128, no.4 (2020): 1195–1233.
(8) Nicholas Bloom, Christos Genakos, Ralf Martin, and Raffaella Sadun, "Modern Management: Good for the Environment or Just Hot Air?" *Economic Journal* 120, no.544 (May 2010): 551–572; Nicholas Bloom, Christos Genakos, Raffaella Sadun, and John Van Reenen, "Management Practices Across Firms and Countries," *Academy of Management Perspectives* 26, no.1 (February 2012): 12–33; and Nicholas Bloom, Renata Lemos, Raffaella Sadun, Daniela Scur, and John Van Reenen, "The New Empirical Economics of Management," *Journal of the European Economic Association* 12, no.4 (2014): 835–876.
(9) ファミリー企業におけるハイパフォーマンス・ワークプラクティスの有効性については、以下を参照。Daniel Pittino, Francesca Visintin, Tamara Lenger, and Dietmar Sternad, "Are High Performance Work Practices Really Necessary in Family SMEs?" *Journal of Family Business Strategy* 7 (2016): 75–89.
(10) Sadun et al., "Why Do We Undervalue Competent Management?"
(11) Raffaella Sadun とのパーソナルな会話にもとづく。
(12) Oriana Bandiera, Stephen Hansen, Andrea Prat, and Raffaella Sadun, "CEO Behavior and Firm Performance," *Journal of Political Economy* 128, no.4 (2020): 1325–1369.
(13) Christoph Lécuyer, "Confronting the Japanese Challenge: The Revival of Manufacturing at Intel," *Business History Review* 93 (Summer 2019): 349–373.
(14) Arnold Thackray and David C. Brock, "Craig R. Barrett: Oral History Interview," interview with Craig R. Barrett, Science History Institute, December 14, 2005, https://oh.sciencehistory.org/oral-histories/barrett-craig-r.
(15) Lécuyer, "Confronting the Japanese Challenge: The Revival of Manufacturing at Intel."
(16) Porter, "What Is Strategy?"
(17) Robert A. Burgelman, *Strategy Is Destiny: How Strategy-Making Shapes a Company's Future* (New York: Free Press, 2002), 33.
(18) Burgelman, *Strategy Is Destiny: How Strategy-Making Shapes a Company's Future*,

第14章

(1) 本章は以下にもとづく。Felix Oberholzer-Gee, "Strategy Reading: Sustaining Competitive Advantage," Core Curriculum—Strategy (Boston: Harvard Business Publishing, Core Curriculum—Strategy, May 30, 2016), https://hbsp.harvard.edu/catalog/collection/cc-strategy.

(2) William J. Abernathy and Kenneth Wayne, "Limits of the Learning Curve," *Harvard Business Review*, September-October 1974, https://hbr.org/1974/09/limits-of-the-learning-curve.

(3) 初期の分析としては、以下がある。Kenneth J. Arrow, "The Economic Implications of Learning by Doing," *Review of Economic Studies* (June 1962): 155–173.

(4) 以下より引用。Steven D. Levitt, John A. List, and Chad Syverson, "Understanding Learning by Doing," *Journal of Political Economy* 121, no.4 (August 2013): 643–681.

(5) Felix Oberholzer-Gee, Tarun Khanna, and Carin-Isabel Knoop, "Apollo Hospitals—First-World Health Care at Emerging-Market Prices," Case 705–442 (Boston: Harvard Business School, February 10, 2005), https://store.hbr.org/product/apollo-hospitals-first-world-health-care-at-emerging-market-prices/706440; and Tarun Khanna, V. Kasturi Rangan, and Merlina Manocaran, "Narayana Hrudayalaya Heart Hospital: Cardiac Care for the Poor," Case 505–078 (Boston: Harvard Business School, August 26, 2011), https://store.hbr.org/product/apollo-hospitals-first-world-health-care-at-emerging-market-prices/706440.

(6) 以下より引用。Robert A. Burgelman, *Strategy Is Destiny: How Strategy-Making Shapes a Company's Future* (New York: Free Press, 2002), 49.

(7) 以下より引用。Burgelman, *Strategy Is Destiny: How Strategy-Making Shapes a Company's Future.*

(8) Marvin B. Lieberman, "The Learning Curve, Diffusion, and Competitive Strategy," *Strategic Management Journal* 8 (1987): 441–452.

(9) Michael Spence, "The Learning Curve and Competition," *Bell Journal of Economics* XII (Spring 1981): 49–70.

(10) Pankaj Ghemawat and A. Michael Spence, "Learning Curve Spillovers and Market Performance," *Quarterly Journal of Economics* 100 (1985): 839–852.

(11) 以下より引用。William J. Abernathy and Kenneth Wayne, "Limits of the Learning Curve," *Harvard Business Review*, September-October 1974, https://hbr.org/1974/09/limits-of-the-learning-curve.

第15章

(1) Michael E. Porter, "What Is Strategy?" *Harvard Business Review*, November-December 1996, https://hbr.org/1996/11/what-is-strategy.

(2) Buffett is cited in David Perell, "The Customer Acquisition Pricing Parade," *David Perell* (blog), nd, https://www.perell.com/blog/customer-acquisition-pricing-parade.

(3) Raffaella Sadun, Nicholas Bloom, and John Van Reenen, "Why Do We Undervalue Competent Management?" *Harvard Business Review*, September-October 2017, htt

Scale Economies in US Banking," *Journal of Applied Econometrics* 33 (2018): 16–28, and from Elena Beccalli, Mario Anolli, and Giuliana Borello, "Are European Banks Too Big? Evidence on Economies of Scale," *Journal of Banking & Finance* 58 (2005): 232–246.

(12) Computer Economics, "IT Spending As a Percentage of Company Revenue Worldwide as of 2019, by Industry Sector," February 2019, https://www.statista.com/statistics/1017037/worldwide-spend-on-it-as-share-of-revenue-by-industry/.

(13) David B. Yoffie and Renee Kim, "Cola Wars Continue: Coke and Pepsi in 2010," Case 711–462 (Boston: Harvard Business School, December 9, 2010), https://store.hbr.org/product/cola-wars-continue-coke-and-pepsi-in-2010/711462.

(14) 一般的な指摘は以下による。John Sutton, *Sunk Costs and Market Structure: Price Competition, Advertising, and the Evolution of Concentration* (Cambridge, MA: MIT Press, 1991).

(15) Walmart, "Our Business," nd, https://corporate.walmart.com/our-story/our-business.

(16) Thomas J. Holmes, "The Diffusion of Wal-Mart and Economies of Density," *Econometrica* 79, no.1 (January 2011): 253–302.

(17) Stephan Meier and Felix Oberholzer-Gee, "Wal-Mart: In Search of Renewed Growth," Columbia CaseWorks CU20, Columbia Business School, Fall 2020, https://www8.gsb.columbia.edu/caseworks/node/303/Wal-Mart%253A%2BIn%2BSearch%2Bof%2BRenewed%2BGrowth.

(18) Stephen P. Bradley, Pankaj Ghemawat, and Sharon Foley, "Wal-Mart Stores, Inc.," Case 794–024 (Boston: Harvard Business School, January 19, 1994), https://hbsp.harvard.edu/product/794024-PDF-ENG.

(19) Juan Alcácer, Abhishek Agrawal, and Harshit Vaish, "Walmart around the World," Case 714–431 (Boston: Harvard Business School, January 3, 2017), https://store.hbr.org/product/walmart-around-the-world/714431?sku=714431-PDF-ENG.

(20) Ramon Casadesus-Masanell and Karen Elterman, "Walmart's Omnichannel Strategy: Revolution or Miscalculation?" Case 720–370 (Boston: Harvard Business School, August 28, 2019), https://hbsp.harvard.edu/product/720370-PDF-ENG.

(21) George Anderson, "Walmart Has a Too Much Grocery Problem," *Retail Wire*, November 15, 2019, https://retailwire.com/discussion/walmart-has-a-too-much-grocery-problem/; and Russell Redman, "Study: Number of Online Grocery Shoppers Surges," *Supermarket News*, May 14, 2019, https://www.supermarketnews.com/online-retail/study-number-online-grocery-shoppers-surges.

(22) Steven Berry and Joel Waldfogel, "Product Quality and Market Size," *Journal of Industrial Economics* 58, no.1 (March 2010): 1–31. The figure is copyright 2010 John Wiley and Sons. All rights reserved. Reprinted with permission.

(23) Berry and Waldfogel, "Product Quality and Market Size."

(24) Sutton, *Sunk Costs and Market Structure: Price Competition, Advertising, and the Evolution of Concentration*.

2009, https://www.dcvelocity.com/articles/20091201_dell_finds_gold_in_returns/.
(22) Kate Vitasek, Karl Manrodt, Jeanne Kling, and William DiBenedetto, "How Dell and FedEx Supply Chain Reinvented Their Relationship to Achieve Record- Setting Results," Vested for Success Case Study, Haslam College of Business, University of Tennessee, nd, https://www.vestedway.com/wp-content/uploads/2018/07/Dell-FSC-long-teaching-case-June-26-2018-PDF.pdf.
(23) David Frydlinger, Oliver Hart, and Kate Vitasek, "A New Approach to Contracts," *Harvard Business Review*, September-October 2019.
(24) Felix Oberholzer-Gee and Victor Calanog, "The Speed of New Ideas: Trust, Institutions and the Diffusion of New Products," Harvard Business School Working Knowledge, May 22, 2007, https://hbswk.hbs.edu/item/the-speed-of-new-ideas-trust-institutions-and-the-diffusion-of-new-products.

第13章

(1) Chad Syverson, "What Determines Productivity?" *Journal of Economic Literature* 49, no.2 (2011): 326–365.
(2) Chang-Tai Hsieh and Peter J. Klenow, "Misallocation and Manufacturing TFP in China and India," *Quarterly Journal of Economics* 124, no.4 (2009): 1403–1448.
(3) Lucia Foster, John Haltiwanger, and Chad Syverson, "Reallocation, Firm Turnover, and Efficiency: Selection on Productivity or Profitability?" *American Economic Review* 98, no.1 (2008): 394–425.
(4) "Chart Book: The Legacy of the Great Recession," Center on Budget and Policy Priorities, June 6, 2019, https://www.cbpp.org/research/economy/chart-book-the-legacy-of-the-great-recession.
(5) "Bailout Recipients," ProPublica, January 31, 2020, updated periodically, https://projects.propublica.org/bailout/list. 金融危機の有用なタイムラインは下記を参照。"Federal Reserve Bank of St. Louis' Financial Crisis Timeline," Federal Reserve Bank of St. Louis, https://fraser.stlouisfed.org/timeline/financial-crisis#54.
(6) Congressional Oversight Panel, "March Oversight Report," March 16, 2001, https://www.gpo.gov/fdsys/pkg/CHRG-112shrg64832/pdf/CHRG-112shrg64832.pdf.
(7) Dealbook, "Greenspan Calls to Break Up Banks 'Too Big to Fail,'" *New York Times*, October 15, 2009, https://dealbook.nytimes.com/2009/10/15/greenspan-break-up-banks-too-big-to-fail/.
(8) 銀行の規模や資本はシステミックリスクに寄与する。以下を参照。Luc Laeven, Lev Ratnovski, and Hui Tong, "Bank Size, Capital, and Systemic Risk: Some International Evidence," *Journal of Banking & Finance* 69, no.1 (August 2016): S25–S34.
(9) Dong Beom Choi, Fernando M. Duarte, Thomas M. Eisenbach, and James Vickery, "Ten Years after the Crisis, Is the Banking System Safer?" Federal Reserve Bank of New York, November 14, 2018, https://libertystreeteconomics.newyorkfed.org/2018/11/ten-years-after-the-crisis-is-the-banking-system-safer.html.
(10) データは2006年と2019年のものである。WorldScopeによる。
(11) 推計値は以下による。David C. Wheelock and Paul W. Wilson, "The Evolution of

122, no.4 (2007): 1351–1408.

(8) Nien-hê Hsieh, Michael W. Toffel, and Olivia Hull, "Global Sourcing at Nike," Case 619–008 (Boston: Harvard Business School, June 11, 2019), https://store.hbr.org/product/global-sourcing-at-nike/619008.

(9) Distelhorst et al., "Does Lean Improve Labor Standards? Management and Social Performance in the Nike Supply Chain."

(10) Hsieh et al., "Global Sourcing at Nike."

(11) Niklas Lollo and Dara O'Rourke, "Productivity, Profits, and Pay: A Field Experiment Analyzing the Impacts of Compensation Systems in an Apparel Factory," Institute for Research on Labor and Employment Working Paper 104–18, December 2018, http://irle.berkeley.edu/files/2018/12/Productivity-Profits-and-Pay.pdf.

(12) Daniel Vaughan-Whitehead, "How 'Fair' Are Wage Practices along the Supply Chain? A Global Assessment," in *Towards Better Work: Understanding Labour in Apparel Global Value Chains*, ed. Arianna Rossi, Amy Luinstra, and John Pickles (Basingstoke, UK: Palgrave Macmillan, 2014), 68–102.

(13) データは以下より引用。Niklas Lollo and Dara O'Rourke, "Productivity, Profits, and Pay: A Field Experiment Analyzing the Impacts of Compensation Systems in an Apparel Factory," Institute for Research on Labor and Employment Working Paper 104–18, December 2018, http://irle.berkeley.edu/files/2018/12/Productivity-Profits-and-Pay.pdf.

(14) コスタリカの詳細なエビデンスについては、以下を参照。Alonso Alfaro-Urena, Isabela Manelici, and Jose P. Vasquez, "The Effects of Joining Multinational Supply Chains: New Evidence from Firm-to-Firm Linkages," UC Berkeley Working Paper, April 2019, https://manelicivasquez.github.io/coauthored/Effects_of_Joining_MNC_Supply_Chains_body.pdf.

(15) Alvaro Garcia-Marin and Nico Voigtländer, "Exporting and Plant-Level Efficiency Gains: It's in the Measure," *Journal of Political Economy* 127, no.4 (2019): 1777–1825.

(16) Isaac Elking, John-Patrick Paraskevas, Curtis Grimm, Thomas Corsi, and Adams Steven, "Financial Dependence, Lean Inventory Strategy, and Firm Performance," *Journal of Supply Chain Management* 53, no.2 (2017): 22–38.

(17) Florian Badorf, Stephan M. Wagner, Kai Hoberg, and Felix Papier, "How Su Economies of Scale Drive Supplier Selection Decisions," *Journal of Supply C Management* 55, no.3 (July 2019): 45–67.

(18) Jiri Chod, Nikolaos Trichakis, and Gerry Tsoukalas, "Supplier Diversification der Buyer Risk," *Management Science* 65, no.7 (2019): 3150–3173.

(19) Krishna Palepu, Bharat Anand, and Rachna Tahilyani, "Tata Nao—The Peop Car," Case 710–420 (Boston: Harvard Business School, March 28, 2011), https://sto hbr.org/product/tata-nano-the-people-s-car/710420.

(20) Nandini Sen Gupta and Sumit Chaturvedi, "Big Auto Warms Up to Nano f Takeaways," *Economic Times*, September 1, 2009, https://economictimes.indiatime com/big-auto-warms-up-to-nano-for-takeaways/articleshow/4957038.cms.

(21) Susan K. Lacefield, "Dell Finds Gold in Parts Returns," *DC Velocity*, November 23

January 18, 2018, https://www.huffpost.com/entry/huffpost-opinion-huffpost-personal_n_5a5f6a29e4b096ecfca98edb.

(24) Randall Lane, "Why Forbes Is Investing Big Money in Its Contributor Network," *Forbes*, February 14, 2018, https://www.forbes.com/sites/randalllane/2018/02/14/why-forbes-is-investing-big-money-in-its-contributor-network/#28a623c12a3e.

(25) Max Willens, "RIP Contributor Networks as a Publishing Shortcut to Scale," *Digiday*, March 3, 2017, https://digiday.com/media/rip-contributor-networks/.

(26) 現在、米国の労働力の約1%が電子媒介（ギグ）労働に従事しているが、代替的な労働形態ははるかに一般的である。Eileen Appelbaum, Arne Kalleberg, and Hye Jin Rho, "Nonstandard Work Arrangements and Older Americans, 2005–2017," Center for Economic and Policy Research, Economic Policy Institute, February 28, 2019, https://www.epi.org/publication/nonstandard-work-arrangements-and-older-americans-2005-2017/.

第12章

(1) Michael Verfürden, "VW verklagt Zulieferer Prevent wegen Lieferstopps," *Handelsblatt*, January 7, 2020, https://www.handelsblatt.com/unternehmen/industrie/millionenschaden-vw-verklagt-zulieferer-prevent-wegen-lieferstopps/25395032.html?ticket=ST-1779675-9cZChhEd2UyQ75kcAXoI-ap2; and Geoffrey Smith, "VW's Battle with Contractors Gets Unusually Messy," *Fortune*, August 22, 2016, https://fortune.com/2016/08/22/vw-supplier-dispute-production/.

(2) "Amazon Cash Conversion Cycle," Marketplace Pulse, 2020, https://www.marketplacepulse.com/stats/amazon/amazon-cash-conversion-cycle-96.

(3) Paul B. Ellickson, Pianpian Kong, and Mitchell J. Lovett, "Private Labels and Retailer Profitability: Bilateral Bargaining in the Grocery Channel," Simon Business School, University of Rochester, Working Paper, August 21, 2018, http://paulellickson.com/RetailBargaining.pdf; and Fiona Scott Morton and Florian Zettelmeyer, "The Strategic Positioning of Store Brands in Retailer-Manufacturer Negotiations," …*ial Organization* 24 (2004): 161–194.

…、買い手の購入のしやすさを重視する通常のロジックを裏返し
…uist, Jamie Cleghorn, and Lori Sherer, "The B2B Elements of Val-
…*ness Review*, March-April 2018, https://hbr.org/2018/03/the-b2b-

…miners, Masahiro Kotosaka, Nobuo Sato, and Akiko Kanno, "Raksul,"
…oston: Harvard Business School, April 1, 2019), https://store.hbr.org/
…/819115.

…horst, Jens Hainmueller, and Richard M. Locke, "Does Lean Improve
…rds? Management and Social Performance in the Nike Supply Chain,"
…*Science* (March 2017): 707–728.

…経営手法が時間をかけて普及していくことはめずらしいことではない。
…。Nicholas Bloom and John Van Reenen, "Measuring and Explaining Man-
…Practices across Firms and Countries," *Quarterly Journal of Economics*

(8) "Modern Workplace Report 2019," Condeco, July 24, 2019, https://www.condecosoftware.com/resources-hub/resource/modern-workplace-research-2019-20/.
(9) Dean and Auerbach, "96% of U.S. Professionals Say They Need Flexibility, but Only 47% Have It."
(10) Alison Wynn and Aliya Hamid Rao, "The Stigma That Keeps Consultants from Using Flex Time," *Harvard Business Review*, May 2, 2019, https://hbr.org/2019/05/the-stigma-that-keeps-consultants-from-using-flex-time.
(11) Mary Blair-Loy and Amy S. Wharton, "Employees' Use of Work-Family Policies and the Workplace Social Context," *Social Forces* 80, no.3 (March 2002): 813–845.
(12) David Burkus, "Everyone Likes Flex Time, but We Punish Women Who Use It," *Harvard Business Review*, February 20, 2017, https://hbr.org/2017/02/everyone-likes-flex-time-but-we-punish-women-who-use-it.
(13) Blair-Loy and Wharton, "Employees' Use of Work-Family Policies and the Workplace Social Context"; and Christin L. Munsch, Cecilia L. Ridgeway, and Joan C. Williams, "Pluralistic Ignorance and the Flexibility Bias: Understanding and Mitigating Flextime and Flexplace Bias at Work," *Work and Occupations* 41, no.1 (February 2014): 40–62.
(14) Munsch et al., "Pluralistic Ignorance and the Flexibility Bias: Understanding and Mitigating Flextime and Flexplace Bias at Work."
(15) Joy Burnford, "Flexible Working: Moneysupermarket Group Strives To 'Be Brilliant Together,'" *Forbes*, May 22, 2019, https://www.forbes.com/sites/joyburnford/2019/05/22/flexible-working-moneysupermarket-group-strives-to-be-brilliant-together/#4bf047ee4495.
(16) Fbalestra, "FOOD52 Makes Every Food Enthusiast Feel Like Emeril," October 31, 2015, https://digital.hbs.edu/platform-digit/submission/food52-makes-every-food-enthusiast-feel-like-emeril/.
(17) 画像はWikimedia Commonsより引用。
(18) Innocentive, "Open Innovation for All: The General Fusion Experience." September 2019, https://www.innocentive.com/wp-content/uploads/2019/09/General-Fusion-Open-Innovation-2.1.pdf.
(19) InnoCentiveは2000のチャレンジを実施し、16万2000のソリューション提案を受け、2000万ドルを支払った。統計データは以下による。https://www.innocentive.com/about-us/.
(20) Daniel P. Gross, "Performance Feedback in Competitive Product Development," *RAND Journal of Economics* 48, no.2 (Summer 2017): 438–466.
(21) 図11–5は、以下の許可を得て転載。The RAND Corporation, John Wiley and Sons. All rights reserved.
(22) Cody Cook, Rebecca Diamond, Jonathan Hall, John List, and Paul Oyer, "The Gender Earnings Gap in the Gig Economy: Evidence from Over a Million Rideshare Drivers," Stanford University Working Paper, March 8, 2019, https://codyfcook.github.io/papers/uberpaygap.pdf.
(23) Lydia Polgreen, "Introducing HuffPost Opinion and HuffPost Personal," HuffPost,

onciling Theory and Evidence," *Journal of Political Economy* 126, no.1 (2018): 313–346. Table 1 of the paper provides a helpful summary of previous studies.
(22) Hayley Peterson, "Bernie Sanders Accuses Walmart of Paying 'Starvation Wages,' Attacks the CEO's Pay, and Praises Amazon," *Business Insider*, June 5, 2019, https://www.businessinsider.com/walmart-shareholders-bernie-sanders-wages-amazon-2019-6?r=US&IR=T.
(23) Owl Labs, "State of Remote Work 2019," September 2019, https://www.owl-labs.com/state-of-remote-work/2019.
(24) Peter Cappelli, "Why Do Employers Pay for College?" National Bureau of Economic Research Working Paper 9225, September 2002, https://www.nber.org/papers/w9225.
(25) Google Employees Against Dragonfly, "We Are Google Employees. Google Must Drop Dragonfly," Medium, November 27, 2018, https://medium.com/@googlersagainstdragonfly/we-are-google-employees-google-must-drop-dragonfly-4c8a30c5e5eb.

第11章

(1) Jeremy Reynolds and Ashleigh Elain McKinzie, "Riding the Waves of Work and Life: Explaining Long-Term Experiences with Work Hour Mismatches," *Social Forces* 98, no.1 (September 2019): 427–460.
(2) 私は柔軟性の価値を強調するが、ギグワーカーが繁栄するために満たすべき条件には、より大きなリストがある。以下を参照。 Gianpiero Petriglieri, Susan J. Ashford, and Amy Wrzesniewski, "Thriving in the Gig Economy," *Harvard Business Review*, March-April 2018, https://hbr.org/2018/03/thriving-in-the-gig-economy.
(3) Diana Farrell and Fiona Greig, "Paychecks, Paydays, and the Online Platform Economy: Big Data on Income Volatility," JPMorgan Chase Institute, February 2016, https://www.jpmorganchase.com/corporate/institute/document/jpmc-institute-volatility-2-report.pdf; and Harry Campbell, "The Rideshare Guy 2018 Reader Survey," Rideshare Guy, https://docs.google.com/document/d/1g8pz00OnCb2mFj_97548nJAj4HfluExUEgVb45HwDrE/edit.
(4) M. Keith Chen, Peter E. Rossi, Judith A. Chevalier, and Emily Oehlsen, "The Value of Flexible Work: Evidence from Uber Drivers," *Journal of Political Economy* 127, no.6 (2019): 2735–2794.
(5) From Chen, Rossi, Chevalier, and Oehlsen, "The Value of Flexible Work: Evidence from Uber Drivers."
(6) Chen et al., "The Value of Flexible Work: Evidence from Uber Drivers."
(7) Annie Dean and Anna Auerbach, "96% of U.S. Professionals Say They Need Flexibility, but Only 47% Have It," *Harvard Business Review*, June 5, 2018, https://hbr.org/2018/06/96-of-u-s-professionals-say-they-need-flexibility-but-only-47-have-it; and Cathy Benko and Anne Weisberg, "Mass Career Customization: Building the Corporate Lattice Organization," Deloitte Insights, August 1, 2008, https://www2.deloitte.com/us/en/insights/deloitte-review/issue-3/mass-career-customization-building-the-corporate-lattice-organization.html.

（4） Thomas Straubhaar, "Hier macht die Deutsche Bahn einmal alles richtig," *Welt*, December 18, 2018, https://www.welt.de/wirtschaft/article185696420/Arbeitsvertraege-Beschaeftigte-sollten-zwischen-Geld-und-Freizeit-waehlen-koennen.html; and DPA, "Geld oder Freizeit? Bahn-Mitarbeiter wählten mehr Urlaub," *Focus*, October 8, 2018, https://www.focus.de/finanzen/boerse/wirtschaftsticker/unternehmen-geld-oder-freizeit-bahn-mitarbeiter-waehlten-mehr-urlaub_id_9723268.html.

（5） Russell Smyth, Qingguo Zhai, and Xiaoxu Li, "Determinants of Turnover Intentions among Chinese Off Farm Migrants," *Economic Change and Restructuring* 42, no.3 (2009): 189–209.

（6） このセクションは、次の２つの優れたケーススタディにもとづいている。Zeynep Ton, Cate Reavis, and Sarah Kalloch, "Quest Diagnostics (A): Improving Performance at the Call Centers," Case 17-177 (Cambridge, MA: MIT Sloan School of Management, May 9, 2017); and Zeynep Ton and Cate Reavis, "Quest Diagnostics (B): Transformation at the Call Centers," Case 17-178 (Cambridge, MA: MIT Sloan School of Management, May 9, 2017).

（7） 他にも多くの事例が以下で紹介されている。Zeynep Ton, *The Good Jobs Strategy: How the Smartest Companies Invest in Employees to Lower Costs and Boost Profits* (San Francisco: New Harvest, 2014).

（8） Ton and Reavis, "Quest Diagnostics (B): Transformation at the Call Centers," 3.

（9） Ton and Reavis, "Quest Diagnostics (B): Transformation at the Call Centers," 3.

（10） Ton and Reavis, "Quest Diagnostics (B): Transformation at the Call Centers," 5.

（11） Ton and Reavis, "Quest Diagnostics (B): Transformation at the Call Centers," 8.

（12） Ton and Reavis, "Quest Diagnostics (B): Transformation at the Call Centers," 7.

（13） Zeynep Ton とのパーソナルなコミュニケーション（2020 年 4 月 28 日）。

（14） Ton and Reavis, "Quest Diagnostics (B): Transformation at the Call Centers," 11.

（15） Saravanan Kesavan, Susan J. Lambert, and Joan C. Williams, "Less Is More: Improving Store Performance by Reducing Labor Flexibility at the Gap, Inc.," working paper, Kenan-Flagler Business School, University of North Carolina at Chapel Hill, November 21, 2019.

（16） Joan C. Williams et al., "Stable Scheduling Increases Productivity and Sales," University of California, Hastings College of the Law, nd, https://worklifelaw.org/projects/stable-scheduling-study/report/.

（17） Kesavan et al., "Less Is More: Improving Store Performance by Reducing Labor Flexibility at the Gap, Inc."

（18） Kesavan et al., "Less Is More: Improving Store Performance by Reducing Labor Flexibility at the Gap, Inc."

（19） Joan C. Williams et al., "Stable Scheduling Study: Health Outcomes Report," University of California, Hastings College of the Law, nd, https://worklifelaw.org/projects/stable-scheduling-study/stable-scheduling-health-outcomes/.

（20） 以下より引用。Matthew Dey and Jay Stewart, "How Persistent Are Establishment Wage Differentials?" US Bureau of Labor Statistics Working Paper, October 2016.

（21） Rafael Lopes de Melo, "Firm Wage Differentials and Labor Market Sorting: Rec-

(8) 売り手は異なるプラットフォームに参加することを好むため、売り手間に厳しい競争がある場合、プラットフォーム間の差は維持されやすくなる。以下を参照。D Heiko Karle, Martin Peitz, and Markus Reisinger, "Segmentation Versus Agglomeration: Competition Between Platforms with Competitive Sellers," *Journal of Political Economy* 128, no.6 (June 2020): 2329–2374.
(9) "Top 15 Most Popular Dating Websites," eBizMBA, September 2019, http://www.ebizmba.com/articles/dating-websites.
(10) Mikolaj Jan Piskorski, Hanna Halaburda, and Troy Smith, "eHarmony," Case 709-424 (Boston: Harvard Business School, July 2008), https://store.hbr.org/product/eharmony/709424.
(11) この戦略を示すフォーマルなモデルとして以下がある。Hanna Halaburda, Mikołaj Jan Piskorski, and Pınar Yıldırım, "Competing by Restricting Choice: The Case of Matching Platforms," *Management Science* 64, no.8 (August 2018): 3574–3594.
(12) Angela G., "I Love eHarmony," Sitejabber, August 23, 2015, https://www.sitejabber.com/reviews/eharmony.com.
(13) Seth Fiegerman, "Friendster Founder Tells His Side of the Story, 10 Years after Facebook," *Mashable*, February 3, 2014, https://mashable.com/2014/02/03/jonathan-abrams-friendster-facebook/.
(14) Sanghamitra Kar and Aditi Shrivastava, "ShareChat to Stay Focused on Users, Unique Content," *Economic Times*, February 25, 2020, https://economictimes.indiatimes.com/small-biz/startups/newsbuzz/sharechat-to-stay-focused-on-users-unique-content/articleshow/74201280.cms.
(15) Manish Singh, "Twitter-Backed Indian Social Network ShareChat Raises $40 Million," TechCrunch, September 24, 2020, https://techcrunch.com/2020/09/24/indias-sharechat-raises-40-million-says-its-short-video-platform-moj-now-reaches-80-million-uses/.
(16) Reid Hoffman and Chris Yeh, *Blitzscaling: The Lightning-Fast Path to Building Massively Valuable Companies* (New York: Currency, 2018).

第10章

(1) Lorri Freifeld, "Training Top 125 Best Practice: BayCare Health System's Journey to Extraordinary," *Training Magazine*, January 15, 2019, https://trainingmag.com/training-top-125-best-practice-baycare-health-system%E2%80%99s-journey-extraordinary/.
(2) Jonathan V. Hall and Alan B. Krueger, "An Analysis of the Labor Market for Uber's Driver-partners in the United States," *ILR Review* 71, no.3 (May 2018): 705–732.
(3) Claudio Fernández-Aráoz, *It's Not the How or the What But the Who: Succeed by Surrounding Yourself with the Best* (Boston: Harvard Business Review Press, 2014); and Michael Mankins, Alan Bird, and James Root, "Making Star Teams Out of Star Players," *Harvard Business Review*, January-February 2013, https://hbr.org/2013/01/making-star-teams-out-of-star-players.

of-custom-mobile-business-app-development.
(19) Emil Protalinski, "Hey Microsoft, How Many Apps Are in the Windows Store?" *VentureBeat*, March 30, 2016, https://venturebeat.com/2016/03/30/hey-microsoft-how-many-apps-are-in-the-windows-store/.
(20) Whitney Filloon, "The Quest to Topple OpenTable," *Eater*, September 24, 2018, https://www.eater.com/2018/9/24/17883688/opentable-resy-online-reservations-app-danny-meyer.
(21) Stephanie Resendes, "The Average Restaurant Profit Margin and How to Increase Yours," Upserve, September 23, 2020, https://upserve.com/restaurant-insider/profit-margins/. My calculation assumes a $50 tab per reservation. For online travel agencies, approximate numbers are available at "Everything You Ever Wanted to Know About Booking.com," DPO, November 26, 2018, https://blog.directpay.online/booking-com/ and Elliot Mest, "Hotel Profit Per Room Peaks in October," *Hotel Management*, December 9, 2018, https://www.hotelmanagement.net/operate/hotel-profit-per-room-peaks-october.
(22) Filloon, "The Quest to Topple OpenTable."
(23) Marco Iansiti and Karim R. Lakhani, "Managing Our Hub Economy," *Harvard Business Review*, September-October 2017, https://hbr.org/2017/09/managing-our-hub-economy.

第9章

(1) For an application of this argument to Apple, see Joel West, "The Fall of a Silicon Valley Icon: Was Apple Really Betamax Redux?" *Strategy in Transition*, ed. Richard A. Bettis (New York: John Wiley & Sons, 2009).
(2) Elizabeth Weise, "Amazon Launches Its Etsy Killer: Handmade at Amazon," *USA Today*, October 8, 2015, https://www.usatoday.com/story/tech/2015/10/08/amazon-etsy-handmade-marketplace-store/73527482/.
(3) Catherine Clifford, "Amazon Launches a Maker Marketplace That Will Compete with Etsy," *Entrepreneur*, October 8, 2015, https://www.entrepreneur.com/article/251507.
(4) Kaitlyn Tiffany, "Was Etsy Too Good to Be True?" *Vox*, September 4, 2019, https://www.vox.com/the-goods/2019/9/4/20841475/etsy-free-shipping-amazon-handmade-josh-silverman.
(5) Lela Barker, "The Problem with Selling on Handmade at Amazon," *Lucky Break Consulting* (blog), 2016, https://www.luckybreakconsulting.com/the-problem-with-selling-on-handmade-at-amazon/.
(6) Roni Jacobson, "How Etsy Dodged Destruction at the Hands of Amazon," *Wired*, October 7, 2016, https://www.wired.com/2016/10/how-etsy-dodged-destruction-at-the-hands-of-amazon/.
(7) Jooyoung Kwaka, Yue Zhang, and Jiang Yu, "Legitimacy Building and E- commerce Platform Development in China: The Experience of Alibaba," *Technological Forecasting & Social Change* 139 (February 2019): 115–124.

(3) "Social Media Stats Worldwide," StatCounter, September 2020, https://gs.statcounter.com/social-media-stats.
(4) Audrey Schomer and Daniel Carnahan, "The Digital Trust Report 2020," *Business Insider*, September 24, 2020.
(5) Laura Forman, "Facebook Stays Out of the Corner," *Wall Street Journal*, July 24, 2019, https://www.wsj.com/articles/facebook-stays-out-of-the-corner-11564006434; and Daniel Sparks, "6 Metrics Behind Facebook's 54 Percent Gain in 2019," Motley Fool, January 2, 2020, https://www.fool.com/investing/2020/01/02/6-metrics-behind-facebooks-54-gain-in-2019.aspx.
(6) Michael Grothaus, "More Than 60 Percent of Americans Don't Trust Facebook with Their Personal Information," *Fast Company*, April 8, 2019, https://www.fastcom-pany.com/90331377/more-than-60-of-americans-dont-trust-facebook-with-their-personal-information.
(7) Liron Hakim Bobrov, "Mobile Messaging App Map—February 2018," *Similar-Web* (blog), February 5, 2018, https://www.similarweb.com/blog/mobile-messaging-app-map-2018.
(8) ライドシェアの文脈における時間の価値の推定は以下にもとづく。Nicholas Buchholz et al., "The Value of Time: Evidence from Auctioned Cab Rides," National Bureau of Economic Research Working Paper 27087, May 2020, https://www.nber.org/papers/w27087.
(9) Charles Wolf and Bob Hiler, "Apple Computer," Credit Suisse First Boston Equity Research, January 7, 1997.
(10) Mary Meeker and Gillian Munson, "Apple Computer (AAPL): Steve Brings in the Surgeons for the Board," Morgan Stanley Dean Witter, August 11, 1997.
(11) Steve Jobs, "Macworld Boston 1997—The Microsoft Deal," YouTube video, nd, https://www.youtube.com/watch?v=WxOp5mBY9IY.
(12) David Yoffie and Renee Kim, "Apple Inc. in 2010," Case 710-467 (Boston: Harvard Business School, March 21, 2011), https://store.hbr.org/product/apple-inc-in-2010/710467.
(13) John Markoff, "Why Apple Sees Next as a Match Made in Heaven," *New York Times*, December 23, 1996, https://www.nytimes.com/1996/12/23/business/why-apple-sees-next-as-a-match-made-in-heaven.html.
(14) Wolf and Hiler, "Apple Computer."
(15) Peter Burrows, "The Fall of an American Icon," Bloomberg, February 5, 1996, https://www.bloomberg.com/news/articles/1996-02-04/the-fall-of-an-american-icon.
(16) Amber Israelson, "Transcript: Bill Gates and Steve Jobs at D5," All Things D, May 31, 2007, http://allthingsd.com/20070531/d5-gates-jobs-transcript.
(17) "Mobile Operating Systems' Market Share Worldwide from January 2012 to July 2020," StatCounter, August 2020, https://gs.statcounter.com/os-market-share/mobile/worldwide/#monthly-201901-201912.
(18) Adriana Neagu, "Figuring the Costs of Custom Mobile Business App Development," Formotus, June 23, 2017, https://www.formotus.com/blog/figuring-the-costs-

never-happened.
(7) "Technological Comebacks: Not Dead, Just Resting," *Economist*, October 9, 2008, https://www.economist.com/leaders/2008/10/09/not-dead-just-resting.
(8) Bernardo Bátiz-Lazo, "A Brief History of the ATM," *Atlantic*, March 26, 2015, https://www.theatlantic.com/technology/archive/2015/03/a-brief-history-of-the-atm/388547.
(9) Ben Craig, "Where Have All the Tellers Gone?" Federal Reserve Bank of Cleveland, April 15, 1997, https://www.clevelandfed.org/en/newsroom-and-events/publications/economic-commentary/economic-commentary-archives/1997-economic-commentaries/ec-19970415-where-have-all-the-tellers-gone.aspx.
(10) Jim Bessen generously shared this data. It is adapted from James Bessen, *Learning by Doing: The Real Connection between Innovation, Wages, and Wealth* (New Haven: Yale University Press, April 2015).
(11) Kathleen Bolter, "What Bank Tellers Can Teach Us About How Automation Will Impact Jobs," Kentuckiana Works, April 3, 2019, https://www.kentuckianaworks.org/news/2019/4/3/what-bank-tellers-can-teach-us-about-how-automation-will-impact-jobs.
(12) Amos Tversky and Daniel Kahneman, "Prospect Theory: An Analysis of Decision under Risk," *Econometrica* 47, no.4 (1979): 263–291.
(13) Matthew Gentzkow, "Valuing New Goods in a Model with Complementarity: Online Newspapers," *American Economic Review* 97, no.3 (June 2007): 713–744.
(14) 発行部数データは以下による。"Newspapers Fact Sheet," Pew Research Center, July 9, 2019, https://www.journalism.org/fact-sheet/newspapers. 2019年と2020年の値は時系列から外挿したもの。米国の世帯数は以下による。US Census, US Department of Commerce, https://www.census.gov. 他国の同様の部数データは次より入手可能。"Sixty Years of Daily Newspaper Circulation Trends," Communications Management, May 6, 2011, http://media-cmi.com/downloads/Sixty_Years_Daily_Newspaper_Circulation_Trends_050611.pdf.
(15) Hasan Bakhshi and David Throsby, "Digital Complements or Substitutes? A Quasi-Field Experiment from the Royal National Theatre," *Journal of Cultural Economics* 38 (2014): 1–8.

第8章

(1) Harvey Morris, "China's March to Be the World's First Cashless Society," *Straits Times*, April 8, 2019, https://www.straitstimes.com/asia/east-asia/chinas-march-to-be-the-worlds-first-cashless-society-china-daily-contributor; and Data Center of China Internet, "Use of Mobile Value-Added Services by Mobile Internet Users in China in 2011," Statista, May 12, 2011, https://www.statista.com/statistics/236293/use-of-mobile-value-added-services-by-mobile-internet-users-in-china.
(2) Hiroshi Murayama, "In China, Cash Is No Longer King," *Nikkei Asia*, January 7, 2019, https://asia.nikkei.com/Business/Business-trends/In-China-cash-is-no-longer-king.

(20) Ben Gilbert, "Despite the High Price, Microsoft Isn't Turning a Profit on the New Xbox," *Business Insider*, June 14, 2017, https://www.businessinsider.com/xbox-one-x-price-explanation-phil-spencer-e3-2017-6.
(21) David Yoffie and Michael Slind, "Apple Inc. 2008," Case 708-480 (Boston: Harvard Business School, September 8, 2008), https://store.hbr.org/product/apple-inc-2008/708480.
(22) ホレース・デディウは、アップルのサービス収入に関するデータを惜しげもなく提供してくれた。かれのスマートな文章は http://www.asymco.com/author/asymco/ で見ることができる。サービスのマージンに関する追加情報は以下による。Kulbinder Garcha (Philip Elmer DeWitt, "Credit Suisse: Wall Street Has Apple's Profit Margins All Wrong," *Philip Elmer DeWitt's Apple 3.0*, podcast, April 4, 2016, https://www.ped30.com/2016/04/04/apple-services-margin-shocker/) およびアップルの財務諸表。
(23) Chaim Gartenberg, "Spotify, Epic, Tile, Match, and More Are Rallying Developers Against Apple's App Store Policies," Verge, September 24, 2020, https://www.theverge.com/2020/9/24/21453745/spotify-epic-tile-match-coalition-for-app-fairness-apple-app-store-policies-protest.
(24) Jon Mundy, "Samsung Galaxy S10 Vs iPhone XS: The Complete Verdict," Trusted Reviews, April 30, 2019, https://www.trustedreviews.com/news/samsung-galaxy-s10-vs-iphone-xs-3662621.
(25) その他の例は次で議論されている。Orit Gadiesh and James L. Gilbert, "Profit Pools: A Fresh Look at Strategy," *Harvard Business Review*, May-June 1998, https://hbr.org/1998/05/profit-pools-a-fresh-look-at-strategy.

第7章

(1) John Jong-Hyun Kim and Rachna Tahilyani, "BYJU'S The Learning App," Case 317-048 (Boston: Harvard Business School, February 28, 2017), https://store.hbr.org/product/byju-s-the-learning-app/317048.
(2) ASCAP のライセンス料の値上げに対抗して、ラジオ放送局は対抗ライセンス組織である BMI（Broadcast Music, Inc）を設立していた。BMI の曲は、ボイコット中も流すことができる。Christopher H. Sterling and John Michael Kittross, *Stay Tuned: A History of American Broadcasting* (Abingdon, UK: Routledge, 2001).
(3) "The Office of the Future," *Businessweek*, May 26, 2008.
(4) 米国で消費されるオフィス用紙の数値。United States Environmental Protection Agency, *Advancing Sustainable Materials Management: Facts and Figures Report* (Washington D.C., July 2018), https://www.epa.gov/facts-and-figures-about-materials-waste-and-recycling/advancing-sustainable-materials-management.
(5) Morgan O'Mara, "How Much Paper Is Used in One Day?" Record Nations, February 11, 2016, updated January 3, 2020, https://www.recordnations.com/2016/02/how-much-paper-is-used-in-one-day.
(6) Gordon Kelly, "The Paperless Office: Why It Never Happened," ITProPortal, March 9, 2012, https://www.itproportal.com/2012/03/09/paperless-office-why-it-

(5) Lottman, *The Michelin Men: Driving an Empire*, 45.
(6) Alex Mayyasi, "Why Does a Tire Company Publish the Michelin Guide?" Priceonomics, June 23, 2016, https://priceonomics.com/why-does-a-tire-company-publish-the-michelin-guide/.
(7) Bryce Gaton, "Can Non-Tesla Electric Cars Use Tesla EV Chargers?" Driven, April 3, 2019, https://thedriven.io/2019/04/03/can-non-tesla-electric-cars-use-tesla-ev-chargers.
(8) C. A. Jegede, "Effects of Automated Teller Machine on the Performance of Nigerian Banks," *American Journal of Applied Mathematics and Statistics* 2, no.1 (2014): 40–46.
(9) Eriko Ishikawa, Christine Ribeiro, et al., "Being the Change: Inspiring the Next Generation of Inclusive Business Entrepreneurs Impacting the Base of the Pyramid," International Finance Corporation, 2012, https://www.ifc.org/wps/wcm/connect/fa1c489b-7f4b-4527-a4f7-8957fcaa01b9/CIB+Inclusive+Business_Being_the_Change.pdf?MOD=AJPERES&CVID=lKbIc6v.
(10) Mike Bowersとのパーソナルなコミュニケーション（2020年2月24日）。
(11) Berkeley Lab, "Tracking the Sun," https://emp.lbl.gov/tracking-the-sun, makes installation-level data publicly available. The analysis in this section builds on the Berkeley data set.
(12) 図6-2、図6-3は、copyright 2019 The Regents of the University of California, through the Lawrence Berkeley National Laboratory. All rights reserved.
(13) Goksin Kavlak, James McNerney, and Jessika E. Trancika, "Evaluating the Causes of Cost Reduction in Photovoltaic Modules," *Energy Policy*, December 2018, 700–710.
(14) Elaine Ulrich, "Soft Costs 101: The Key to Achieving Cheaper Solar Energy," Office of Energy Efficiency & Renewable Energy, February 25, 2016, https://www.energy.gov/eere/articles/soft-costs-101-key-achieving-cheaper-solar-energy.
(15) Barry Friedman, Kristen Ardani, David Feldman, Ryan Citron, and Robert Margolis, "Benchmarking Non-Hardware Balance-of-System (Soft) Costs for U.S. Photovoltaic Systems, Using a Bottom-Up Approach and Installer Survey," National Renewable Energy Laboratory, Technical Report NREL/TP-6A20-60412, October 2013.
(16) Alan Krueger, "The Economics of Real Superstars: The Market for Concerts in the Material World," *Journal of Labor Economics* 23, no.1 (2005): 1–30.
(17) Harley Brown, "Spotify's Secret Genius Songwriters Pen Letter to Daniel Ek Over CRB Rate Appeal: 'You Have Used Us,'" *Billboard*, April 9, 2019, https://www.billboard.com/articles/business/8506466/spotify-secret-genius-songwriters-letter-daniel-crb-rate-appeal.
(18) "Spotify Announces Nominees for 2018 Secret Genius Awards," Spotify, August 22, 2018, https://newsroom.spotify.com/2018-08-22/spotify-announces-nominees-for-2018-secret-genius-awards/.
(19) Oliver Gürtler, "On Pricing and Protection of Complementary Products," *Review of Management Science* 3 (2009): 209–223.

October 23, 2019, https://blog.nubank.com.br/nubanks-culture-the-key-to-keeping-customer-focus/.

第5章

(1) Lloyd Vries, "eBay Expects Great Things of China," *CBS News*, April 13, 2004, https://www.cbsnews.com/news/ebay-expects-great-things-of-china/.
(2) Felix Oberholzer-Gee and Julie Wulf, "Alibaba's Taobao (A)," Case 709–456 (Boston: Harvard Business School, January 6, 2009), https://store.hbr.org/product/alibaba-s-taobao-a/709456.
(3) Oberholzer-Gee and Wulf, "Alibaba's Taobao (A)."
(4) 出典：Vivek Agrawal, Guillaume de Gantès, and Peter Walker, "The Life Journey US: Winning in the Life-Insurance Market," McKinsey, March 1, 2014, https://www.mckinsey.com/industries/financial-services/our-insights/life-journey-winning-in-the-life-insurance-market. Copyright 2020 McKinsey & Company. All rights reserved. Reprinted by permission.
(5) James Scanlon, Maggie Leyes, and Karen Terry, "2018 Insurance Barometer," LL Global Inc., https://www.gpagency.com/wp-content/uploads/2018-Insurance-Barometer-Study.pdf.
(6) "Primary Reason for Digital Shoppers in the United States to Abandon Their Carts as of November 2018," Forter, January 18, 2019, https://www.statista.com/statistics/379508/primary-reason-for-digital-shoppers-to-abandon-carts.
(7) Review of Haier HVFO60ABL 60-Bottle Wine Cellar, "It Vibrates," July 19, 2005, https://www.amazon.com/Haier-HVFO60ABL-60-Bottle-Cellar-Slide-Out/product-reviews/B00006LABQ.
(8) Groupe EuroCave, "The French SME That Became World Leader," 2016, https://en.eurocave.com/img/cms/Presse2/CP/EN/EuroCave-Press-Kit-2016.pdf.
(9) Lee Jussim et al., "Stereotype Accuracy: One of the Largest and Most Replicable Effects in All of Social Psychology," in *Handbook of Prejudice, Stereotyping, and Discrimination*, ed. Todd D. Nelson (New York: Psychology Press, 2015), chapter 2.
(10) Patrick Spenner and Karen Freeman, "To Keep Your Customers, Keep It Simple," *Harvard Business Review*, May 2012, https://hbr.org/2012/05/to-keep-your-customers-keep-it-simple.

第6章

(1) この企業の歴史は、以下で記述されている。Herbert R. Lottman, *The Michelin Men: Driving an Empire* (London: I.B.Tauris, 2003).
(2) Lottman, *The Michelin Men: Driving an Empire*, 24.
(3) Gérard-Michel Thermeau, "André et Édouard Michelin: des patrons gon- flés . . ." *Contrepoints*, September 11, 2016, https://www.contrepoints.org/2016/09/11/265324-andre-edouard-michelin-patrons-gonfles.
(4) Revue du Sport Vélocipedique (Paris) 457, 458, June 10 and 17, 1892, reprinted in *Michelin Magazine* 584, June-July 1989 (Rubrique d'un siècle no 2).

(15) Brenda Pike, "Big Belly Update," *Pragmatic Environmentalism* (blog), February 3, 2010, https://pragmaticenvironmentalism.wordpress.com/category/trash/.
(16) Chris Herdt, "Big Belly Trash Cans and Usability," *Accidental Developer* (blog), July 29, 2012, https://osric.com/chris/accidental-developer/2012/07/big-belly-trash-cans-and-usability/.
(17) Stu Bykofsky, "'BigBelly' High-Tech Trash Cans in Philly Didn't Work Out As Planned," *Government Technology*, June 26, 2017, http://www.govtech.com/fs/perspectives/BigBelly-High-Tech-Trash-Cans-in-Philly-Didnt-Work-Out-As-Planned.html.
(18) 画像は BigBelly から提供され、許可を得て使用している。
(19) ブリンとペイジがベルに出会った話は次を参照。Steven Levy, *In the Plex: How Google Thinks, Works, and Shapes Our Lives* (New York: Simon and Schuster, 2011).
(20) Michael E. Porter, Mark R. Kramer, and Aldo Sesia, "Discovery Limited," Case 715-423 (Boston: Harvard Business School, August 30, 2018), https://store.hbr.org/product/discovery-limited/715423.
(21) Adrian Gore, "How Discovery Keeps Innovating," *McKinsey Quarterly*, May 1, 2015, https://www.mckinsey.com/industries/healthcare-systems-and-services/our-insights/how-discovery-keeps-innovating#.
(22) Victoria Ivashina and Esel Cekin, "Kaspi.kz IPO," Case 220-007 (Boston: Harvard Business School, October 3, 2019), https://store.hbr.org/product/kaspi-kz-ipo/220007.
(23) John Koetsier, "Why Every Amazon Meeting Has at Least 1 Empty Chair," *Inc.*, April 5, 2018, https://www.inc.com/john-koetsier/why-every-amazon-meeting-has-at-least-one-empty-chair.html.
(24) Brad Stone, *The Everything Store: Jeff Bezos and the Age of Amazon* (New York: Little, Brown, 2013), 21-23.
(25) Hiten Shah, "How Amazon Web Services (AWS) Achieved an $11.5B Run Rate by Working Backwards," *Hitenism* (blog), accessed November 17, 2020, https://hitenism.com/amazon-working-backwards/.
(26) Leslie Hook, "Person of the Year: Amazon Web Services' Andy Jassy," *Financial Times*, March 17, 2016, https://www.ft.com/content/a515eb7a-d0ef-11e5-831d-09f7778e7377.
(27) Stone, *The Everything Store*, 221.
(28) Ian McAllister, "What Is Amazon's Approach to Product Development and Product Management?" Quora, May 18, 2012, https://www.quora.com/What-is-Amazons-approach-to-product-development-and-product-management.
(29) 画像は Wikimedia Commons より引用。
(30) Clayton M. Christensen, Thomas Craig, and Stuart Hart, "The Great Disruption," *Foreign Affairs*, March/April 2001, https://www.foreignaffairs.com/articles/united-states/2001-03-01/great-disruption.
(31) Rachel Green and Gregory Magana, "Banking Briefing," Business Insider Intelligence, September 30, 2020, https://intelligence.businessinsider.com/post/nubank-reportedly-plans-to-launch-in-colombia.
(32) Yuri Dantas, "Nubank's Culture: The Key to Keeping Customer Focus," Nubank,

第4章

(1) AP, "It Took a Brilliant Marketing Campaign to Create the Best-Selling Drug of All Time," *Business Insider*, December 28, 2011, https://www.businessinsider.com/lipitor-the-best-selling-drug-in-the-history-of-pharmaceuticals-2011-12.

(2) Chris Kohler, "Nintendo's New Games Sound Great, Just Don't Expect Them Anytime Soon," *WIRED*, June 10, 2014, https://www.wired.com/2014/06/nintendo-e3-direct/.

(3) "How Super Mario Became a Global Cultural Icon," *Economist*, December 24, 2016, https://www.economist.com/christmas-specials/2016/12/24/how-super-mario-became-a-global-cultural-icon.

(4) Deborah Arthurs, "Lady Gaga's Fragrance to Smell Like 'an Expensive Hooker' . . . And Will It Be Called Monster?" *Daily Mail*, November 18, 2011, https://www.dailymail.co.uk/femail/article-2063262/Lady-Gagas-monstrous-fragrance-smell-like-expensive-hooker.html.

(5) Lisa Beilfuss, "The Fiduciary Rule Is Dead. What's an Investor to Do Now?" *Wall Street Journal*, September 9, 2018, https://www.wsj.com/articles/the-fiduciary-rule-is-dead-whats-an-investor-to-do-now-1536548266.

(6) "John C. Bogle: A Look Back at the Life of Vanguard's Founder," Vanguard, January 16, 2019, https://about.vanguard.com/who-we-are/a-remarkable-history/founder-Jack-Bogle-tribute/.

(7) Amy Whyte, "Passive Investing Rises Still Higher, Morningstar Says," *Institutional Investor*, May 21, 2018, https://www.institutionalinvestor.com/article/b189f5r8g9xvhc/passive-investing-rises-still-higher,-morningstar-says.

(8) Kathryn Zickuhr and Lee Rainie, "E-Reading Rises as Device Ownership Jumps," Pew Research Center, January 16, 2014, https://www.pewresearch.org/internet/2014/01/16/e-reading-rises-as-device-ownership-jumps/.

(9) David B. Yoffie and Barbara Mack, "E Ink in 2005," Case 705-506 (Boston: Harvard Business School, March 2, 2006), https://store.hbr.org/product/e-ink-in-2005/705506.

(10) "Why Sony's Reader Lost to Kindle, and How It Plans to Fight Back," *Business Insider*, August 24, 2009, https://www.businessinsider.com/why-sonys-reader-failed-and-how-it-plans-to-fight-the-kindle-2009-8.

(11) Pew Research Center, "What Kind of E-Reading Device Do You Own?" Statista, April 10, 2012, https://www.statista.com/statistics/223101/e-reader-ownership-in-the-us-by-device-type/.

(12) Michael Kozlowski, "The Evolution of the Sony E-Reader—in Pictures," Good e-Reader, June 15, 2014, https://goodereader.com/blog/electronic-readers/the-evolution-of-the-sony-e-reader-in-pictures.

(13) Michael Kozlowski, "The Evolution of the Kindle E-Reader—in Pictures," Good e-Reader, May 11, 2014, https://goodereader.com/blog/electronic-readers/the-evolution-of-the-kindle-e-reader-in-pictures.

(14) 画像はBigBellyから提供され、許可を得て使用している。

標準偏差がサンプルの標準偏差の95パーセンタイル以上である企業は除外した。図に示す分布は、2009年から2018年の期間の企業レベルの平均を反映し、1%と99%でウィンソライズしたものである。

(3) WACCデータの出典はBloomberg。

(4) ワールドスコープがこのデータの出所である。サンプルは2009年の各市場における時価総額上位500社で、その後10年間このグループにとどまった企業である。ROICは米国のデータと同様の手順で算出した。前回と同様、ROICの標準偏差がサンプルの標準偏差の95パーセンタイルより大きい企業は除外した。中国のデータは、香港の上場企業を除外した。

(5) Josie Novak and Sridhar Manyem, "Risk, Return, and Diversification Affect Cost of Capital Through the Cycle," *Financial Review*, May 22, 2019.

(6) 図のデータはCompustatによる。2009年から2018年の間に7年以上のデータを持つすべての企業が含まれている。業種の定義は、MSCIとStandard & Poor's が開発したGlobal Industry Classification Standardに従っている。ROICは、図2-1と同様に算出した。

(7) 業界内のパフォーマンス向上を計算するために、ROICの四分位範囲によって業界を分類し、四分位範囲0.108の中央値である食品・飲料業を選択した。産業間のパフォーマンスの違いを計算するために、産業レベルのROICの中央値の分布を見て、25パーセンタイル（0.055）と75パーセンタイル（0.089）を比較した。これらの計算は、明らかに業界の定義に影響を受けやすい。ロバスト性を検証するために、本文中の計算と、より細かく分類した70業種での計算を比較した。このサンプルでは、産業内の四分位範囲は0.109である。また、産業間のROICの中央値の四分位範囲は0.045である。少なくともこの2つのサンプルでは、業界の定義が変わっても、業界内パフォーマンスの差は業界間の差よりはるかに大きいという結論は変わらない。

(8) 大げさな音楽が気にならなければ、エンターテイメント性の高い映像は次のものがある。"Top 10 Most Valuable Companies in the World (1997–2019)," April 28, 2019, https://www.youtube.com/watch?v=8WVoJ6JNLO8.

(9) Rita Gunther McGrath, "Transient Advantage," *Harvard Business Review* 91, no.6 (June 2013): 62–70.

(10) Gerry McNamara, Paul M. Vaaler, and Cynthia Devers, "Same As It Ever Was: The Search for Evidence of Increasing Hypercompetition," *Strategic Management Journal* 24, no.3 (March 2003): 261–278.

第3章

(1) Suzanne Kapner, "Apple Gets Sweet Deals from Mall Operators," *Wall Street Journal*, March 10, 2015, https://www.wsj.com/articles/apple-gets-sweet-deals-from-mall-operators-1426007804.

(2) Grace Dobush, "Uber Joins Lyft in Giving Free Rides to the Polls on Election Day," *Fortune*, October 5, 2018, http://fortune.com/2018/10/05/uber-lyft-free-rides-polls-election-day.

(7) Morningstar, "Best Buy Co Inc: Morningstar Rating," http://financials.morningstar.com/ratios/r.html?t=BBY.
(8) Sharon McCollam, "Best Buy Earnings Call," Thomson Reuters Street Events, edited transcript, November 20, 2014.
(9) Kinshuk Jerath and Z. John Zhang, "Store Within a Store," *Journal of Marketing Research* (August 2010): 748–763.
(10) Susan Berfield and Matthew Boyle, "Best Buy Should Be Dead, But It's Thriving in the Age of Amazon," *Bloomberg Businessweek*, July 19, 2018, https://www.bloomberg.com/news/features/2018-07-19/best-buy-should-be-dead-but-it-s-thriving-in-the-age-of-amazon.
(11) John R. Wells and Gabriel Ellsworth, "Reinventing Best Buy," Case 716–455 (Boston: Harvard Business School, 2018), 8, https://store.hbr.org/product/reinventing-best-buy/716455.
(12) Hubert Joly, "Best Buy Earnings Call," Thomson Reuters Street Events, edited transcript, November 20, 2014.
(13) Hubert Joly, "Best Buy Earnings Call," Thomson Reuters Street Events, edited transcript, November 19, 2013.
(14) Bin Jiang and Timothy Koller, "A Long-Term Look at ROIC." *McKinsey Quarterly*, February 1, 2006, https://www.mckinsey.com/business-functions/strategy-and-corporate-finance/our-insights/a-long-term-look-at-roic.
(15) Hubert Joly, "Sanford C. Bernstein Strategic Decisions Conference," Thomson Reuters Street Events, edited transcript, May 29, 2013.
(16) Joly, "Best Buy Earnings Call," November 20, 2014.
(17) Berfield and Boyle, "Best Buy Should Be Dead, But It's Thriving in the Age of Amazon."
(18) Paul Buchheit, "If Your Product Is Great, It Doesn't Need to Be Good," February 9, 2010, http://paulbuchheit.blogspot.com/2010/02/if-your-product-is-great-it-doesnt-need.html.
(19) Ghassan Khoury and Steve Crabtree, "Are Businesses Worldwide Suffering From a Trust Crisis?" Gallup, February 6, 2019, https://www.gallup.com/workplace/246194/businesses-worldwide-suffering-trust-crisis.aspx.
(20) Edelman, "Trust Barometer 2020," January 19, 2020, https://www.edelman.com/trustbarometer.

第2章

(1) ROICは以下のように計算されている。

$$\frac{\text{税引後営業利益}}{(\text{簿価自己資本}+\text{簿価負債}-\text{現金})}$$

(2) 図中のデータはCompustatによる。サンプルは、2009年にS&P500に採用され、その後10年間インデックスにとどまった企業である。ROICは、当期および前期投下資本の和の平均値を分母として、各企業、各年について計算されている。ROICの

原書注

はじめに

(1) その先駆的な論文は、Adam M. Brandenburger and Harborne W. Stuart, “Value-based Business Strategy,” *Journal of Economics & Management Strategy*, March 1996, 5(1): 5–24. 協力的な動きと非協力的な動きの組み合わせとしての戦略は Adam M. Brandenburger and Harborne W. Stuart, “Biform Games,” *Management Science*, April 2007, 53(4):537–549 で分析されている。バリューベース戦略の多くの側面に触れた書籍に興味のある読者には、以下をお勧めする。Adam M. Brandenburger and Barry J. Nalebuff, *Co-opetition* (New York: Doubleday, 1996).

(2) Frances Frei and Felix Oberholzer-Gee, “Better, Simpler Strategy,” Boston: Harvard Business School, 2017, at https://secure.touchnet.net/C20832_ustores/web/classic/product_detail.jsp?PRODUCTID=41&SINGLESTORE=true.

第1章

(1) Roger L. Martin, “The Big Lie of Strategic Planning,” *Harvard Business Review*, January-February 2014, https://hbr.org/2014/01/the-big-lie-of-strategic-planning.

(2) Michael Porter, “What Is Strategy?” *Harvard Business Review*, November-December 1996, https://hbr.org/1996/11/what-is-strategy.

(3) Rose Hollister and Michael D. Watkins, “Too Many Projects,” *Harvard Business Review*, September-October 2018, https://hbr.org/2018/09/too-many-projects.

(4) Jean-Michel Cousineau, Robert Lacroix, and Anne-Marie Girard, “Occupational Hazard and Wage Compensating Differentials,” *Review of Economics and Statistics* 74, no.1 (February 1992): 166–169. Jonathan M. Lee and Laura O. Taylor, “Randomized Safety Inspections and Risk Exposure on the Job: Quasi-experimental Estimates of the Value of a Statistical Life,” *American Economic Journal: Economic Policy* 11, no.4 (November 2019): 350–374.

(5) Adam M. Brandenburger and Harborne W. Stuart, “Value-based Business Strategy,” *Journal of Economics & Management Strategy* 5, no.1 (March 1996): 5–24; Glenn MacDonald and Michael D. Ryall, “How Do Value Creation and Competition Determine Whether a Firm Appropriates Value?” *Management Science* 50, no.10 (October 2004): 1319–1333; Adam M. Brandenburger and Harborne W. Stuart, “Biform Games,” *Management Science* 53, no.4 (April 2007): 537–549; and Stuart W. Harborne, Jr., “Value Gaps and Profitability,” *Strategy Science* 1, no.1 (March 2016): 56–70.

(6) Roger L. Martin, “There Are Still Only Two Ways to Compete,” *Harvard Business Review*, April 21, 2015, https://hbr.org/2015/04/there-are-still-only-two-ways-to-compete.

【著者紹介】
フェリックス・オーバーフォルツァー・ジー（Felix Oberholzer-Gee）
ハーバード・ビジネス・スクール（HBS）教授。チューリッヒ大学博士（経済学）。HBSでは、戦略ユニットのアンドレアス・アンドレセン経営学教授としてMBAプログラムおよびゼネラルマネジメント・プログラムなどのエグゼクティブ教育コースで競争戦略を教えるとともに、MBAプログラムの議長やグローバル研究所の上級副所長など、さまざまなリーダー的役割を担っている。かれのコースはエグゼクティブや学生に人気を博し、優れた教職員に与えられる数々のティーチング・アワードを受賞している。また、競争戦略やデジタル技術が企業業績に与える影響に焦点を当てた学術研究やコンサルティングの成果は、*The Financial Times*、*Le Figaro*、*The New York Times*、*The Wall Street Journal*など、世界中のメディアで紹介されている。

【訳者紹介】
原田　勉（はらだ　つとむ）
神戸大学大学院経営学研究科教授。1967年京都府生まれ。リクルート組織活性化研究所を経て、スタンフォード大学Ph.D.（経済学博士号）、神戸大学博士（経営学）。神戸大学経営学部助教授、科学技術庁科学技術政策研究所客員研究官、INSEAD客員研究員、ハーバード大学フルブライト研究員を経て、2005年より現職。専攻は、経営戦略、イノベーション経済学、イノベーション・マネジメントなど。大学での研究・教育に加え、企業の研修プログラムの企画なども精力的に行っている。主な著書・訳書に、『OODA Management（ウーダ・マネジメント）』（東洋経済新報社）、『イノベーション戦略の論理』（中央公論新社）、『OODA LOOP（ウーダループ）』（訳・解説、東洋経済新報社）、*Economics of an Innovation System*（Routledge）などがある。

「価値」こそがすべて！
ハーバード・ビジネス・スクール教授の戦略講義

2023年4月20日発行

著　者――フェリックス・オーバーフォルツァー・ジー
訳　者――原田　勉
発行者――田北浩章
発行所――東洋経済新報社
〒103-8345　東京都中央区日本橋本石町1-2-1
電話＝東洋経済コールセンター　03(6386)1040
https://toyokeizai.net/

装　丁………竹内雄二
ＤＴＰ………キャップス
印　刷………港北メディアサービス
製　本………積信堂
編集担当……水野一誠
Printed in Japan　　ISBN 978-4-492-53463-2